영·정조 대 국가운영과 왕실재정

영·정조 대 국가운영과 왕실재정

초판 1쇄 발행 2025년 2월 28일
초판 3쇄 발행 2025년 12월 22일

지은이 | 최주희

펴낸곳 | (주)태학사
등록 | 제406-2020-000008호
주소 | 경기도 파주시 광인사길 217
전화 | 031-955-7580
전송 | 031-955-0910
전자우편 | thspub@daum.net
홈페이지 | www.thaehaksa.com

편집 | 조윤형 여미숙 김태훈
마케팅 | 김민선
경영지원 | 김영지

ⓒ 최주희, 2025. Printed in Korea.

값 25,000원
ISBN 979-11-6810-342-9 (93910)

책임편집 | 조윤형
디자인 | 임경선

이 저서는 2014년도 대한민국 교육부와 한국학중앙연구원(한국학진흥사업단)을 통해
한국학총서(왕실문화총서)사업의 지원을 받아 수행된 연구임(AKS-2014-KSS-1130004).

영·정조 대 국가운영과 왕실재정

정례서를 통해 본 왕실과 나라의 살림

최주희 지음

태학사

책머리에

2014년 2월 박사학위를 받은 지 벌써 11년이 지났다. 이제는 소장학자로 불리기에도 쑥스러울 나이가 되었고 번잡한 일들을 수행하며 그럴듯한 경력들이 쌓이기는 했지만, 10여 년의 공부 여정을 돌아보면 여전히 역사의 문턱을 서성대는 이방인의 얼굴을 하고 있지 않나 하는 생각이 든다.

매년 새로운 주제로 글을 청탁받아 생각지도 못한 공간과 사람 이야기를 발굴하고 학계에 소개하며 학문적 공백을 채워 가는 즐거움을 맛보기도 하지만, 박사학위논문을 쓰던 때의 참신한 문제의식과 웅장한 포부는 빛을 바래고 누군가의 필요를 채워 주는 글들에 정력을 소진하고 있지 않은지 자문하게 된다. 더 늦기 전에 초심으로 돌아가 박사과정 동안 치열하게 고민해 온 조선왕조의 재정구조에 대해 그간 발표해 온 글들을 정리해야겠다는 생각이 들었기에, 한국학중앙연구원에서 왕실문화총서 사업의 지원을 받아 작성한 원고를 정리해 한 권의 책으로 간행하게 되었다.

필자가 대학원생이었던 2000년대 초반만 해도 한국사의 내적 발전 동인을 아래로부터 검출하려는 노력들이 여러 비판적 논의 속에서 지속되고 있었다. 이에 '왕실'은 여전히 봉건왕조의 지배층으로서 대상화되고 역사 발전 속에서 극복되어야 할 존재로 인식되고 있었다. 다행히 이 무렵 서구 유럽의 생활사, 문화사 관련 이론서들이 국내에 유입되면서 조선 왕실의 의궤와 등록, 일기 자료들이 새롭게 연구되기 시작하였고

대중적 관심도 늘어나 이후 20여 년간 왕실 의례와 생활 문화사 관련 성과들이 상당히 축적되었다.

사회경제사를 연구하는 필자의 입장에서는 여기서 한 걸음 더 나아가 전근대 국가사를 새롭게 바라볼 핵심 키워드로 '왕실'에 주목해야겠다는 생각을 하였다. '로얄 패밀리'로 불리는 왕실 구성원의 일상 문화와 의례 절차에만 천착할 경우, 이들을 중심축으로 구성된 왕조 국가의 특성을 설명하는 데 한계가 있을 수밖에 없기 때문이다.

왕실은 혼인과 혈연으로 맺어진 국왕의 가족을 의미하지만, 정통성 있는 왕위 계승자를 생산해 왕조를 존속시키는 제도적 장치이기도 하다. 우리에게 익숙한 조선의 왕실은 사극에서 주로 정쟁(政爭)의 화근이거나 정쟁의 당사자로 그려지기 일쑤이지만, 조선 왕실에 대한 제도적 규제는 생각보다 강고했다. 조선왕조는 건국 초부터 유교적 민본주의 이념하에 왕실에 부여된 사적 특권을 탈각시키고, 국가의 공적 행정 시스템하에 왕실을 부양하도록 관제 개혁을 단행하였다. 또한 각읍의 토산 현물을 정기적으로 거두어 쓰는 공납제(貢納制)를 정비해 왕실 부양과 국가행정에 필요한 자원을 충당하는 재정구조를 형성하였다.

조선왕조의 행정기구와 재정 시스템은 이처럼 왕실을 떼어놓고 설명하기 어려울 만큼 밀접한 상관성을 맺고 있다. 이것은 달리 말하면 국왕의 사적인 가족을 국가 제도 속에서 관리, 통제하는 시스템이 강하게 작동하고 있었음을 의미한다.

이 책에서 다루는 영조와 정조 대는 왕실 재정이 가장 타이트하게 운영되었던 시기로, 영조는 특히 『탁지정례(度支定例)』라는 거질의 지출례를 작성해 불필요한 지출을 대폭 삭감하는 한편, 왕실 공상을 우선적으로 줄여 균역법 시행에 따른 사회적 불만을 불식시켰다.

구조개혁에 수반되는 혼란과 분열을 잠재우기 위해 왕실에서부터 재정 절감의 솔선을 보인 영조의 조치는 정조 대를 넘어 19세기까지 왕조를 유지시키는 전범으로 작용하였다. '손상익하(損上益下)'의 이념하에 왕실을 관리, 통제해 온 전통이 영조 대 중반 정례서 간행을 통해 고도화됨에 따라, 이후 조선 왕실은 국가 통치의 명분을 획득할 수 있었던 한편, 재정 시스템 면에서도 비교적 투명한 수입-지출 구조를 형성할 수 있었다. 19세기 조선왕조가 맞닥뜨린 여러 위기 요인에도 불구하고, 500여 년간 왕조가 장기 지속할 수 있었던 배경 역시 이러한 지점에서 찾을 수 있으리라 생각한다.

이 책은 조선왕조의 성격을 재정사적 관점에서 바라본 첫 연구서로서, 필자의 박사학위논문 일부와 후속 논문들을 바탕으로 정리한 글이다. 그렇기에 아직 해명하지 못하였거나 설명이 간략한 부분이 많다. 그럼에도 이 정도의 연구 성과를 축적할 수 있었던 것은 어디까지나 가족의 부단한 인내와 지원, 학계 선후배 연구자분들의 관심과 도움 덕분이었다.

이화동산에서, 공부보다 학생회 활동에 한눈팔고 있던 필자를 석사과정 지도학생으로 받아 주신 고(故) 최완기 선생님은 연구자의 길을 걷도록 인도해 주신 분이다. 선생님의 연구실에서 석사학위논문을 준비하던 때가 엊그제 같은데, 단행본 연구서를 내는 시점에 선생님이 계시지 않다고 생각하니 쓸쓸한 마음이 사무친다. 차미희 선생님은 최완기 선생님이 작고하신 후에도 모교에서 후학을 가르치시며 학문적으로 든든한 버팀목이 되어 주셨다. 특히 필자가 석사과정에 있을 무렵 한국역사연구회에서 활동할 것을 권유해 주셨기에, 20년이 넘게 한국역사연구회 회원들과 교류하며 공부 영역을 확장할 수 있었다.

조광 선생님은 고려대학교에서 박사과정을 밟을 당시 제자로 받아 주신 또 한 분의 지도교수님이다. 박사학위논문 심사가 끝나 갈 무렵, 여러 심사위원들의 수정 의견을 받아 적던 필자에게 특유의 호소력 있는 중저음으로 축하한다는 악수를 건네시며 심사를 끝맺으셨던 기억이 아직도 선명하다. 권내현 선생님은 조광 선생님이 정년 퇴임하신 후 박사학위논문을 실질적으로 지도해 주신 마지막 지도교수님이다. 늘 세심한 배려와 따뜻한 조언으로 공부에 길을 잃고 주저할 때마다 묵묵히 방향을 알려 주시는, 필자에게 학문적 등대와 같은 분이다. 송양섭 선생님은 박사과정 때부터 까다로운 재정사 연구 방법과 사료 보는 눈을 길러 주신 스승으로, 당신의 의지와 상관없이 지금까지도 필자가 학문적 신세를 크게 지고 있는 분이다.

이 외에도 박사학위 후 한국역사연구회 중세 2분과 소속 '국가와 사회반' 반장으로 활동할 당시, 애정 어린 조언과 격려를 아끼지 않으셨던 손병규, 배항섭, 이근호, 권기중, 이왕무, 정욱재 선생님, 그리고 몇 년간 동고동락했던 선후배 연구자분들, 인천사연구소의 문용식, 오항녕, 이성임, 김상태, 김정자, 허은심 선생님, 『이재난고(頤齋亂藁)』 강독팀의 박현순 선생님과 여러 선후배 연구자분들께도 오랜 시간 함께해 주신 시간의 무게만큼 깊은 감사의 마음을 전한다.

마감 기한이 촉박함에도 필자의 연구서가 제 모습을 갖추어 독자를 만날 수 있도록 꼼꼼히 편집해 주시고 출판에 심혈을 기울여 주신 태학사의 조윤형 선생님과 편집진들께도 특별히 감사드린다.

마지막으로, 힘들고 모진 시간을 견디며 자식의 꿈을 위해 헌신하신, 이제는 하늘에 계신 아버지와 곁에서 매일 기도하시는 어머니, 멀리서도 서로 힘이 되어 주는 오빠와 동생, 하루 종일 공부방에서 나오지 않는 아내를 어린 딸 돌보듯이 외조를 아끼지 않는 남편 이동금 님에게 이 책이 작은 보답이 되기를 바라며 글을 마친다.

2025년 2월
다시 다가올 봄을 기다리며

차
례

책머리에 · 4

들어가며 : 재정이라는 프리즘, 왕조국가 다시보기

1. 왕실과 왕조국가에 대한 이해 · 10
2. 비교사의 시각에서 본 왕실재정 · 31
3. 앞으로의 이야기 : 재정을 통해 본 조선왕조의 성격 · 44

Ⅰ. 조선전기 재정구조의 성립과 그 제도적 유산

1. 과전법을 통한 왕실 소유지의 재편 · 51
2. 관제개혁을 통한 왕실 부양기구의 정비 · 56
3. 왕실과 정부관서를 지탱하는 힘, 공납제 · 60
4. 중앙재정, 양입위출의 원칙을 정하다 · 71

Ⅱ. 17세기 왕실의 성장과 국가재정의 압박

1. 경기선혜법, 광해군의 딜레마 • 85
2. 인조 대 부활하는 왕실 사재정, 비판의 봇물 • 101
3. 숙종 대 을해정식과 경자양전의 한계 • 107

Ⅲ. 영조, 왕실의 경비를 줄여 백성을 이롭게 하다

1. 『탁지정례』의 간행과 10만 냥의 경비절감 • 123
2. 균역법의 시행과 또 한 번의 재정긴축 • 153
3. 『각사정례』를 통해 본 18세기 중앙재정구조 • 172

Ⅳ. 18세기 후반 정조, 궁부일체를 표방하다

1. 즉위년의 개혁, 다시 왕실을 겨냥하다 • 197
2. 매년 국고의 총액을 보고하라 • 201
3. 외방진상제도의 정비, 『공선정례』• 208
4. 또 다른 국고, 내수사와 장용영 • 211

Ⅴ. 19세기, 재정위기와 남겨진 숙제들

1. 순조의 즉위, 흔들리는 원칙들 • 217
2. 궁핍해진 재정, 또다른 정례서의 출현 • 224
3. 고종의 거울, 영조와 정조 • 253

나가며 : 18세기의 유산, 19세기의 그림자 • 259

참고문헌 • 265

들어가며

재정이라는 프리즘, 왕조국가 다시보기

1. 왕실과 왕조국가에 대한 이해

왕조(Dynasty)는 특정한 가문에서 배출된 군주가 대를 이어 일정 범위의 영토에 거주하는 신민(臣民)에게 권력을 행사하는 기간 혹은 그 계보(lineage)를 일컫는다. 고대 로마의 공화정(res publica)과 같이 귀족과 시민들이 통치권력을 분할하여 국가를 운영한 사례가 없지 않지만, 전근대 대부분의 국가들은 왕조의 혈통을 이은 군주에게 권력이 집중되었으며, 군주를 보좌하여 국가운영에 참여하는 귀족과 관료층은 군주로부터 경제적인 반대급부를 얻는 대신, 군주의 권력 행사를 지지하는 정치구조를 띠었다.

왕정(王政)은 동서양을 막론하고 전근대국가들이 택한 가장 일반적인 정치형태였으며, 왕조는 역사, 지리적 환경이 다른 각 나라들에서 저마다의 방식으로 왕정을 체현해내는 주체들이었다. 그렇기 때문에 역사적으로 한 왕조의 성립과 쇠퇴는 국가의 운명과 직결되기도 하였다. 지금부터 살펴볼 조선왕조 역시 왕조국가의 다양한 스펙트럼 중 한 면을 차지하고 있다. 특히 조선은 고려라는 전왕조의 교체를 통해 성립한 국가이다. 임진왜란과 병자호란이라는 국제전을 치른 후에도 조선왕조는 국가 재조(再造)에 총력을 기울이는 한편 각종 변통안을 마련해나감으로써 19세기 말까지 건재하였다. 이처럼 '왕조=국가'는 한국사에서 그다지 낯설지 않은 도식이다.

그러나 국가는 왕조 없이 존재할 수 있어도 왕조는 국가 없이 존재할 수 없다. 더욱이 왕조는 국왕과 혼인, 혈연관계로 맺어진 왕실가족을 핵심구성원으로 하기 때문에 왕조국가의 성격은 일차적으로 왕실에서 결정된다고 할 수 있다. 국왕은 왕실을 통해 왕위가 계승되기 때문에 국왕에 준하는 정치적 권위와 군사적 보호, 경제적 반대급부를 왕실가족에게 제공하였다. 따라서 한 왕조국가의 성격을 이해하기 위해서는 왕실이 어떻게 구성되고, 이들이 어떻게 신분적 특권을 제도적으로 보장받았는지 검토하는 작업이 필요하다. 그럼에도 최근까지 조선시대 왕실 관련 연구들은 왕조국가의 성격을 규명하는 차원으로까지 논의가 이어지지 않고 있다. 이것은 각 나라마다 지나온 역사적 경험이 다르고 국가를 이해하는 방식이 다르기 때문이다.

서구유럽의 경우 중세 봉건제 하에서 제한된 통치권을 갖는 왕조들이 흥망성쇠를 거듭하다가, 신대륙의 발견으로 중상주의(Mercantilism)에 기반한 도시국가와 절대왕정국가가 출현하였고, 이후 근대 국민국가(Nation state) 창출이라는 다양한 국가상의 변화를 경험하였다.[1] 이로 인해 국가의 성격과 정치체제에 대한 논의가 역사 속에서 오랫동안 진행되어 왔다. 반면 한국의 경우 고대사회부터 왕조국가가 이어져 왔으며, 근대 이전 마지막 왕조는 500년이나 유지되었기 때문에 왕조국가를 낭연한 역사적 산물로 여기고, 이를 '국가론'적 관점에서 고민할 수 있는 여지는 적었다고 생각한다.

물론 그간 조선왕조의 성격에 대해서는 정치체제(=관료제), 사회·경제 구조(=신분제·재분배경제), 이데올로기(=성리학)의 측면에서 다양하게 검토되었으며, 특히 양란 이후 조선왕조는 조선전기에 구축한 제반 시스템을 개혁하여 내부모순을 해결해갔다는 평가가 지배적이다. 따라서 조선왕조가 비교적 안정적으로 존속할 수 있었던 요인은 왕조 내부의 끊임없는 자기변혁과 '운동성'에서 찾아야 할 것이다. 다만 기존 연구에서는 이러한 운동성을 주도한 계층을 양반관료와 농민대중으로 보면서 왕실은 수동적인 존재로 그려왔다. 앞서 언급한대로 왕조국가의 존속에 없어서는 안 되는 국왕은 왕실에서 배출되며, 따라서 왕실의 생애주기에 맞는 다양한 의례들이 국가례로 행해지고 있었다. 그러므로 왕조국가의 성격을 이해하기 위해서는 왕실구성원들이 왕조국가의 존속에 어떠한 역할을 하였으며, 보다 근본적으로 이들이 왕조국가에서 차지하는 위상이 무엇이었는지에 대한 검토가 필요하리라 본다.

---

1 찰스 틸리는 유럽의 국민국가(nation state)의 형성 단계를 다음과 같이 설명하고 있다. 첫째는 가산제(Patrimonialism) 기간으로 15세기 이전까지에 해당한다. 이 시기는 봉건적인 징세와 징집, 도시 민병대가 전쟁에서 주요 역할을 담당했던 시기이며, 세습군주들은 직접적인 지배권 하에 있는 토지와 주민들로부터 그들이 필요로 하는 재원을 공물이나 임대료라는 명목으로 차출하였다고 보았다. 둘째는 거간제(Brokerage) 기간으로 청부업자들이 충원한 용병군대가 군사활동에서 득세하던 시기로 대략 1400년에서 1700년에 해당한다. 이 시기에는 통치자들이 대부를 얻거나 혹은 재원을 획득하기 위해 자본가들에게 크게 의존하던 시기라고 하였다. 셋째는 국민화(Nationalization) 기간으로 국가들이 점차 국민들로부터 징집해서 대대적으로 육군과 해군을 창설하고, 군사청부업자들의 관여를 축소시켜 재정기구를 직접 운영하던 시기로서, 유럽 대다수 지역에서 1700년부터 1850년에 나타나는 것으로 보았다. 넷째는 전문화(specialization) 기간으로 19세기 중엽부터 최근까지에 이르는 이 시기에 군사력은 국민정부의 전문화된 막강한 부서로 성장하고, 재정활동과 군사활동 간에 조직상의 분리가 커졌으며, 군대와 경찰 간의 분업이 첨예해지고, 국가는 분배, 규제, 보상, 판결에 걸쳐 확장된 범위의 역할을 담당하게 되었다는 것이다.(찰스 틸리, 이향순 옮김, 1994, 『국민국가의 형성과 계보Coercion, Capital, and European States A.D.990-1990』, 학문과 사상사, 46~48쪽).

흔히 왕실은 궐내에 거주하는 왕과 그 가족, 혹은 왕의 선계와 자손을 포함한 일족을 가리키는 것으로 이해되지만, 연구자들마다 왕실이라고 지칭하는 범주는 조금씩 다르다. 현재까지 왕실관련 연구는 크게 ① 왕실의 편제와 운영에 관한 제도사적 연구, ② 국왕을 비롯한 왕실구성원의 정치활동 및 가계연구, ③ 왕실의례와 생활문화에 관한 연구, ④ 왕실과 왕조국가의 성격에 관한 연구로 일별할 수 있다.

왕실에 관한 초기연구는 조선이 건국되면서 왕실의 범주가 제도적으로 어떻게 정리되었으며, 왕실구성원을 관리하는 기구가 어떻게 편제되었는지에 대한 논의에서 출발하였다. 이때 주로 다루어진 자료는 왕실의 족보라 할 수 있는 돈녕보첩과 『경국대전』과 같은 법전류이다. 신명호는 고려 말 취약해진 왕실을 보호하기 위해 국왕이 유력가문과 혼인하는 한편, 봉군(封君)을 시행하여 왕실구성원을 늘려나갔는데, 이것이 국가재정의 부담으로 이어져 결국 조선이 건국될 무렵 왕실에 대한 대대적인 편제가 있었다고 지적하였다.[2] 그에 따르면 조선의 건국세력들은 성리학적 유교이념을 바탕으로 고려시대 왕실족내혼을 지양하고[3] 부계위주의 친족구조를 형성하는 제도적 틀을 갖추고자 노력하였다는 것이다. 이에 왕의 친족 중 국가적 예우를 받는 동시에 규제의 대상이 되었던 최대범위의 친족을 '왕친(王親)'이라 하고, 왕비의 친족을 외척, 그리고 왕친과 외척을 포괄한 왕실의 최대범위를 '의친(議親)'으로 설명하였다.

신명호의 연구는 조선 건국 당시 왕실구성원을 부계위주의 친족구조 형태로 편제하게 된 배경과, 왕실구성원을 왕친, 외척, 의친으로 구분하

---

[2] 신명호, 1999, 『朝鮮初期 王室編制에 관한 硏究』, 한국학중앙연구원 박사학위논문, 1~2쪽.
[3] 고려시대 왕실족내혼에 관해서는 다음의 논문 참조. 鄭容淑, 1987, 『高麗王室 族內婚硏究』, 숙명여대 박사학위논문.

여 왕실의 기초적인 범주를 제시하였다는 점에서 의미가 크다. 이에 대해 최근 조선전기 왕실 혼인에 대해 연구한 박진은 종성(宗姓) 9촌, 이성(異姓) 6촌을 뜻하는 왕친과 『대명률』에 의거한 의친의 개념이 왕실의 일반적인 용례와 차이가 있다고 지적하면서, 조선전기 왕실의 범주를 국왕이 4대 내외후손까지로 보았다.[4]

조선전기 왕실은 부계중심적 가족제도가 확립되지 않고, 왕실혼인에 있어서도 친영례를 도입하는 과정에 있었으므로 왕실의 혈연적 후손은 동성과 이성을 막론하고 동고조를 모두 왕의 가문으로 인식하였으며, 그 범위는 오복(五服) 및 봉사(奉祀)를 기준으로 하여 4대로 한정할 수 있다는 것이다. 조선전기 왕실범주에 대한 시각차이가 있기는 하지만, 이들 연구를 통해 조선이 건국되면서 왕실에서 족내혼을 지양하고 이성혼(異姓婚)을 원칙으로 삼았다는 점, 고려왕실을 부양하던 왕실부들[諸王子府, 在內諸君府]을 혁파하는 대신, 종친을 예우하는 관서로서 돈녕부와 종친부를 설립하는 제도의 정비과정을 파악할 수 있었다. 또한 선원록, 종친록과 같은 족보의 개편 작업을 병행한 점도 확인하였다.

특히 조선전기 관제개혁을 통해 왕실부를 폐지하고 돈녕부,[5] 종친부,[6] 족친위[7] 등을 별도로 설치한 데에는 왕실의 종친과 외척, 그리고 외손을 문무관직체계에 포섭하여 친인척을 예우함과 동시에 왕을 보좌하는 조

---

[4] 박진, 2014, 『朝鮮前期王室婚姻硏究 -璿源錄에 보이는 國王後孫의 通婚範圍와 嫡庶차별-』, 고려대 박사학위논문, 1쪽; 19~20쪽.

[5] 박진, 2004, 「조선초기 敦寧府의 성립」, 『韓國史學報』 18.

[6] 조선시대 종친부의 설립과 운영에 관한 제도사적 검토는 다음의 논문을 참고할 수 있다. 원창애, 2014, 「조선 종친부의 체제 및 기능과 그 변천」, 『史學硏究』 114; 연갑수, 2009, 「19세기 종실(宗室)의 단절 위기와 종친부(宗親府) 개편」, 『朝鮮時代史學報』 51; 김병우, 2003, 「大院君의 宗親府 强化와 '大院位分付'」, 『震檀學報』 96.

[7] 박진, 2007, 「족친위(族親衛)의 설치와 성격 - 족친위(族親衛)를 통해 본 왕실(王室) 구성원 소속 특수군(特殊軍)」, 『史叢』 65.

관(朝官)으로 이들을 위치 지워 왕위계승권에서 멀어지게 하려는 의도가 담겨 있다는 것이다.[8] 다만 조선전기 왕실에 대한 범주가 조선후기까지 동일하게 적용되었는지에 대해서는 검토의 여지가 있다. 임진왜란과 병자호란을 겪고 난 후 중앙정부는 왕조국가를 재건하고 왕실의 권위를 세우기 위해 왕실의례를 강화하고, 보첩류를 간행하는 등의 노력을 기울였다. 더욱이 조선후기에는 국왕의 적장자가 아닌 방계자손이 왕위를 이어받는 사례가 늘어나면서 국왕의 정통성을 확인하고, 왕실구성원으로 예우할 왕족의 범위를 재설정할 필요가 있었다.

이에 『선원계보기략』, 『왕비세보』, 『선원속보』와 같은 보첩류를 새로 간행하는 한편, 인조 대 『돈녕보첩』을 재간행하고 국왕의 내외 4조를 연결짓는 팔고조도의 제작이 영조 대부터 활발히 진행되었다.[9] 인조 26년(1648)에 재간행된 『돈녕보첩』을 분석한 원창애에 따르면, 성손과 외손, 왕비가문 인물 35,438명 중 당상관 점유율이 왕의 외손과 왕비가문에서 더 높게 나타난다고 하면서[10] 이는 현달한 가문과의 혼인을 통해 왕실세력을 두텁게 하여 왕권을 안정시키려는 의도가 반영된 것으로 보았다. 한편 1681년 수정 간행된 『선원록』 역시 조선편찬체제와 수록대상이 조선전기와 다르다고 지적하였다. 조선전기 『선원록』의 수록 대상은 본손

---

8 김성준은 고려시대부터 王族은 爵祿만 후하게 받고, 仕宦은 금지되었다고 언급하였으나, 최이돈은 이에 대해 태종 대 돈녕부의 설치로 왕실의 친족들이 관직에 나아갈 수 있게 되었으며(김성준, 1964, 「宗親府考」, 『史學研究』 18), 세종 대에는 왕실친족서용법에 따라 일정 범위 유복지친의 왕실의 친족들은 모두 관직에 진출할 수 있게 되었다고 반론을 제기하였다(최이돈, 2013, 「조선초기 왕실 친족의 신분적 성격」, 『靑檀學報』 117).

9 홍순민, 1990, 「조선후기 王室의 구성과 璿源錄 : 1681년(숙종 7) 《璿源系譜紀略》의 편찬을 중심으로」, 『韓國文化』 11 ; 김일환, 2007, 「조선후기 왕실팔고조도의 성립과정」, 『藏書閣』 17.

10 원창애, 2009, 「조선후기 敦寧譜牒 연구」, 『朝鮮時代史學報』 48.

(本孫)·외손(外孫) 모두 왕의 6대손까지 기재되었으나, 조선후기에는 본손의 경우 왕의 9대손, 외손은 왕의 6대손까지 기재되었다고 하면서 이러한 본손·외손의 차별을 두게 된 요인을 성리학적 유교 윤리의 심화로 설명하였다.[11]

왕실의례에 있어서도 조선전기의 왕비와 후궁의 간택 절차가 재정비되었으며,[12] 특히 후궁에 있어서는 중종 대 이후 왕비 예비자로서의 성격이 축소되고 후사 확대자 역할이 강조되는 등의 변화가 나타났다는 견해가 제기되었다. 이미선은 조선후기 들어 비간택 후궁의 정치개입이 늘어나면서 숙종 대 후궁의 정비 승격 금지 조치가 이루어졌으며, 영조 대 이후로는 사친 추숭이 정례화되고 관품을 높여주어 후궁의 지위를 격상시켰다는 연구결과를 발표하였다.[13]

한편 조선 세종 대 『주자가례』를 제후례에 맞게 수정, 편찬한 『국조오례의』에 이어, 조선후기에는 역월제(易月制)를 삼년상제(三年喪制)로 바꾸는 한편, 영조 대에는 『속오례의』와 『국조상례보편』을 간행하여 왕실의 상장의례가 정비되었다.[14] 또한 왕실 묘제(墓制)도 조선전기와 다른 양상을 띠었다. 조선시대 국왕과 왕비는 종묘와 능에서 향사를 받았던 반면, 종묘에 배향할 수 없는 왕족들은 능묘보다 규모가 작은 묘에 묻히고, 신주는 별묘에 모셨다가 대가 다하면 조처하는 것이 관례였는데, 영조 대부터는 국왕의 사친, 조모, 왕세자, 세자빈, 왕세손 등 국왕의 측근으로 위격이 높으면서 종묘에 들 수 없는 왕족을 위해 궁원제를 시행하였다.[15]

---

11 원창애, 2007, 「조선후기 선원보첩류의 편찬체제와 그 성격」, 『藏書閣』 17.
12 박미선, 2015, 『朝鮮時代 國婚儀禮硏究』, 고려대 박사학위논문.
13 이미선, 2012, 『朝鮮時代 後宮硏究』, 한국학중앙연구원 박사학위논문.
14 탁신희, 2009, 「『國朝續五禮儀』의 編纂과 왕권의 位相」, 서울시립대 석사학위논문; 이현진, 2011, 「정조 초 영조의 국장절차와 의미」, 『泰東古典硏究』 27.
15 정경희, 2004, 「조선후기 宮園制의 성립과 변천」, 『서울학연구』 23.

궁원제는 정조 대 사도세자의 위격을 종묘, 능묘 수준으로 격상시키는 조치가 있은 이후 계속 위격을 높이려는 국왕의 의지가 반영되어 고종 대까지 계속 유지되었으며, 일제 강점 이후 왕실이 이왕직[16]에 존속되면서 형식만 남게 되었다.

요컨대, 조선시대 왕실에 관한 제도사적 연구는 조선 초기에 집중되어 왕실의 편제와 혼인방식, 왕실기구의 재편 등에 대한 논의가 진행되었다. 조선후기 들어서는 왕실보첩류의 간행과 비빈 간택제도의 정비, 궁원제의 시행 등 특징적인 제도변화들이 규명되었지만, 조선후기 왕실의 범주가 어떻게 변하였고, 이들에 대한 법제적 처우도 어떻게 변하였는지에 대한 연구는 소략한 편이다. 이에 대해서는 ④ 국왕과 왕조국가의 성격에 관한 연구에 대한 검토에서 다시 설명하기로 하겠다.

두 번째, 국왕을 비롯한 왕실구성원의 정치활동 및 가계연구에 해당하는 논저들은 조선시대 정치사연구와 맞닿아 있다. 기존의 정치사 연구는 훈구와 사림, 그리고 동서분당의 분화 속에서 정국을 주도하는 정치세력이 어떻게 변화하였는지를 설명하는 방식이었던 데 반해, 최근의 정치사연구는 국왕이 신료들의 견제 속에서 어떻게 왕위계승의 정당성을 인정받고 정국을 주도해 가는지,[17] 이들의 통치구조가 이념적으로 어떻게 보장받았는지, 그리고 국왕의 대리자인 대비, 중전, 왕세자들의 정치적 위상은 어떠하였는지에 주목하였다.

국왕은 국가의 공적 수장이자 왕가의 가부장이라는 이중적 지위를 누리고 있었기 때문에, 왕실 사가의 입장을 대변하는 국왕은 신료들로부터

---

16 이왕직의 실립과 직제의 구성에 대해서는 다음의 논문을 참고할 수 있다. 이왕무, 2014, 「李王職의 유래와 장서각 소장 이왕직 자료의 沿革」, 『藏書閣』 31.
17 이범직, 1997, 「朝鮮後期 王室의 硏究」, 『統一人文學』 29; 이영춘, 1998, 『朝鮮後期王位繼承硏究』, 집문당.

거듭된 비판과 견제를 받을 수밖에 없었다. 이에 조선후기 국왕들은 왕권을 이념적으로 지탱하는 성리학적 예치시스템을 강화하는 노력을 지속하였다. 앞서 살펴본 의례의 정비와 궁원제의 시행, 그리고 보첩류의 간행은 모두 공적 통치구조 안에서 왕실의 권위를 높이고 국왕의 정통성을 인정받으려는 행위였다. 여기에 정치신료들의 이해관계가 맞물려 국왕의 묘호를 추상하는 논의가 조선전기부터 이어졌으며, 조선후기 들어서는 조종(祖宗)에 대한 인식변화로 종호를 종(宗)에서 조(祖)로 개상(改上)하는 사례가 늘어났다.[18]

왕실의 수장인 국왕에 대한 연구는 정치사적 맥락에서 새롭게 조명되었다. 숙종~정조 대의 왕권에 대해서는 공론의 측면에서 재해석한 연구들이 최근에 소개되었다. 18세기 국왕들은 신민에 대해 공론정치를 표방하고, 국왕을 公의 주재자로 위치지우는 한편,[19] 궁부일체의 이념 하에 왕실사가의 축재(蓄財)를 단속하고 국왕의 내탕도 공적 재원으로 활용하는 등의 정책을 폈다는 것이다. 이로써 조선후기 국왕은 왕실을 부양하고 국가를 운영하는 이중적 책무를 균형 있게 수행해나갔다는 것이 18세기 왕권을 통한 통치구조에 대한 평가이다.

19세기 왕권에 대한 평가는 세도정치기의 특성과 맞물려 연구가 소략한 편이며,[20] 주로 고종 대 집중되어 있다. 고종이 즉위하면서, 흥선대원군은 합설의정부체제로 전환하고 『대전회통』, 『육전조례』 등 법전류를 정비하는 등 통치기구를 정비하였으며, 경복궁을 재건하고 종친부를 강

---

18 임민혁, 2012, 『조선의 禮治와 왕권』, 민속원, 183~279쪽.
19 이근호, 2014, 「조선후기 '공(公)' 담론 연구의 현황과 전망」, 『역사와 현실』 93; 송양섭, 2014, 「18세기 '공(公)' 담론의 구조와 그 정치·경제적 함의」, 『역사와 현실』 93.
20 19세기 중후반, 철종과 헌종 그리고 고종 대 종묘의 세실논의를 통해 왕권의 추이를 살펴본 연구가 주목된다. 이현진, 2009, 「19세기 조선 왕실의 왕위 계승과 종묘 세실론」, 『韓國思想史學』 32.

화하는 등 왕실의 권위를 회복하려는 노력을 병행하였다.[21]

이러한 고종 대의 개혁조치들은 영·정조 대를 모델로 한 것이기는 하지만, 왕실에 대한 정책에 있어서는 영·정조 대의 그것과 차이를 보인다. 영·정조 대 왕실의례가 강화되기는 하였지만, 왕실기구를 늘리거나 이들을 부양하는 조치를 노골화하지 않았다. 반면, 고종의 경우 종친부를 강화하여 왕실의 권위를 세우고자 하였으며, 고종 대 후반에는 궁내부를 설치하여 왕실기구를 재편하는 움직임을 보였다. 조선왕실이 이왕직에 편입되기 이전까지 궁내부는 대한제국기 내내 그 기능이 강화되었다.[22]

한편 국왕의 대리자인 대비와 왕비, 왕세자의 정치활동과 위상에 대한 사례연구들이 소개되었다. 왕세자 문서를 바탕으로 조선시대 대리청정의 제도적 특징을 밝힌 연구와[23] 숙종 대 대리청정의 사례연구가 발표되었다.[24] 임혜련은 수렴청정에 대한 역사적 연원과 제도의 성립과정에 대한 제도사적 연구를 진행하여 세도정치기 대비의 정치적 역할을 이해하는 중요한 단서를 제공하였다.[25] 이외에도 국왕에 즉위하지 못하고 죽은 세자의 정치활동과[26] 왕비와 세자빈 등 외척 가문에 대한 연구가 소개되었다.[27] 이러한 연구들은 조선후기 국왕의 권한이 어떻게 유지되고 있었는가 하는 물음에 중요한 실마리를 제공하고 있다.

---

21 김병우, 2003, 「大院君의 宗親府 强化와 '大院位分付'」, 『震檀學報』 96.
22 서영희, 1990, 「1894~1904년의 政治體制 變動과 宮內府」, 『韓國史論』 23.
23 조미은, 2010, 「朝鮮時代 王世子 代理聽政期 文書 硏究」, 『古文書研究』 36.
24 최형보, 2014, 「肅宗代 王世子 代理聽政 研究」, 『韓國史論』 60; 윤정, 2012, 「肅宗 45년, 국왕의 耆老所 입소 경위와 그 정치적 함의: 세자(景宗) 代理聽政의 명분적 보강」, 『歷史文化研究』 43.
25 임혜련, 2008, 『19세기 垂簾聽政 硏究』, 숙명여대 박사학위논문; 2008, 「19세기 神貞王后 趙氏의 생애와 垂簾聽政」, 『韓國人物史研究』 10.
26 김명숙, 1997, 「9세기 반외척세력의 정치동향: 순조조(純祖朝)효명세자의 대리청정 (代理聽政)예를 중심으로」, 『朝鮮時代史學報』 3.

소위 탕평정치기로 언급되는 숙종~영조 대에는 국왕이 신료들 간의 세력을 조율하는 한편, 각종 의례를 정비하여 왕실의 권위와 국왕의 정통성을 강화하는 조치를 펴지만, 국왕의 카리스마로 이러한 권력 조율이 어려울 경우, 국왕과 혼인관계를 맺는 왕실 외척들이 정국을 주도하는 문제를 안고 있었다. 따라서 조선후기 왕실외척이 정계에 진출할 수 있는 제도적 기반이 어떻게 형성되었고, 이들에게 주어지는 반대급부가 무엇이었는지[28] 외척가문과 주요 인물군을 분석할 필요가 있다.

세 번째로, 왕실연구의 흐름은 최근에 폭발적으로 생산되고 있는 왕실의례와 생활문화에 관한 연구이다. 왕실의례에 대해서는 조선전기 『국조오례의』의 간행에서부터 영조 대『국조속오례의』, 『국조상례보편』 등의 의례서가 간행됨으로써 의례서의 편찬배경과 국가례의 정비과정을 검토한 일련의 연구들이 있다. 특히 서울대학교 규장각과 한국학중앙연구원 장서각에 소장된 조선시대 의궤,[29] 등록, 일기, 어제서, 보첩류를 바탕으로 왕실의 혼례와 상장례에 관한 다양한 사례연구가 진행되었으며,[30] 국왕을 비롯한 왕실가족의 일상을 문화사적으로 소개한 저서들이 다수 출간되었다.[31]

2000년대 양반사족이 작성한 일기류와 고문서를 바탕으로 생활사, 미시사 연구가 활성화됨으로 인해 학계의 연구분야가 확대되었던 것과 마

---

27 신명호, 1993, 『宣祖末·光海君初의 政局과 外戚』, 한국학중앙연구원 석사학위논문; 한지희, 2008, 「숙종 초 '紅袖의 變'과 明聖王后 金氏의 정치적 역할」, 『韓國史學報』 31; 임혜련, 2014, 「19세기 國婚과 安東 金門 家勢」, 『韓國史學報』 57; 이혜지, 2014, 「17세기 淸風金氏 家門의 정치적 역할과 위상 : 현종비 명성왕후 집안을 중심으로」, 국민대 석사학위논문.

28 최근 여흥민씨를 중심으로 외척 세도가의 토지경영에 대한 사례연구가 소개되었다. 남금자, 2014, 「19세기 충주지역 외척 세도가의 토지소유와 지주경영」, 충북대 박사학위논문.

29 김문식, 2005, 『조선 왕실 기록문화의 꽃 의궤』, 돌베개.

찬가지로 최근 왕실관련 기록물을 바탕으로 생활사, 문화사에 관련 연구가 활성화되는 경향도 학계에 큰 활력을 제공하리라 생각한다. 다만 생활사, 문화사 분야의 연구가 소재주의에 그칠 우려가 있으므로, 각 연구 영역이 왕조국가의 성격을 구조적으로 밝히는 데까지 나아갈 수 있도록 왕실관련 연구에 이론 틀과 담론의 지형이 형성되기를 바란다.

마지막으로 ④ 왕실과 왕조국가의 성격을 재정적 측면에서 검토한 연구를 들 수 있겠다. 이는 ① 왕실의 편제와 운영에 관한 제도사적 연구와도 중복되는 점이 없지 않다. 다만, 조선시대 왕실기구의 정비와 왕실재정의 실태를 다룬 연구를 통해 조선왕조의 역사적 특질과 장기지속의 배경을 거칠게나마 설명할 수 있으리라 생각한다. 이에 네 번째 관련 논문을 정리하기에 앞서 왕조국가의 성격과 조선왕조의 장기지속에 관한 몇 가지 논의를 먼저 살펴보기로 하겠다.

앞서 언급하였듯이 조선은 500년간 유지된 왕조국가였다. 왕실은 왕

---

30 이미선, 2005, 「肅宗과 仁顯王后의 嘉禮 考察 : 藏書閣 所藏 『嘉禮都監儀軌』를 중심으로」, 『藏書閣』 14; 이욱, 2008, 「조선후기 後宮 嘉禮의 절차와 변천 : 慶嬪 金氏 嘉禮를 중심으로」, 『藏書閣』 19; 안애영, 2009, 「1882(壬午)年 王世子 嘉禮 연구 : 『가례도감의궤』와 「궁중불기」 중심으로」, 『藏書閣』 22; 김문식, 2011, 「1823년 명온공주(明溫公主)의 가례 절차」, 『朝鮮時代史學報』 56; 임민혁, 2012, 「조선시대 국왕 嘉禮의 절차와 규범」, 『東洋古典研究』 47; 2013, 「사상 : 조선후기 공주와 옹주, 군주의 가례(嘉禮)비교 연구」, 『溫知論叢』 33; 이미선, 2015, 「1749년(영조 25) 和緩翁主와 부마 鄭致達의 가례」, 『韓國史學報』 58.

31 김호, 2008, 「조선의 식치(食治) 전통과 왕실(王室)의 식치(食治) 음식」, 『朝鮮時代史學報』 45; 육수화, 2008, 「조선시대 왕실의 유아교육」, 『泰東古典研究』 32; 김지영, 2010, 「조선후기 왕실의 출산문화에 관한 몇 가지 실마리들 : 장서각 소장 출산관련 '궁중발기[宮中件記]'를 중심으로」, 『藏書閣』 23; 김효경, 2010, 「소선 왕실의 歲時風俗과 액막이」, 『歷史民俗學』 33; 김문식, 2010, 『왕세자의 입학식 : 조선의 국왕은 어떻게 만들어지는가』, 돌베개. 심재우 외, 2011, 『조선의 왕으로 살아가기』, 돌베개; 2012, 『조선의 왕비로 살아가기』, 돌베개; 2012, 『조선의 세자로 살아가기』, 돌베개; 이민주, 2012, 「『尙方定例』의 편찬 과정과 특징 : 왕실복식의 用節을 중심으로」, 『藏書閣』 27; 신병주, 2013, 『왕실의 혼례식 풍경』, 돌베개.

조국가가 성립하는 가장 기본적인 조건임에도 불구하고, 그간 왕조국가의 성격에 대해서는 유교, 관료제, 의례 등과 같은 키워드로 논의되었다.

일찍이 막스 베버는 중국을 비롯한 전근대 아시아국가의 특성을 '가산제 국가(Patrimonialism)'로 설명한 바 있다. 가산제국가에서 수장은 전통적으로 전승되어 온 규칙에 의해 결정되며, 신료는 행정간부[관료]에, 신민은 종복자에 해당한다. 수장은 신민의 재산을 마음대로 취용할 수 있으며, 이들이 남겨둔 재산이나 사람도 자유롭게 처분할 수 있다.

주목할 점은 수장 역시 신민에 대해 관습에 따른 일정한 의무를 지게 되는데, 예컨대 백성이 곤궁에 처했을 때 원조를 제공하고 외부의 압박으로부터 보호를 아끼지 않아야 한다. 이외에도 수장은 백성에게 인간적 대우를 하고 그들에 대한 착취를 스스로 제한하지 않을 수 없다. 왜냐하면 수장의 권위는 백성의 자발적인 복종심과 공조(貢租)의 지불능력에 의존하기 때문이라는 것이다.[32] 이와 같은 요인이 수장의 자의적인 권한 행사를 제약함으로써 전통적 지배가 지속되어 법적으로는 불안정하지만 실질적으로 매우 안정된 사회질서를 유지하게 되는 것이 가산제관료국가의 특성이라고 한다. 그런데 베버는 여기서 멈추지 않고, 중국의 진·한, 그리고 청왕조를 가산관료제가 실현된 전형적인 사례로 규정하면서, 이로 인해 중국은 전통적으로 자치도시가 성숙하지 못하였고, 화폐제도가 혼란하였으며, 관료들이 행정개혁을 기피하는 등의 문제점을 노정하여 결국에는 자본주의체제나 근대적인 관료시스템을 발전시키지 못하였다고 진단하였다.

김상준은 이러한 베버의 서구중심적인 근대성 모델을 비판하면서, '중층근대'라는 개념을 도입하여 서구와는 경로가 다른, 동아시아 사회

---

32 권규식, 1980, 「웨버의 家産官僚制 硏究」, 『農村과 科學』 3, 3~4쪽.

의 근대적 전환과정을 설명하고자 하였다. 그는 미야지마 히로시의 논의를 빌려 16세기 획기적으로 확대되는 세계시장은 동아시아 특히 중국의 부를 기점으로 해서 발동된 것이고, 그 원천은 집약적 벼농사의 성립에 있었다고 설명한다. 그리고 이러한 경제적 기반 하에 송대 이후 중국에서 발견되는 근대적 주권의 초기 형태를 신분 수평화와 유교적 공론장, 그리고 절대주의적 황권의 결합에서 찾았다.[33]

그러나 막스 베버의 관점이나 그것을 비판하는 김상준의 시각 모두 근대=진보로 이행해야 한다는 발전적 시간관에 기초해 있다. 더욱이 16세기 이후 조선의 소농사회가 세계경제에 뛰어들 수 있을 만큼 내적 역량을 축적해갔는지에 대해서는 보다 실증적인 논의가 필요하리라 본다. 캘리포니아학파는 중국의 재정구조와 인구, 대외무역수지 등의 산출치를 바탕으로 비서구지역에 대한 서구유럽의 압도적 우위는 19세기 초반에야 나타난다는 주장을 하였다.[34] 그러나 현재까지의 연구 성과로는 조선이 이러한 세계사적 경제흐름에 일찍부터 동참하였다고 단언하기 어렵다.

김상준이 비판한 베버의 근대성론은, 중국으로 대표되는 아시아적 생산양식 하에서는 근대로 나아갈 수 없다는 논의가 핵심을 이루지만, 그럼에도 불구하고 베버가 전근대 아시아국가들의 구조적 특징을 수장(군주)-관료-종복인(신민)의 역학관계 속에서 살펴보고, 이를 가산관료제라

---

[33] 김상준은 유럽의 근대문명만이 근대성을 이해하기 위한 유일한 기준이자 실체라는 환싱을 타기해야 한다고 주장하면서, 근대내의 구조는 장기석인 역사흐름 속에서 몇 개의 중첩된 층으로 구성되어 왔으며, 이러한 역사적 중층을 원형기-식민기-지구화기라는 세 단계로 설명하고 있다(김상준, 2011, 『맹자의 땀, 성왕의 피』, 아카넷, 43~51쪽).

[34] K. Pomeranz, *The Great Divergence China, Europe, and the making of the Modern World Economy* (Princeton: Princeton University, 2000).

는 개념으로 설명하고 있는 점은 동아시아 국가의 특성을 이해하는데 시사하는 바가 크다.

다만 가산관료제와 같은 전통적 지배형태를 공유하는 왕조국가들 사이에서도 조선의 경우 왕조가 장기 지속되었다는 점에 있어서는 더 많은 논의가 필요할 듯하다. 조선왕조는 전쟁과 같은 외부충격과, 왕권에 도전하는 양반사족들의 저항이 없지 않았음에도 불구하고 500년간 유지되었다. 왜 조선왕조는 동시대 다른 왕조들과 달리 이처럼 장기 지속할 수 있었을까? 이러한 조선왕조의 국가적 특성을 어떻게 이해해야 할까? 물론 이러한 질문은 이미 전해종, James Palais, 김재호 등의 연구자들에 의해 제기된 바 있다. 이 논의들을 좀더 따라가 보기로 하자.

전해종은 중국과 한국의 역대 왕조의 존속연수를 실증적으로 비교한 뒤[35] 한국의 왕조가 장기지속하게 된 결정적 요인으로 고도의 중앙집권화를 꼽았다. 또한 부차적인 요인으로 천재지변의 규모가 작았고, 반란의 모태가 될 상업적, 종교적 결사도 희소하였으며, 군사력이 약해 반란을 일으키기 어려웠을 뿐 아니라 대외관계에 있어서도 중국과 오랜 조공-책봉체제를 형성해 대외적 긴장을 최소화한 것으로 보았다.

제임스 팔레 역시 큰 틀에서는 전해종과 견해를 같이한다. 그는 조선왕조의 안정성을 중앙집권적인 군주와 귀족적 엘리트 사이에 합의된 세력 균형의 산물로 보고, 왕조의 장기지속에 대한 보다 근본적인 요인을 세 가지로 꼽았다. 첫 번째, 조공체제를 수용함으로써 강국인 중국의 보

---

35 전해종은 중국과 한국에서 역대 왕조의 흥망을 연표로 제시하고 이를 바탕으로 한국에서 흥망한 왕조의 수가 극히 적으며, 국가의 존속연수가 가장 짧았던 백제도 300년을 넘어 대체로 왕조가 대부분 500~700년에 이르는 사실을 발견했다. 반면 중국은 70개에 가까운 왕조 중 200년을 넘긴 왕조가 다섯에 불과하고 당, 명, 청 왕조 정도가 300년에 약간 미달한다고 하였다(전해종, 1970, 「中國과 韓國의 王朝交替에 대하여-그 交替의 要因에 관한 比較小論-」, 『白山學報』8).

호 하에 평화적 국제관계를 유지하고자 하였다는 점, 둘째 왕조의 정통성을 강조하는 논리가 관료집단에서 나옴으로써 왕조의 교체가 현실적으로 어려웠다는 점, 셋째, 오랜 기간 지배 엘리트들이 왕을 지지했다는 점을 들고 있다.[36]

김재호는 이러한 논의를 비판적으로 검토하면서 조선왕조의 장기지속을 경제체제면에서 설명하고자 하였다. 그에 따르면, 조선왕조는 지배연합을 형성한 엘리트에게 렌트(rent)를 보장함으로써 지지를 확보할 수 있었으며, 과거제를 통해 엘리트 충원 방식을 제도화하고 경쟁적으로 운영함으로써 지배연합의 구성을 안정적으로 유지하는 동시에 환경의 변화에 대응할 수 있었다고 보았다. 이때 렌트의 원천은 국가재정과 이에 종속된 상업이었으며, 지방재정을 주된 재원으로 하여 형성된 선물경제는 지배연합을 유지, 강화하는 효과를 발휘하였다고 평가하였다. 여기에 대중에게 환곡을 비롯한 공공재 공급을 통해 '준자발적 복종(quasi-voluntary compliance)'을 이끌어냄으로써 왕조의 장기지속이 가능하였다는 것이다.[37] 이러한 논점은 조선왕조의 장기지속을 왕조정부의 시각에서 재조명해보고자 하는 본고에 시사하는 바가 크다.

김재호의 논의를 통해 '국왕-엘리트-대중'의 구도가 조선왕조에서 안정적으로 유지될 수 있었던 경제적 요인이 상당부분 정리되었다고 생각한다. 다만 아쉬운 점은 왕조국가의 장기지속에 있어 국왕을 비롯한 왕실의 존재에 대해서는 언급을 아끼고 있는 점이다. 엘리트, 대중의 '준자발적 복종'을 가능하게 한 조선왕조의 실체에 대해 면밀히 살펴볼 필요가 있다고 생각한다.

---

36 James. B. Palais, *Politics and Policy in Traditional Korea* (Cambridge : Harvard University Press, 1965).
37 김재호, 2011, 「조선왕조 장기지속의 경제적 기원」, 『經濟學硏究』 59집 4호.

이헌창은 조선왕조의 경제체제를 실증하는 일련의 연구를 통해 조선왕조의 경제특질을 국가적 재분배경제로 규정하고, 이를 뒷받침하는 이념적 기반으로 유교의 역할을 강조하였다. 그 역시 조선왕조가 5백년 이상 존속할 수 있었고, 19세기 외부충격으로 몰락하기까지 고도의 안정성을 누린 데에는 유교의 역할이 컸음을 강조하였다.[38] 유교가 군주에 대한 자발적 충성심을 효과적으로 조장하는 이념이었다는 견해는 베버의 가산제국가론이나 유교론에 대한 언설과 유비되는 측면이 있다.

그러나 왕조국가의 장기지속을 해명하는 일련의 논문들에서 정작 '왕조'는 객체화되고 있는 현상을 목도하게 된다. 500년간 왕조가 지속되는 과정에서 조선왕실이 당면한 재정 과제는 시기마다 차이를 보였다. 앞서 설명하였듯이 조선의 왕실은 국왕과 혼인 또는 혈연으로 맺어진 친족 구성원의 집합체로서, 이때 국왕은 왕실 사가(私家)를 대변하는 가부장이자, 한 국가의 수장으로서 이중의 권한과 의무가 주어졌다. 그렇기 때문에 공의(公議)를 대변하는 국왕과 왕실을 부양해야 하는 가부장 사이에 적지 않은 갈등이 발생하였으며, 조선의 국왕은 이를 공적인 통치구조 하에서 해결하고자 하였다. 왕조의 장기지속 요인을 설명하기 위해서는 기본적으로 이러한 조선왕조의 성격을 우선적으로 설명하지 않으면 안 된다.

조선왕조는 국왕과 관료집단 사이에 혼인을 통한 모종의 포함관계가 성립하고 있었기 때문에 공적인 정치구조 속에서 왕실과 혼인을 맺은 외척가문을 배제하기 어려웠고, 애민절용의 재정이념을 표방하였지만, 왕실궁가에서 사재(私財)를 늘리는 움직임을 차단하기 힘든 구조였다. 따라서 유교화 과정을 통해 왕조에 대한 충성심 즉, 준자발적 복종을 왕조정

---

38 이헌창, 2004, 「제한된 합리적 선택으로서 조선시대 유교-조선시대 유교를 위한 변명」, 『韓國實學硏究』 7.

부가 성공적으로 유인하였다고 하더라도 그것은 왕조가 부단한 노력에 끝에 얻은 산물이지, 왕조가 건국된 시기부터 선험적으로 주어진 결과물이 아니었다.[39] 지배엘리트의 끊임없는 견제와 이권 추구 속에서 국왕은 이를 조율하여 신민의 재생산 기반을 안정적으로 유지시켜야하는 막대한 책임을 안고 있었다. 이것은 조선이 건국된 직후부터 왕조가 해결해야 할 과제였지, 역성혁명을 통해 전리품처럼 획득한 것이 아니었다.

요컨대, 베버의 '수장-관료-종복인(신민)'의 모델이나, 김재호의 '국왕-엘리트-대중'이라는 도식은 조선왕조의 국가적 성격을 이해하는 효과적인 틀이 될 수 있다고 생각하나, 왕실의 권위를 계속 보호받을 수 있었던 조건이 무엇이었는지에 대한 맥락적 설명이 필요하리라 본다. 왕실의 구성과 성격도 왕조가 지속됨에 따라 변화하기 때문이다.

더욱이 조선의 국왕들은 전쟁이나 대기근과 같은 왕조의 위기가 닥쳤을 때, 국가존속을 위한 과감한 재정 조치를 단행하였다. 조선왕조의 첫 토지제도는 고려 말 권문세족과 사원에서 보유한 사전을 국가수조지로 대거 전환하는 조치에 다름 아니었으며,[40] 태종 대 관제개혁은 고려 말 왕실 사장(私藏)을 축소, 정비하여 왕실공상을 담당하는 정부기구를 공식화하는 조치를 포함하였다.[41] 다만, 직전법 폐지 이후 조선전기 과전법 체제가 형해화되면서 왕실수조지를 대신하는 궁가의 절수지가 인조 대부터 늘어남에 따라 궁가절수지 축소와 내수사운영에 대한 신료들의 비

---

39 이에 대해서는 마르티나 도이힐러의 책을 참고할 수 있다(마르티나 도이힐러, 이훈상 옮김, 2013, 『한국의 유교화과정-신유학은 한국사회를 어떻게 바꾸었나』, 너머북스).
40 김태영, 1983, 『朝鮮前期 土地制度史硏究 : 科田法體制』, 시식산업사.
41 周藤吉之, 1939, 「高麗朝より朝鮮初期に至る王室財政-特に私藏庫の硏究-」, 『東方學報』 10; 金載名, 2000, 「高麗後期 王室財政의 二重的 構造-이른바 私藏의 변화과정을 중심으로-」, 『震檀學報』 89; 宋洙煥, 2000, 『朝鮮前期 王室財政 硏究』, 집문당.

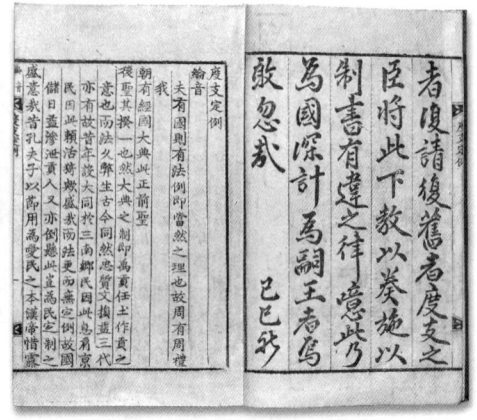

『탁지정례』 표지와 내지(한국학중앙연구원 장서각 소장)

판이 가시화되었다. 이에 숙종 21년(1695) 왕실 궁방에 지급하는 절수지 규모를 제한하고, 토지를 매득하는 값을 지급하는 등 왕실의 토지소유를 제한하는 을해정식이 단행되었다.[42] 을해정식은 영조 대 『속대전』에 그대로 반영되었다. 영조 대에 들어서는 왕실재정에 대한 보다 근본적인 개혁이 단행되는데, 그것은 일련의 정례서 간행으로 나타났다.

영조는 재위 20년 무렵 『국조속오례의』와 『속대전』 그리고 『탁지정례』로 대표되는 의·전·례의 정비를 단행하였다. 탁지정례는 왕실과 정부 관서에서 지출하는 경비물자(=공물, 진상)를 감수, 정액화하여 중앙의 무분별한 물자소비를 막는 지출례로서 작성되었다. 그런데 탁지정례는 하나의 책이 아니고 사실 ① 왕실공상을 이정한 「각전각궁례」와 ② 국혼 시 지출례인 『국혼정례』, 그리고 ③ 정부관서별 경비물자를 수록한 『각사정례』, ④ 마지막으로 왕실구성원의 복식에 대한 『상방정례』로 구성되어 있다. 영조가 정례서를 간행하여 중앙재정을 긴축하는 조치를 단행하

---

[42] 박준성, 1984, 「17·18세기 宮房田의 확대와 所有形態의 변화」, 『韓國史論』 11.

였을 때 가장 먼저 이정하였던 것이 바로 왕실공상이다. 왕실에 진배하는 물자를 10만 냥 가량 이정한 이후 영조는 125처에 이르는 중앙관서의 지출을 일일이 이정하였다.43 뿐만 아니라 영조 27년 왕실진상물을 추가로 이정하여 이듬해 『선혜청정례』를 추가로 간행하였다. 영조가 「각전각궁례」에 이어 『선혜청정례』를 추가로 간행한 것은 당시 군포를 2필에서 1필로 줄이는 감필급대를 단행하였기 때문에, 군문과 정부관서의 반발을 무마하고 급대재원을 확충하기 위해 왕실재정을 추가로 삭감하는 조치가 필요했던 것이다.44

정조 대에는 국왕 스스로 궁부일체를 천명하며, 병신정식(丙申定式)을 단행함으로써 2~3만 결에 달하는 궁방전을 호조에 귀속시켰으며,45 노비공의 액수도 도별로 총액을 산출하여 정액화하였다.46 궁중(宮中)과 부중(府中)이 하나라는 궁부일체(宮府一體)의 논리는 신료들이 국왕의 내탕(內帑)인 내수사의 운영과 왕실궁가의 私財가 늘어날 때 이를 견제하기 위해 주로 언급되었지만, 정조는 궁부일체론을 선점하여, 왕실사재를 공적으로 사용할 것을 천명하였다.

이처럼 조선후기 영조와 정조는 스스로 도덕적 권위를 확보하기 위해 재정운영에 있어 왕실과 자신의 경제적 기반을 부정하는 정책들을 단행해 나갔다. 물론 그러한 정책 이면에는 왕실가족을 보호하고 자신의 정

---

43 최주희, 2011, 「18세기 중반 『탁지정례』류 간행의 재정적 특성과 정치적 의도」, 『역사와 현실』 71.

44 최주희, 2014, 「18세기 중반 균역법 시행논의와 『宣惠廳定例』의 간행」, 『韓國史研究』 164.

45 송양섭, 2011, 「정조(正祖)의 왕실재정 개혁과 "궁부일체(宮府一體)"론(論)」, 『大東文化研究』 76.

46 이성임, 손병규·송양섭 편, 2013, 「정조대의 丙申定式과 內需司及各宮房田畓摠結與奴婢摠口都案」, 『통계로 보는 조선후기 국가경제 : 18-19세기 재정자료의 기초적 분석』, 성균관대학교 출판부.

통성을 유지하려는 의도가 숨어 있었던 점도 부인할 수 없다. 그러나 영·정조 대 왕실재정을 긴축하여 국가재정을 확충하고자 했던 일련의 정책들은 농민항쟁을 수습하기 위해 이정책을 마련하는 과정에서, 또 고종 초반의 개혁노선에서 모두 중요한 전범(典範)으로 환기되었다.

조선건국 당시 과전법의 시행과, 왕실정부기구의 축소, 왕실가족의 수조지 분급 제한과 같은 왕실재정의 긴축 정책은 조선후기 들어 영·정조 대 다시금 발현되었다. 이점이 양란 이후 조선왕조를 다시 3세기 동안 유지시키는 중요한 정신적 동력이 되었음을 부인할 수 없다. 그럼에도 불구하고 최근까지 조선후기 왕실재정에 대한 평가는 19세기 왕실재정과 대한제국기 황실재정을 둘러싸고 왕실재정과 국가재정이 분리되지 않는 상태에서 국가재정의 상당부분이 왕실을 부양하는데 쓰이는 구조였다는 논의가 일반적이다.[47] 그렇다면 다시 이러한 질문을 할 수 있을 듯하다. 왕조국가의 핵심부인 왕실을 부양하기 위해 국가재정의 상당부분이 왕실재정의 형태로 편성되어 있다고 한다면, 다수의 신민으로 이루어진 왕조국가는 어떻게 유지될 수 있었을까? 다음 장에서는 동시대 다른 왕조국가의 재정운영구조를 살펴봄으로써 조선왕조의 재정적 특질을 재검토하기로 하겠다.

---

[47] 오두환, 1994, 「갑오재정개혁의 구조와 성격」, 『갑오개혁의 사회경제사적 의의』, 경제사학회; 李潤相, 1996, 『1894~1910 재정제도와 운영의 변화』, 서울대 박사학위논문; 김재호, 1997, 『갑오개혁 이후 근대적 재정제도의 형성과정에 관한 연구』, 서울대 박사학위논문; 조영준, 2008, 『19세기 王室財政의 運營實態와 變化樣相』, 서울대 박사학위논문.

2. 비교사의 시각에서 본 왕실재정

그러면 왕조국가의 특성을 왜 재정이라는 틀에서 이해해야 하는가? 슘페터는 "재정현상은 그 자체가 갖는 정치적 생명을 포괄적으로 다루지는 못하지만, 어떠한 사회를 관찰해가는 중요한 하나의 출발점 구실을 수행한다. 그것은 재정정책이 '원인적 의미' 즉, 재정현상이 모든 사회변화의 원인 중에서 중요한 하나의 요인이 된다는 의미와 '징후적 의미' 즉, 일어나는 모든 사건은 재정현상에 영향을 미친다는 의미를 갖는다"고 하였다.[48]

재정(財政)은 국가의 운영 그 자체라 할 수 있을 만큼 포괄적으로 정의된다. 김대준에 따르면 재정은 국가, 기타 권력단체가 공동의 욕망을 충족시키기 위하여 재화를 획득, 관리, 사용하는 공경제를 일컫는다. 재(財)의 측면에서 보면 재정은 공공경비의 지출과 수입, 조달을 위한 화폐의 징수를 내용으로 한다. 한편 정(政)의 측면에서 보면 자원배분, 소득분배, 완전고용, 가격수준의 안정, 경제성장 등을 기본문제로 한다고 한다.[49] 이처럼 한 사회의 재정구조를 파악하는 일은 단순히 재원을 수취하고 집행하는 권력층의 성향과 이해관계의 행방을 살피는 차원을 넘어서서 그 사회의 운영원리과 계층구조를 파악하는데 결정적인 단서를 제공한다.

---

[48] J. A. Schumpeter, "The crisis of the Tax State," W. F. Stopler and R. A. Musgrave (trans.), A.T. Peacock et al.(eds.) *International Economic Papers* 4, The Macmillan Company, 1918(1954) (우명동, 2005, 『국가론-재정이론 차별성의 근원』, 도서출판 해남, 9~10쪽 재인용).

[49] 김대준, 1973, 『財政學-理論과 政策』, 一新社, 15~17쪽.

수취자(지배층)와 담세자(피지배층) 사이에 어떠한 제도적 합의가 이루어졌으며, 국가가 재원을 어떠한 방식으로 어느 분야에 지출하고 있는지, 그리고 그것이 정부기구와 민간시장에 어떠한 파급효과를 불러일으켰는지를 파악하는 작업은 그 자체로 한 사회가 어떻게 유지되는가를 파악하는 구체적인 방법론이 되기 때문이다.

최근 보니(R. Bonney)와 옴로드(Ormrod)는 역사상 각 왕조국가들이 채택한 재정제도를 유형화하여 고대사회에서부터 오늘날에 이르기까지 그 흐름을 도식화하여 소개하였다. 이들은 슘페터가 제시한 조세국가 위기 모형[50]은 1차 세계대전이 발생하기 이전 이미 유럽의 다른 나라에서도 발견되는 사례라고 비판하면서, 유럽사에 있어서 재정사의 발전모형을 공납제국가(Tribute state)→전제국가(Domain state)→조세국가(Tax state)→재정국가(Fiscal state)라는 모델[The Bonney-Ormrod model]을 제시하였다.[51]

공납제국가는 신민이 공물을 국가의 수장에게 바치는 조세원리를 근간으로 하는 사회이다. 전제국가는 공물뿐 아니라 토지와 인신에 대한 전반적인 과세권한이 국왕에게 귀속된 사회로서, 공납제국가보다 신민에 대한 파악과 지배의 강도가 크지만, 반대로 이들이 영토 안에서 재생산 기반을 유지할 수 있도록 행정과 군사, 구휼시스템을 구축한 국가라 할 수 있다. 한편 조세국가의 단계에서부터 조세는 단순히 국왕에 대한 의무로 납부하는 것이라기보다, 선거와 같은 정치참여, 복리후생에 대한

---

50 슘페터는 『조세국가의 위기 Die krise des Steuerstaat』(1918)에서, 1차 세계대전 이후 자본주의가 고도로 발달함에 따라 국가의 직능이 복잡해지고 경비가 팽창하는 현상이 필연적으로 나타나게 되는데 이때 조세만으로 재정의 건전성을 꾀할 수 없게 되어 조세국가 일반의 위기가 도래한다고 하여 조세국가의 개념을 본격적으로 소개하였다.

51 Richard Bonney ed., *The Rise of the Fiscal State in Europe, c.1200~1815* (Oxford, Oxford Univ. Press, 1999), pp.12~14.

반대급부로서 지불하는 성격을 띠게 된다. 이러한 이론 틀이 모든 사회에 동일하게 적용되기는 어렵지만, 전근대 대부분의 왕조국가는 공납제국가와 전제국가의 그룹에 포함되었을 것으로 생각되며, 근대국민국가의 형성과 더불어 조세국가로의 전환이 보편사적 흐름 속에서 각 나라마다 시간 차를 두고 전개되었을 것으로 이해된다.

그러면 전근대 왕조국가의 재정은 나라마다 어떠한 특성을 띠었을까? 서유럽 왕조국가들의 재정구조를 일반화해서 언급하는 것은 좀처럼 쉬운 일이 아니다. 다만 로마제국을 재정적으로 뒷받침하던 보편적 과세관념이 중세기에 들어서 완전히 사라져 버렸다는 것이 일반적인 설명이다.[52] 중세 봉건제 하에서 국왕은 다른 영주와 크게 다를 바 없이 자신의 직영지에 속한 농노와 그밖의 자유농에게서 지대와 부역, 각종 대여료를 수취하는 한편, 대영주로서 봉토를 지급한 영주, 기사들에게서 정기적으로 세금을 거두었다. 여기에 부차적으로는 시장이나 교역로에서 거두는 통행세와 상품 수출에 대한 관세, 동산과 소득에 대한 세금을 거두었는데, 중세 말에 이르러서는 이것이 국왕의 주요한 재정수입원이 되었다.

봉건제 하에서 국왕은 이처럼 분산적이고 제한된 수입에 의지할 수밖에 없었다.[53] 국왕들은 중요한 세금을 걷기 위해 '신분의회'를 열어 영주

---

[52] 페리 앤더슨, 김현일 옮김, 1993, 『절대주의 국가의 역사Lineages of absolutist state』, 현실문화, 73쪽.

[53] 칼 폴라니 역시 페리앤더슨의 논의를 빌려 중세국가의 성격을 다음과 같이 설명하고 있다. 그에 따르면, 중세의 국가는 영토국가로 할 수 없다는 것이다. 영주들이 보유하고 있는 장원의 종속민들의 인신에 대해서는 영주의 사법권이 전일적으로 관철되는 '파편화된 주권체fragmented sovereignty'였지만, 그 영주에 대한 군사적, 정치적 명령권이라는가 법적 관할권, 더 나아가 그 지역의 교권을 눌러싼 관할은 수수히 숭첩되고 종종 모순되는 복잡한 법적 위계를 구성하고 있었다고 한다.(칼 폴라니, 홍기빈 역, 『거대한 전환-우리 시대의 정치·경제적 기원The Great Transformation The Political and Economic Origins of Our Time』, 도서출판 길, 225쪽 각주 참조)

들의 동의를 얻어야 했으며, 이러한 신분의회는 주로 다른 나라와의 전쟁 비용을 마련하기 위해 개최되었다.[54] 페리 앤더슨은 중세유럽의 국왕은 각 장원의 영주들에게 세금을 거둘 때 전쟁 이외의 어떠한 생각이나 목표도 가질 수 없다고 하였다. 그는 특히 절대왕정의 국가들은 다른 무엇보다도 전쟁을 위해 구축된 기구라고 단언한다. 물론 관직매매를 통해 봉건귀족을 관료기구에 포섭하는 한편, 그에 따른 수입으로 국가재정을 늘리는 조치를 취하였지만, 국왕에게 바치는 대부분의 세금은 그들에게 귀속된 농민에게 전가되었으며, 이들에게서 거둔 국세는 대부분 전쟁비용으로 쓰였다는 것이다.

프랑스에서 부과된 최초의 정규 국세인 '국왕 따이유세(Taille Royale)'는 유럽 최초의 정규부대인 칙령군의 재정을 조달하기 위해 15세기 중엽에 이르러서야 수취되었다. 이는 서유럽의 경우 국가단위의 조세수취가 굉장히 늦은 시기에 야기되었음을 시사한다. 또 스페인의 경우 16세기 중엽 국가 수입의 80%가 군사비로 지출되었으며, 17세기 중엽에는 스웨덴으로부터 피에드몽트까지 대륙의 왕국들 역시 전쟁준비나 그 수행에 국가재정을 지출하였다.[55]

중세유럽의 국왕은 그 자신이 봉건영주이면서 관할 영토 안에서 영주와 기사의 동의 하에 행정, 군사권을 행사하였으며, 그가 행사할 수 있는 재정권한이란 제한적이었다. 따라서 서유럽국가들은 장원경제 하에서

---

54 M. M. Postan, 이연규 옮김, 1989, 『중세의 경제와 사회-중세 영국의 경제사』, 청년사, 247~259쪽. 왕에 대한 세금으로 가장 오래되고 한 때 가장 무거웠던 것은 영국의 데인겔트였다. 데인겔트는 원래 데인족 침략자들에 맞서 정하는데 필요한 자금을 충당하기 위해 부과되었던 것으로 헨리 2세 때 데인겔트는 국왕의 연세입에 1/4~1/3을 차지하는 수준이었으나, 이후 데인겔트의 부과횟수가 줄고 세액도 낮아졌으며, 영주들의 줄기찬 반대로 1162년 완전히 철폐되었다.

55 페리 앤더슨, 앞의 책, 14쪽.

개별, 분산적인 수취형태를 유지하였으며, 국왕이 특별히 세금을 거두고자 할 때에는 군사적 요인이 크게 작용하였다. 이는 앞서 서유럽 국민국가의 계보를 단계적으로 설명한 찰스 틸리의 논의와도 일맥상통하는 지점이다(각주 1 참조). 즉, 서유럽의 여러 왕조국가들은 재정수입의 상당부분을 왕조의 존속과 품위유지가 아닌 영토전쟁에 할애함으로써 왕조의 정통성을 영주와 기사, 농민들에게서 인정받았다. 이러한 경향은 절대왕정기를 거치면서 더욱 강화되었다.

반면 동시대 중국을 비롯한 동아시아국가들은 일찍부터 재원의 수취와 집행에 대한 최종 결정권이 국왕에게 주어졌으며, 지방에 과세한 대부분이 중앙으로 집중되는 경향을 보였다. 미야지마 히로시는 중국과 일본, 한국의 고대국가들은 균전제적 토지지배질서와 양천제적 신분제 하에, 토지를 경작하는 양민에게 일정량의 세금을 징수하고 군역의 의무를 부과하는 율령제적 국가시스템을 구축하였다고 평가하였다. 다만 중국과 일본의 경우 이후 신분제가 해체되고, 농업생산력의 증대와 상업유통경제의 발달로 이러한 율령제 국가의 기본틀이 형해화된 것으로 보았다.[56] 그럼에도 불구하고 재정운영의 측면에서 볼 때, 중국과 주변의 왕조국가들은 이념적 측면에서 여전히 전제국가의 성격을 띠었으며, 상업유통경제의 발전으로 상세(商稅), 관세(關稅)를 수취하였음에도 불구하고 토지와 호구에 기초한 재정운영의 틀을 고수하였다는 견해가 여러 연구자들로부터 지적되었다.

캘리포니아 학파의 웡(R. Bin Wong)은 병농일치(兵農一致)와 관료주의 전통을 이어온 중국의 전제국가 모형이 역사적으로 한국, 베트남, 유구국과 같은 주변 나라에 일정하게 영향을 미쳤으며, 특히 고도로 발달한

---

56 한국고문서학회 편, 2006, 『동아시아 근세사회의 비교 : 신분·촌락·토지소유관계』, 혜안.

관료주의는 상인세력들의 정치참여를 견제하고 이들이 지방세력과 결탁하는 것을 억제함으로써 왕조의 장기지속에 기여하였다고 설명하였다.[57] 물론 명대 장거정의 개혁정책으로 산서상인들이 중앙관직에 일시적으로 진출한 사례가 있기는 하지만,[58] 농경에 기반한 전제국가(Agrarian Empire)의 관료들은 세입의 원천을 토지에 두고 재정 운영에 있어 상업세를 크게 고려하지 않았으며, 상인들의 정치활동을 끊임없이 견제하였다는 것이다. 이러한 재정구조의 특징은 송대 시장유통이 활성화되고 주전을 통한 수취금납화가 진전되던 상황에서도 관찰되는 모습이다.

미야자와 토모유키(宮澤知之)에 따르면, 송대 국가의 재정적 물류가 성립된 배경에는 당송변혁기의 사회경제적 발전이 자리하고 있었으며, 농민의 사적 토지소유권이 확립됨에 따라 잉여농산물에 대한 교환단위로서 화폐 유통이 활발해져 국가의 농민지배에 있어서도 화폐환산이 적극 활용된 것으로 보았다. 그는 송대 재정적 물류와 시장적 유통은 국가재정을 통해 연결되었으며, 화폐는 사회경제를 통합하기 위한 수단이었다고 보고, 시장적 유통은 재정적 물류가 형성되는 전제가 되었지만 반대로 재정물류의 요청에 부응하여 시장유통이 활성화되는 측면도 함께 지적하였다. 양자는 대항적인 동시에 상호 규정적이라는 것이다.[59]

명대에 이르러서 토지세 위주의 전통적인 재정구조로 회귀하면서 전제국가의 재정구조는 만주족이 중원을 정복한 청대에 이르기까지 그 기

---

57 R. Bin Wong. "China's agrarian empire : a different kind of empire, a different kind of lesson", *Lessons of Empire: Imperial Histories and American Power*, edited by Craig Calhoun, Frederick Cooper and Kevin W. Moore(New York: New Press, 2005), pp.190~200.
58 李敏鎬, 1995,「張居正(1525~1582)의 財政政策의 性格-財政의 中央集權化와 江南 地主層의 牽制」,『東洋史學研究』50.
59 宮澤知之, 1998,『宋代中國の國家と經濟』, 創文社, 517~518쪽.

본틀이 유지되었다.⁶⁰ 이는 중세 북부 이탈리아의 상인자본가들이 초기에는 토지귀족의 정치를 후원하고 전쟁비용을 지불하여 권력의 보호를 받다가 교역을 통한 자본축적이 심화되자 권력망을 역으로 지배해갔던 양상이나⁶¹, 17세기 영국과 프랑스 시민세력들이 조세저항을 통해 조세승인권과 참정권을 획득하고 이 과정에서 식민지 미국이 독립 국가를 형성해간 역사적 흐름과도 상이한 패턴이다.

아다치 게이지(足立啓二)는 명·청시대 중국을 전제국가로 규정하고, 두 왕조의 경제구조를 통해 전제국가의 특성을 다음과 같이 정리하였다. 그에 따르면, 전제국가는, 사회적 의사결정 기능이 관료기구를 축으로 최종적으로는 황제권에 집중되는 사회로 규정하였다. 이때 국가는 원칙적으로 사회재생산의 주체가 되며, 소농민의 잉여노동을 노동력, 재물, 화폐 등의 형태로 집중-재조직-재분배함으로써 지배계급으로서의 이익을 유지시켜갔다고 설명하였다. 그에 따르면 '전제국가의 재정은 그 자체가 거대한 물류'이며, 이 재정물류 안에는 ① 전부(田賦), ② 제실(帝室)·중앙관청에의 상공물(上供物), ③ 관세·상세·전매수익, ④ 요역노동, ⑤ 행정경비 항목이 포함되는 것으로 보았다.⁶²

같은 동아시아국가들 중에서도 한국, 중국과 달리 봉건제적 정치 특질을 지닌 일본의 경우, 조세제도에 있어서는 큰 차이를 보이지 않았다. 에도막부의 조세수취는 쌀과 같은 현물납이 주를 이루었으며 금, 은의 화폐납도 병행되었다. 이밖에 막부는 삼도(三都: 에도, 교토, 오사카)의 항만, 광산, 화폐주조의 권한을 독점하여 이로부터 얻는 이익으로 재정을

---

60 Ray Huang, *Taxation Governmental Finance in Sixteenth-Century Myung China* (Cambridge Univ. press, 1974), pp.316~321.

61 조반니 아리기, 백승욱 옮김, 2008,『장기 20세기-화폐, 권력 그리고 우리시대의 기원』, 그린비, 164쪽.

62 足立啓二, 2012,『明清中國の經濟構造』, 汲古書院, 345~350쪽.

보충하였다.[63] 쌀로 거두는 세입의 대부분은 촌락의 연공미(年貢米)로 이루어졌으며, 막부는 이를 가신의 봉록(俸祿)을 지급하는데 대부분 지출하였다. 이밖에 에도성을 유지하는 경비가 높은 비중을 차지하였으며, 그밖에 에도시대 쇼군의 정실부인이 거처하던 오오쿠(大奧)에서 지출하는 경비가 있었다.[64] 특히 오오쿠에서 지출하는 경비는 막부말기까지 재정 삭감의 대상으로 자주 거론되었다. 18세기 여자들만 생활하는 오오쿠에서 오사카와 교토성을 방위하는 데 드는 경비보다 더 많은 예산을 소비하고 있었다는 점은 동아시아 전제국가들과도 비교해 볼만한 지점이다.[65]

지금까지 한국과 중국, 그리고 일본의 재정운영 원리에 대해 개략적으로 살펴보았다. 전근대 동아시아 왕조국가들은 권력의 정점에 있는 통치자가 재정 권한을 배타적으로 행사하는 경향을 보였으며, 왕조의 물류체계에서 재정이 차지하는 비중이 크고, 상인세력을 관료로 포섭하는데 소극적인 경향을 보였다. 또한 영토 내의 백성에게 조세를 수취하고 역을 부과하는 한편 상업세와 같은 기타 수익을 세입으로 확보한 후에는 그것의 대부분을 왕실의 유지와 관서행정에 소비하였다. 특히 전제국가의 성격을 띠는 중국의 명·청대와 조선왕조의 경우 이러한 특성이 보다 분명히 드러난다. 중국의 명·청왕조와 한국의 조선왕조는 거대한 재정물류를 운영함으로써 신민에게 재화가 재분배될 수 있는 경제시스템을 구축하고자 하였다. 특히 건국 초부터 시장 통제정책을 폈던 조선은 왕조 자체가 거대한 물류를 움직이며 재화를 재분배하는 역할을 자임하였다.

---

63 박훈, 2005,「德川時代 幕府와 藩 재정의 특색-專賣制 실시를 중심으로-」,『漢城史學』 20, 63~65쪽.

64 구지회, 2011,「오오쿠(大奧) 로조(老女)의 정치적 역할과 성격 : 江戶後期를 중심으로」, 숙명여대 석사학위논문.

65 C. Totman, *Politics in the Tokugawa Bakufu 1600~1843*(Cambridge, USA, 1967), p.287.

토지와 호구에 기반한 부세제도의 개혁 과정에서 중국과 조선은 경로를 같이하였지만,[66] 조선이 왕조 말기까지 포기하지 않은 특징적인 부세 원칙이 있다. 바로 '공물(貢物)'이다. 그간 조선왕조의 재분배시스템에서 중요하게 논의되었던 것은 환곡이다.[67] 그러나 조선왕조에서 재분배체제가 공고히 유지될 수 있었던 것은 애초에 시장을 통제한 왕조의 선택 때문이었다. 조선의 건국 세력들은 성리학적 이념 하에 시장을 적극적으로 억제하는 재정정책을 표방하였다. 시장을 통제하기로 마음먹은 왕조가 재정운영에 필요한 물화를 안정적으로 공급받기 위해서는 전국의 토산현물을 파악하고 이를 공물로 수취하는 제도를 마련할 필요가 있었다. 이것인 바로 조선의 '공납제(貢納制)'이다.

고대 중국에서 공물은 토산현물을 황제의 내지에서 바치는 부세로서의 공물과, 제후국이 예물로 바치는 공납의 이중적 의미를 지녔다.[68] 임토작공(任土作貢)에 따른 공납제는 한왕조를 거쳐 당의 조용조(租庸調) 제도로 완비되었다. 당왕조는 중앙의 백관은 물론 지방 각 주(州)와 제후국의 사신이 바치는 공물을 수취함으로써 제국적 질서를 의례적으로 구현하고자 하였다. 이때 공물은 당과 주변국의 위계를 드러내는 매개물이었다.[69] 그러나 당송변혁기를 거치면서 지역시장과 대외교역을 통한 유통경제를 바탕으로 중국은 황실에서 필요로 하는 다양한 물품과 재화를 시장에서 구매하였으며, 이를 담당하는 관서를 따로 운영하였다. 물론 중

---

[66] 김홍길, 2007, 「세역제도」, 『명청시대 사회경제사』, 이산, 53~92쪽.
[67] 이헌창 엮음, 2010, 『조선후기 재정과 시장-경체제제론의 접근』, 서울대학교 출판부.
[68] 『서경집전』권3, 夏書 禹貢篇에는 貢에 대한 두 가지 설명이 나오는네, 하나는 "上之所取 謂之賦 下之所供 謂之貢 是篇 有貢有賦 而獨以貢名篇者…則貢又夏后氏田賦之總名…"라고 하여 夏后氏의 田賦를 총칭하는 것으로 註를 붙인 것이다. 이때의 貢은 토지에 부과된 稅의 개념이 강하다. 반면 "厥貢 漆絲 厥篚 織文"의 註에 "貢者 下獻其土 所有於上也 兗地 宜漆宜桑 故貢漆絲也…"에서는 아랫사람이 '그 땅에서 나는 것'을 윗사람에게 바친다는 공물의 의미가 강하다(채침, 『서경집전』권3, 夏書 禹貢).

앙으로 상납해야 하는 공물[惟正之供]이 전혀 사라진 것은 아니다.

중국의 마지막 왕조인 청나라의 조세 역시 현금(은), 현물(곡물), 역역으로 이루어져 있었다. 이 중 항주에서 북경(통주성)에 이르는 조운로를 통해 지방 8성에서 약 400만석의 세곡(현물)이 운반되었으며, 이는 당대 100만 명이 넘는 북경 거주민이 소비하는 식량의 80%에 달하는 것이었다. 지방에서 상납되는 세곡은 당시 전국적인 현금 수세의 1/10에 불과한 것이었지만, 황제는 '천유의 정공[天庾之正供]'이라 하여 현물의 중앙 상납을 고수하였다.70 그러나 이 역시 지방의 토산현물을 매년 정기적으로 바치는 조선의 공물과는 성격이 달랐다.

일본의 경우에도 에도시대 때 막부의 주요 수입원은 직할령에서 바치는 연공미(年貢米)였다. 그러나 동아시아 삼국 중에서 지방민에게서 토산현물을 일정량 공물로 수취하는 제도를 가장 오랫동안 유지시킨 왕조는 조선이었다. 조선은 왕조말기까지 공물(대동세 포함)을 재정의 주요 수입원으로 할애하고 있었다.71

이 글에서 설명하고자 하는 조선왕조의 재정구조는 바로 이 공물과 밀접한 관련을 맺고 있다. 일반적으로 공물은 수평적인 관계에서 교환되

---

69 와타나베 신이치로, 문정희·임대희 옮김, 2002, 『天空의 玉座-중국 고대제국의 조정과 의례』, 신서원, 194~215쪽 참조. 그는 우공의 제국에서 보이는 공납제가 사실상 한왕조의 시스템을 이념적으로 묘사한 것으로 해석하였다. 이어 그는 당왕조의 제국적 질서는 ① 공부[조용물·공물]와 판적[지도·호적]을 정기적으로 중앙정부에 납입하는 내지 주들, ② 왕조에 복속된 번이가 공무와 판적을 비정기적으로 납입하고 장관을 세습하는 기미주, ③ 공물만을 비정기적 혹은 정기적으로 공납하는 원이(遠夷)의 3층구조를 이루고 있었다고 정리하였다.

70 能 遠報, 2005, 「漕運港と北京zの食量供給-淸朝の北京郊外を中心に-」, 『水辺と都市』別冊 都市史硏究, 山川出版社.

71 『세조실록』 권23, 세조 10년 5월 28일(경진), "同知中樞院事梁誠之上書曰 臣竊觀歷代取民之制, 戰國有布縷粟米力役之征 唐有租庸調之制 至我大明 有兩稅之法 本朝取民 如一家田稅所出十分之四 而雜稅居十之六 所謂雜稅者 卽諸色貢物代納者也."

는 물건이 아니라 권력층에 수렴되는 일방향적 수취물이다. 따라서 공물은 지배-피지배의 역학관계를 명확히 드러내는 과세의 일종이다. 그런데, 조선에서 공물은 중국, 일본과의 외교관계뿐 아니라, 국내 재정구조와 시장교환의 문제에 이르기까지 다양한 재정적 효과를 불러일으키는 세목(稅目)이었다. 특히 공물은 왕실부양과 관서행정에 필요한 다양한 현물, 노동력을 포괄하고 있었기 때문에, 왕실재정과 국가재정 모두를 지탱하는 기본 세원이었다. 따라서 조선왕조의 재정구조를 이해하기 위해서는 일차적으로 공물이 왕실과 정부관서에서 어떠한 경로로 수취되고 또한 소비되는가를 파악할 필요가 있다.

고려의 왕실에서는 국왕은 물론이고 왕실구성원들이 저마다 왕실부를 두어 개별적으로 수조지에서 토지세와 공물을 수취하였다. 따라서 공물 자체가 왕실을 부양하는 사장(私藏)의 성격을 띠는 한편, 국가의 공적 재원으로서도 큰 의미를 지녔다. 그런데 조선왕조가 건국되면서 이러한 왕실사장은 축소되고 정부관서라 할 수 있는 여러 공상아문에 공물이 상납되어 다시 궐내에 사는 왕실가족에게 진배되는 시스템으로 전환되었다. 다시 말해, 왕실을 부양하는 재원을 공적 재정체계 안에 상당 부분 포함시켜 놓은 것이다. 이로 인해 정부관서의 상당수가 사실상 왕실구성원의 품위와 생계를 유지하는 제반 물품을 수취, 제작, 조달하는 업무를 담당하고 있었던 것이다. 그럼에도 불구하고 조선왕조의 재정 특성을 설명할 때, 국가재정과 왕실재정의 미분리에 대한 지적이 계속되고 있는 것이 사실이다.

도쿠나리 토시코(德成外志子)는 17세기 대동법 시행으로 공물과 요역이 전세화되었지만, 애초에 국가재정이 왕실유지에 행정적으로 복무하는 '의례재정(儀禮財政)'의 성격을 띠었기 때문에, 현물신상과 같은 공납제의 전통이 대동법 시행 이후에도 계속 유지된 것으로 평가하였다.[72] 도쿠나리 토시코의 지적은 왕실과 정부의 재정이 미분리되고, 현물재정이 유지될 수밖에 없었던 상황을 이해하는데 도움을 준다. 그러나 왕실재정이 국가재정과 분리되지 않은 것이 곧 왕조국가의 미숙성을 드러내는 것 같은 착시현상에서 벗어날 필요가 있다.

조선왕조는 건국 당시 국가재정에 포함되지 않던 토지와 노비를 국가의 공적 재원으로 흡수하였다. 이 과정에서 왕실을 부양하는 내탕고가 공식 아문으로 개편되었으며, 사전 경영 역시 과전법 체제 하에 품계에 맞는 수조지 분급 방식으로 변화되었다. 따라서 국가재정과 왕실재정의 미분리는 선초 왕실의 사적 재정 영역을 국가재정에 편입시킨 조치에서 그 근본요인을 찾을 수 있다. 국가의 수입(=貢案), 지출(=橫看)의 원리가 정해지고 그 틀에서 왕실을 부양하는 재정구조가 조선전기에 정비된 것이다. 더욱이 왕실공상으로 궐내에 진배된 물자는 왕실구성원만 소비한 것이 아니라 그에 딸린 궁속들에게 절반 이상이 다시 배분되었다. 18세기 선혜청에서 왕실공상으로 지급하는 공물가 액수는 전체 선혜청의 재정 규모 중 대략 1/3 수준에 그치는 규모였다.[73]

물론 왕실구성원이 전적으로 국가재정의 상당부분을 차지하는 공물에만 의존했던 것은 아니다. 왕실이 사적으로 보유한 토지 즉 궁방전(宮房田)은 조선후기 들어 규모가 확대되는 추세를 보였으며, 왕실 각 전·궁에서 소비하는 물품 역시 전례(前例)에 의거하여 잡다하게 늘어나는 양상을 띠었다. 그런데, 이처럼 국가재정에서 왕실재정이 차지하는 비중을 축소하고, 이를 공적으로 관리하고자 일대 개혁을 추진한 것이 바로 국왕 영조이다. 그리고 이후 왕위를 물려받은 국왕 정조는 영조 대의 정책기조를 계승하여 미흡한 재정개혁을 즉위 직후부터 강력하게 추진하였다.

---

72 德成外志子, 1999, 「朝鮮王朝後期の國家財政と貢物·進上」, 『朝鮮學報』 173; 2001, 『朝鮮後期 貢納請負制와 中人層貢人』, 고려대 박사학위논문.

73 최주희, 2012, 「18세기 중반 定例類에 나타난 王室供上의 범위와 성격」, 『蔵書閣』 27.

본서에서는 이러한 영·정조 대의 재정정책의 구체적인 내용을 살펴보고, 영조 대 중반에 간행된 『탁지정례』를 통해 18세기 후반에 완성된 조선후기 국가재정의 전체구조를 살펴보고자 한다. 이를 통해 왕조국가가 장기 지속할 수 있었던 요인을 재정적 측면에서 설명하기로 하겠다.

3. 앞으로의 이야기 : 재정을 통해 본 조선왕조의 성격

이 책은 총 5장으로 구성되어 있다.

Ⅰ장에서는 조선왕조가 건국되고 15세기에 이르기까지 주요한 재정제도의 정비과정과 그것의 의의를 살펴보고자 한다. 15세기까지 정비된 조선왕조의 재정제도는 영·정조 대 이념상으로 계승되었지만, 운영의 측면에서는 큰 변화를 맞이하였기 때문이다.

조선전기 재정제도의 주요한 특징은 첫째, 국가세입의 확충, 둘째, 왕실재정의 축소·정비로 요약할 수 있다. 조선왕조는 고려왕실이 사적으로 누린 경제적 특혜를 일정 부분 포기함으로써 왕조교체의 명분을 스스로 획득해나갔다. 그 대표적인 조치가 고려 공양왕대 전제개혁에 이어 추진된 과전법(科田法)이다.

과전법을 통해 조선왕조는 권문세가와 사원에 귀속되었던 토지를 국가수조지로 대거 전환하는 한편, 노비들을 양인화하거나 정부각사에 귀속시키는 조치를 취하였다. 또한 관제개혁을 통해 왕실의 내탕으로 운영되던 왕실부들을 혁파하거나 정규관서에 편입시켜 왕실의 사적 재정을 축소해나갔다. 이처럼 조선왕조는 애초에 왕실가족에게 부여한 경제적 특권을 하고 공적 통치구조 속에서 왕조의 유지와 권위를 확인받기 위한 장치를 만들어갔다.

세종 대에 들어서는 중앙각사에서 저마다 세를 거두는 토지를 호조에서 통합 관리하도록 하는 국용전제를 모색하였으며 이로 인해 왕족에게 지급되던 과전(科田)이 축소되었다. 왕실 각 전, 궁에 물품을 진배하는 공상아문들도 대거 정비되었다. 이후 전·현직 관료와 왕실 가족에게 수조지를 지급해준 과전법의 전통이 직전법 폐지로 단절되면서, 경제적 기반을 잃게 된 왕실구성원들은 새로운 돌파구를 찾아야 했다.

조선후기 영·정조 대 국가재정을 재정비하는 과정에서 부딪힌 문제도 이 지점에서 발생하였다고 생각한다.

Ⅱ장에서는 양란 이후 왕실구성원이 물리적으로 늘어나는 한편, 이들이 토지와 내탕을 늘려가는 양상과 이를 견제하는 신료들의 반대와 국왕의 조치를 살펴보고자 한다.

조선전기 이래 국왕의 직계가족 외에 후궁이나 왕자·대군, 공주·옹주 등에게는 일상물품이 때마다 제공되고 토지와 노비[身貢]가 분급되었다. 가례를 치러 궐 밖을 나갈 경우[出閤] 가택과 생활자금도 지급되었다. 그러나 직전법이 폐지된 후 가장 큰 경제기반이었던 토지 획득에 타격을 입게 된 왕실구성원들은 직접 개간에 참여하여 토지를 소유하거나 일반 농민의 토지에 자의로 세금을 부과하는 절수지(折受地)를 늘려나갔다. 17세기 내내 공납제를 개혁하고 양전사업을 새로이 진행하여 국가 세수를 늘리려는 노력이 진행된 것과 동시에 정부의 묵인 하에 이처럼 왕실궁가와 아문에서 사적으로 점유하여 세를 거두는 토지들 역시 증가하고 있었다.

왕실재정을 공식적으로 제약하기 시작한 것은 숙종 대(1674~1724)부터이다. 숙종 21년(1695) 을해정식(乙亥定式)의 제정으로 왕실구성원이 사유재산을 증식해가는 데 제동이 걸렸다. 을해정식은 왕실에서 소유할 수 있는 토지규모의 상한선을 정하는 한편, 정부에서 궁가에 절수지를 할당해주는 것이 아닌, 토지 구입비용을 지급해주는 방식으로 전환하는 조치였다. 이러한 원칙은 『속대전』으로 명문화되었다.[74] 이처럼 왕실의 재산 증식을 제약하는 조치가 취해지기는 하였지만, 왕실구성원의 일상생활

---

[74] 박준성, 1984, 「17·18세기 궁방전의 확대와 소유형태의 변화」, 『韓國史論』 11.

을 지탱하고, 각종 의례와 왕실연회에 소비되는 물자에 대한 수요는 항식 없이 늘어나고 있었다. 이에 영조 대 중앙의 재정구조를 대대적으로 정비하는 특단의 조치가 취해지게 되었다.

Ⅲ장에서는 『탁지정례』의 간행으로 대변되는 영조 대 중앙의 경비절감정책을 상세히 살펴보기로 하겠다.

영조 대(1724~1776) 재정정책은 숙종 대 조정에서 긴장감 있게 논의되어 온 재정 현안들에 합의점을 찾는 동시에, 운영 상의 문제점들을 해결하는 방식으로 전개되었다. 영조는 재위 20년대부터 국가의 의례와 법전을 정비해나갔으며, 특히 중앙경비가 늘어나는 문제에 대해서 제동을 걸기 시작했다. 숙종 대 이후 6도의 현물이 쌀과 포목의 대동세로 상납되고, 전세 역시 18세기 후반부터 총액으로 걷히면서 정부에서 쓸 수 있는 세입은 일정액 이상 늘어나지 않는 반면, 왕실·정부기구는 늘어나 경상비의 지출은 점진적으로 늘어나고 있었다. 이에 영조는 재위 25년이 되는 해에 중앙의 경비지출이정안인 『탁지정례』를 간행하여 궐내 왕실가족에게 지급되는 물품을 10만여 석 가량 줄여놓는 조치를 취하였다.[75] 중앙재정을 정비하는 과정에서 왕실재정을 최우선적으로 긴축해 놓은 것이다.

『탁지정례』는 단순한 회계장부가 아니다. 영조 24년(1748) 국왕 영조의 특명으로 호조판서 박문수(朴文秀, 1691~1756)에 의해 작성되기 시작한 『탁지정례』는 ① 각전각궁례 6권과 ② 국혼정례(國婚定例) 2권, ③ 각사정례(各司定例) 12권, ④ 상방정례(尙方定例) 3권을 기본 구성으로 하고 있다. 각 정례는 조금씩 시간 차이를 두고 간행되었으며, 특히 ①과 ③은 왕실과 중앙각사의 연례적인 경상비를 기재해 놓았다.

---

[75] 최주희, 2011, 「18세기 중반『탁지정례(度支定例)』류(類) 간행의 재정적 특성과 정치적 의도」,『역사와 현실』71.

『탁지정례』의 서명을 띠지는 않지만, 『탁지정례』와 세트를 이루는 『선혜청정례(宣惠廳定例)』, 『공선정례(貢膳定例)』도 왕실에 진배되는 물목(物目)을 이정해놓은 정례서들이다. 다만 「각전각궁례」와 『선혜청정례』는 선혜청으로부터 공물가를 지급받는 공상물종을 기재한데 반해, 정조 즉위년에 간행된 『공선정례』는 각도에서 여전히 현물로 진배하고 있는 진상물자를 수록해 놓았다. 『공선정례』는 각도에서 관찰사가 예헌으로 바치는 특산물을 정액화하여 상납과정에서 벌어지는 여러 폐단을 해소하고 왕실의 검약을 표방하기 위해 간행되었다.

Ⅳ장에서는 정조가 즉위한 후 영조의 정책기조가 어떻게 유지 또는 변화되었는지를 궁방전의 축소, 진상제도의 정비, 장용영 신설 등의 정책 사안을 중심으로 살펴보고자 한다.

정조(1776~1800)는 영조 대 중앙재정을 상당부분 감액 조정한 영조의 정책을 이어받아 지방의 현물진상까지 정비하는 노력을 보였다. 뿐만 아니라 정조는 즉위 초 병신정식을 단행하여 왕실궁방에 지급한 2~3만 결 가량의 면세지를 호조의 수세지로 돌려놓았으며, 왕실에 지급되는 노비 신공의 액수도 감액 조정하였다.[76] 또한 『공선정례』를 간행하여 제도 진상물종을 정비하였다. 정조는 여기서 머물지 않고 주요 재무관서(호조, 선혜청, 균역청, 양향청, 장용영 등)의 보유고를 쌀과 포목, 동전 등 총액으로 보고받아 중앙재정을 집권적으로 관리하였다. 또한 내수사의 재원을 공적 재원으로 표방하고 화성건설의 자금으로 활용함으로써 한정된 재원으로 국정을 장악하고 천도의 이상을 실현하고자 하였다.

문제는 왕부의 경비를 줄여 백성을 이롭게 한다는 손상익하(損上益下)의 정치 수사학이 자주 언급되던 영조 대에 내탕고로 기능하는 궁방과

---

[76] 송양섭, 2011, 「정조(正祖)의 왕실재정 개혁과 "궁부일체(宮府一體)"론(論)」, 『大東文化研究』 76.

이들의 면세결은 일정 규모 이상으로 유지되었다는 점이다. 만약 새로 생겨나는 궁방에 지급할 토지가 없을 경우 지방관아를 설정하여 토지세의 일부를 궁방에 직접 납입케 하였다[無土免稅].

왕실궁방전은 19세기 중반까지 4만여 결을 정점으로 등락을 보이다가 19세기 후반에는 2만 7천여 결 수준을 유지하였다. 당시 세금을 거둘 수 있는 토지실결수를 대략 80만 결로 파악할 때, 왕실궁방전은 이 중 3~4%에 해당하는 규모였다.[77]

V장에서는 마지막으로 이러한 영·정조 대의 재정정책 이후 19세기에 접어들면서 어떠한 파급효과를 낳게 되었는지, 재정개혁의 양면적 속성을 살펴보고자 한다.

19세기 전반은 순조의 노력에도 불구하고 영조와 정조가 이루어 놓은 재정개혁의 여러 원칙들이 흔들리는 시기였다. 철종 대 발발한 대규모 농민항쟁은 이후 고종 대 재정운영에 큰 부담으로 작용하였다. 주목할 점은 고종의 즉위 초 개혁정책 역시 영조와 정조 대의 정책을 모델로 한 것이라는 점이다. 19세기까지 손상익하(損上益下)와 궁부일체(宮府一體)의 재정이념을 실현해가고자 한 영조와 정조의 노력은 다가올 개항과 근대를 준비해야 하는 고종에게 그대로 투영되고 있었다.

지금까지 본서의 구성을 개괄적으로 소개하였다. 이제 각 장의 서사를 본격적으로 펼쳐야 할 시점이다. 왕조가 지나온 500년이라는 시간의 무게감을 과연 잘 견디어 낼 수 있을지 두려움이 앞서지만, 호흡을 가다듬고 왕조가 성립하는 시점으로 돌아가보기로 하겠다.

---

[77] 조영준, 2008, 『19세기 王室財政의 運營實態와 變化樣相』, 서울대 박사학위논문.

I

조선전기 재정구조의 성립과 그 제도적 유산

1. 과전법을 통한 왕실 소유지의 재편

조선왕조의 첫 토지제도라 할 수 있는 과전법은 전 왕조의 마지막 왕인 공양왕 대 사전(私田) 개혁의 일환으로 추진되었다. 고려 말 사회문제로 부각된 토지겸병의 문제를 해소하고, 중앙과 지방의 관료군과 공신들에게 토지를 재분배하는 한편 국가수조지를 늘려 국가재정을 확충하려는 위한 목적에서 시행된 토지제도였다.[78] 고려 말 전제개혁은 제한적이기는 하지만, 지배세력이 소유한 사전을 국가로 귀속시키는 조치에 다름 아니었다. 전왕조의 관료군을 포섭하고, 건국 공신에게 포상을 내리며, 왕실구세금을 거두는 공전을 늘려나간 것이다. 과전법은 이처럼 왕조교체의 순조로운 합의와 국가재정의 건전성을 꾀하는 기틀로서 15세기 공법과 국용전제로 이어지는 재정개혁의 시발점이 되었다.

그러나 과전법이 고려전기 전시과 체제를 완전히 극복한 것은 아니었다. 과전법은 기존의 전시과체제에서 3과(科)로 구분하였던 것을 18과로 세분화하여 9품(品)·산직(散職)에게 수조권 분급을 축소하고, 수조지 역시 경기지역으로 제한하였다. 수조지 규모와 분급대상을 축소시켰을 뿐 관료에게 수조권을 분여하는 방식에 있어서는 차이가 없었던 것이다. 이러한 과전법 시행에 기초가 된 것이 기사양전(己巳量田)이었다. 창왕 즉위년(1388)에 시작하여 다음 해에 완료된 양전사업을 통해 중앙에서는 6도에 50만 결의 국가수조지를 확보할 것으로 기대하였다. 50만 결 중 왕실

---

[78] 김태영, 1982, 「科田法의 成立과 그 性格」, 『韓國史研究』 37.

공상을 위해 3만 결을 사고(四庫)에, 10만 결을 풍저창에 귀속시키고, 관인에게는 경기의 토지 10만 결을 분급하기로 계획하였다. 그리고 나머지 17만 결은 군인, 진척, 원주, 역, 사원전과 향리의 외역전 및 지방관의 늠급·아록전으로 분급하는 방안이 고려되었다.[79]

그러면 전체 50만 결 중에서 왕실수조지가 차지하는 비중은 어느 정도였을까? 기사양전을 통해 중앙정부가 확보한 50만 결의 토지 중 왕실 공상으로 쓰기 위해 4고에 귀속시킨 토지는 3만 결이었다. 이는 전체 토지의 6%를 차지하는 규모다.

고려 말 왕실사장이었던 창고와 궁사 소속 토지를 전제개혁 당시 가감하여 공상용 수조지로 전환하면서 3만 결로 정비된 것이다. 이러한 창고·궁사전은 조선왕조가 개창되면서 국왕의 수조지로 전환되었다. 태종 원년(1401) 당시 국왕의 수조지는 창고, 궁사 소속 토지 28,035결, 내부시 소속 전지 9,259결로 합하면 37,294결이었다.[80] 이 면적은 기사양전 당시 파악한 50만 결의 7.5%에 해당하는 규모였으며, 전제개혁 당시 국가 경비로 계획한 공상용 토지 3만 결에서 7천여 결을 상회하는 수치였다.

물론 왕실에 귀속된 토지는 이것이 전부가 아니었다. 경기지역의 과전 지급대상에 왕자대군과 공주·옹주가 포함되었기 때문이다. 과전법 시행 당시 왕자들 역시 재내대군은 제1과로서 150결을 지급하고, 재내제군은 제4과인 115결을 지급하도록 하였다. 그런데 왕자과전은 세종 대 대폭 증가하는 양상을 보여, 세종 8년 1차 왕자과전을 정비할 당시 왕자대군과 왕형제대군, 왕백숙대군은 300결, 왕자군은 200결, 공주부마는 250결, 옹주부마는 150결, 기타 제군은 해당 과(科)에 준하여 토지를 수조지를 분급 받았다. 이어서 세종 19년(1437) 왕자과전을 줄이는 조치를

---

[79] 『고려사』 권78, 食貨志, 田制, 祿科田
[80] 송수환, 1989, 「조선전기의 왕실수조지」, 『震檀學報』 68, 98쪽.

취하여 이것이 세종 22년(1440) 2차 왕자과전으로 계승되었다.

문제는 왕자과전 역시 세습을 인정해줌으로써, 새로 지급할 과전의 절대량이 감소하는 문제점을 낳았다. 궐내 왕자와 공·옹주가 태어나더라도 이들에게 과전을 지급하기 어렵게 된 것이다. 여기에 세종 27년(1445) 국용전제를 시행하면서 국왕의 수조지를 전면 혁파하였다. 왕실공상을 마련하기 위해 할애한 토지를 국용전으로 통합시켜 운영함으로써 국왕의 사장(私藏)의 성격을 갖는 국왕수조지가 사라지게 된 것이다. 이로써 국왕을 비롯한 왕실가족은 관료기구 속에 흡수된 공상아문의 조달에 의지해 의식주에 필요한 물품을 제공받았다. 또한 왕자과전 역시 과전법의 해체와 궤를 같이하여 더 이상 왕실가족에게 제공할 수 없게 되었다.

세조 12년(1466) 현직관료에게만 과전을 지급하는 직전법이 시행되었으며 성종 1년(1470)에는 국가가 경작자에게서 직전세를 거두어 해당 전주에게 지급하는 관수관급제(官收官給制)가 시행되었다. 이로써 선초 과전법 체제는 소멸되어갔다. 관수관급제로의 전환으로 개인에게 지급하는 수조지[私田]는 줄어든 반면 국가에서 직접 파악하고 관리하는 토지[公田]의 규모는 늘어나는 효과를 낳았다.

중앙과 지방의 관아에서는 개별 수조지에서 거두는 미곡과 현물을 경비로 충당하는 것이 원칙이었다. 이때 과전을 비롯한 공전의 수조율은 1/10세에 해당하는 30두(斗)였다. 세종 대 이러한 원칙은 또 한 차례 변화를 맞이하게 된다. 세종 26년(1444)에 완결된 공법(貢法)과 이듬해(1445) 시행된 국용전제가 변화의 단초가 되었다. 전자는 토지에 대한 과세원칙을 새로 정한 것이며, 후자는 중앙각사에 분급한 수조지를 통합, 관리하는 재정개혁안이다.[81]

---

[81] 오정섭, 1992, 「高麗末·朝鮮初 各司位田을 통해서 본 중앙재정」, 『韓國史論』 27.

공법은 토지생산력의 증대에 따라 과세를 현실화하려는 취지로 출발하여, 초반에는 토지면적 당 세금을 차등 부과하는 방식[頃畝]으로 논의되었다. 그러나 경무법에 대한 반대 여론이 커지면서 결국 1결(벼 100짐)의 생산량을 확보할 수 있는 토지를 기준으로 하여, 생산량에 따라 토지 규모를 달리 파악하는 결부법(結負法)이 채택되었다. 여기에 비옥도에 따라 토지를 6등급으로 분류하고, 매해 풍흉에 따라 다시 9등급을 적용하는 방식이 공법의 핵심내용이 되었다. 이에 최고 품질인 상상전(上上田)의 경우, 1결당 400두를 수확한다는 전제 하에 최대 20두를 거두는 1/20 과세원칙이 정해졌다.

공법의 시행으로, 경차관을 파견하여 매번 과세량을 조정하는 불편이나 관리들의 농간을 어느 정도 막을 수 있게 되었다. 또한 공법논의와 함께 착수된 토지조사사업의 결과로 전국의 토지 결수는 170만여 결로 파악되었다. 이는 고려 말 시행된 기사양전에 비해 세 배 넘게 증가한 규모이다. 그러나 이러한 성과에도 불구하고 공법은 과세 기준이 여전히 복잡하였기 때문에, 전품(田品)과 연품(年品)을 실제보다 낮게 책정하여 4~6두 수준으로 거두는 것이 관행화되었다. 이러한 토지세의 하향 평준화는 조선후기 인조 대 영정법(永定法)을 통해 제도적으로 정착되었다.

한편 공법의 시행과 더불어 중앙에서는 각사에서 개별적으로 운영하던[各司自辦] 수조지를 국용전으로 흡수시켜 호조의 창고에서 세를 통합 관리하는 조치가 취해졌다. 호조는 조선시대 중앙재정을 관장하던 아문으로 서울에 광흥창, 군자창과 같은 부속창고를 두어 국고곡을 보관하고 경비지출에 대응하였다. 각사에서 개별적으로 관리하던 위전[各司位田]을 국용전으로 통합하면서 호조의 부속 창고에 납입되는 국고곡의 총량 역시 늘어나게 되었다. 세종 대 국고곡이 넘칠 수 있었던 이유는 이처럼 고려 말 과전법이 반포되고, 세종 대 양전이 추가 시행되어 과세면적이 확대된 점에서 일차적인 요인을 찾을 수 있다. 여기에 중앙각사의 수조지를 국용전으로 통합 운영함으로써 호조의 창고에 보관된 '국고곡이 넘치는' 재정적 효과를 낳게 되었다.

이에 반해 왕실수조지는 국용전제와 공법의 시행으로 그 규모가 축수되는 경향을 보였으며, 왕실 내탕 역시 내수사의 전신인 세종 대 내수소(內需所)를 제외하고는 공식적으로 폐지되었다.

2. 관제개혁을 통한 왕실 부양기구의 정비

선초 관제개혁이 있은 후 세종 대 국용전제가 시행되기까지 중앙의 관제와 정부 각사가 대폭 정비되었다. 고려의 왕족들을 경제적으로 지원한 왕실부(王室府)와 사장고(私藏庫) 역시 태조 원년부터 정비되어갔다. 왕실 구성원들에게 일상물품과 생활자금을 지원하는 관부를 폐지하거나 중앙 관서에 편입시켜 왕실에서 사적으로 운용하는 재정을 줄이는 방향으로 개혁이 진행된 것이다.

이와 더불어 왕실과 정부각사에 생활물자를 공급하는 공물아문들이 6조의 속사로 새롭게 재편되었다. 중앙의 공물아문은 호조에서 관리하는 공안(貢案)에 기초하여 각 군현에 분정한 공물을 개별적으로 수취하고 이를 왕실과 중앙각사에 진배하는 역할을 하였다. 이 중 왕실을 대상으로 물품을 진배하는 공물아문을 '공상아문(供上衙門)'이라 칭하였다. 조선후기 들어 대동법이 확대 시행되면서 이 공물아문(공상아문)의 성격도 변화하게 되었는데, 첫째는 이들이 각 군현에 분정하여 거두어들이던 공물은 대부분 사라지고, 이것이 공인을 통해 조달받는 공물로 대체되었으며, 둘째는 왕실의 진배를 전담하는 공상아문의 범위가 점차 모호해져 기타 공물아문과 신설 전·계·주인층이 공상물자의 조달에 대거 참여하게 되었다는 점이다. 기존 연구는 선혜청으로부터 공물가를 지급받게 된 이들 공인층에 연구가 집중되어왔다.[82] 이에 호조와 선혜청으로부터 공가를 제공받아 서울과 외방시장에서 물품을 구매 혹은 제주하여 납품하는 공인층들이 서울의 상업발달을 견인하였고, 이들의 물품조달권한이 '공물주인권'으로 고액에 매매되었던 점이 주목되기도 하였다. 그러나 공인의 상업 특권은 본질적으로 호조와 선혜청에서 정기적으로 지급받는 중앙재원에 기댄 것이었다. 따라서 왕실·정부와 재정아문(호조·선혜청) 그리고 공물아문 간의 관계 변화 속에서 공물주인이 조선후기 특권상인으로 성장할 수 있었다는 점을 상기할 필요가 있다. 보다 중요한 점은 선혜청과 공인을 통해 형성된 재정 물류의 흐름이 기존의 공납제 전통을 완전히 해체시킨 것이 아니라 오히려 이를 효율적으로 작동시키는데 보다 근본적인 목적이 있었다는 것이다. 이 때문에 공물아문의 경우 대동법 시행 이후 공물의 '수취'는 공인과 서울시장에 의존하게 되었지만 왕실과 각사에 '진배'하는 방식은 기존의 관행을 유지하고 있었다.

1445년(세종 27) 국용전제가 시행된 이후 왕실에서 개별적으로 운영하던 왕실부와 사장고는 소멸되었으며, 고려 말의 사장고를 계승한 내자시, 내섬시 등이 공상아문으로 전환되었다. 공상아문의 수조지 역시 국용전으로 대부분 흡수되었으며, 이로 인해 왕실공상은 궐내의 어부(御府)와 궐외의 공상아문으로 축소 정비되었다. 어부에 해당하는 사옹원(廚院)

---

82 한우근, 1965, 「李朝 後期 貢人의 身分-大同法 實施 以後 貢納 請負業者의 基本 性格-」, 『學術院論文集』 5; 유원동, 1969, 「18世紀 後半期의 手工業 發展과 商業」, 『金載元博士回甲紀念論叢』; 송찬식, 1974, 「三南方物紙貢考(上)-貢人과 生産者와의 關係를 中心으로-」, 『震檀學報』 37; 1974, 「三南方物紙貢考(下)-貢人과 生産者와의 關係를 中心으로-」, 『震檀學報』 38; 강만길, 1976, 「商品經濟의 發達」, 『韓國史』 13, 국사편찬위원회; 유승주, 1976, 「朝鮮後期 貢人에 관한 一研究(上)-三南月課火藥契人의 受價製納實態를 中心으로-(上)」, 『歷史學報』 71; 1978, 「朝鮮後期 貢人에 관한 一研究(上)-三南月課火藥契人의 受價製納實態를 中心으로-(中)」, 『歷史學報』 78; 1978, 「朝鮮後期 貢人에 관한 一研究(上)-三南月課火藥契人의 受價製納實態를 中心으로-(下)」, 『歷史學報』 79; 성형지, 1983, 「朝鮮後期 貢人權」, 『梨大史苑』 20, 오미일, 1986, 「18·19세기 貢物政策의 변화와 工人層의 변동」, 『韓國史論』 14; 1987, 「18·19세기 새로운 貢人權·廛契 창설운동과 亂廛活動」, 『奎章閣』 10; 오성, 1989, 「朝鮮後期 參貢人의 上納實態」, 『東亞研究』 17; 김동철, 1991, 「朝鮮後期 水牛角貿易과 弓角契 貢人」, 『韓國文化研究』 4; 1993, 『18·19세기 貢人 연구』, 부산대 박사학위논문; 德成外之子, 2001, 『朝鮮後期 貢納請負制와 中人層貢人』, 고려대 박사학위논문.

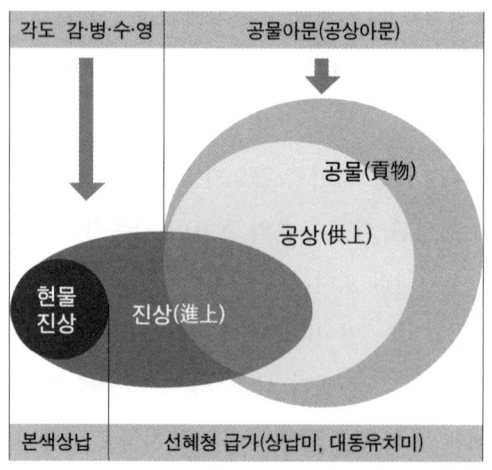

〈그림 I-1〉 대동법 시행 이후 공물·공상·진상의 포함관계

과 상의원은 궐내 각 전·궁의 식사와 의복을 담당하였다. 궐외의 공상아문은 다시 왕실공상을 전담하는 전공아문과 타 아문에도 물품을 조달하는 겸공아문으로 구분되었는데, 전공아문은 국용전제 이후 내자시, 내섬시, 사도시, 사온서, 장원서, 사포서, 사축서로 이·합속되고, 겸공아문도 봉상시, 사복시, 예빈시, 제용감, 사재감, 의령고, 장흥고, 전생서 등으로 정비되었다.[83] 이로써 공상아문은 공안(貢案)에 기재된 토산 현물을 지방에서 수취하거나 아문에 속한 장인(匠人)을 통해 물품을 직접 제작하여 궐내에 진배하게 되었다. 여기에 세조 대에 경비지출의 항식인 횡간식례가 제정된 이후에는 이 횡간에 따라 각종 물품이 궐내에 진배되었다.

이러한 공상제도의 운영은 대동법 시행을 계기로 또 한 차례 변화를 맞이하였다. 앞서 언급한대로 각사에서 외방군현에 물품을 분정하거나 소속 둔전의 생산물로 공상물자를 마련하던 방식에서 공인을 통해 납품받는 형태로 전환한 것이다. 공상물자를 마련하는 재원 역시 국가재무기

---

[83] 송수환, 2000, 앞의 책, 58~74쪽.

관인 호조와 선혜청에서 관리하게되었다. 18세기 일기자료이기는 하지만, 이재 황윤석이 지은 『이재난고』를 살펴보면, 그가 의영고 봉사로 재임할 당시, "의영고의 규례에, 과거에 진배하는 각종 물품은 외방에서 상납한 토산품을 의영고에 보관하였다가 감찰과 함께 감독하여 차례로 진배하였는데 후에 공인에게 맡겼기 때문에 의영고에 저장된 물품은 없고 단지 이름만 남았다"고 하였다.[84] 황윤석의 언급은 대동법 시행 이후 공물아문의 변화상을 단적으로 보여주는 지점이라 하겠다.

〈그림 Ⅰ-1〉에서 보듯이 대동법 시행 이후 공물·공상·진상 물종의 상당수가 선혜청에서 지급하는 대동미로 마련되면서, 각사 공물에 공상물이 포함되고, 공상물 안에 외방진상이 상당수 흡수되는 변화를 겪게 되었으며, 공상아문의 역할도 공인층에게 일정 부분 전가되었다.

요컨대, 조선왕조는 건국 초부터 왕실구성원에 이바지하는 관서를 6조의 속사(屬司)로 편제시킴으로써 사적 영역인 왕실을 공적 관료행정시스템 하에서 관리하려는 의지를 분명히 하였다.

또한 공납제를 정비하여 왕실에 진배되는 각종 물자들을 때에 맞게 지방군현에서 공물, 진상의 형태로 수취하는 현물재정 시스템을 구축하였다. 다음 절에서는 대동법 시행 이전 이처럼 현물재정을 지탱하였던 공납제에 대해 살펴보기로 하겠다.

---

[84] 황윤석, 『이재난고』 권2, "又聞義盈庫規例 古則進排各物 自外方土産上納藏于本庫 監察同監 以次進排 後 來出付貢人 故本庫無所藏儲 只有庫名而已."

3. 왕실과 정부관서를 지탱하는 힘, 공납제

산업이 발달하지 않은 전근대 사회에서 국가를 운영하기 위해 백성에게 거두는 세금은 사람과 토지에 집중될 수밖에 없다. 조선은 중국의 당나라때 시행된 조(租)·용(庸)·조(調)의 이념에 따라 토지에서 나는 곡식을 전세로 거두고[租], 그 외 각 지방의 토산물을 공물로 수취하였으며[調], 16세에서 60세의 성인남자를 기준으로 군역을 징발하였다.

전세는 토지를 기준으로 한 세금이지만, 현물과 역은 기본적으로 호(戶)와 구(口)에 부과되는 세금이다. 그런데 조선에서는 이를 좀 달리 운영하였다. 예를 들어 각 읍에서 민간에 공물을 배정하거나 요역을 동원할 때, 집집마다 혹은 사람마다 일일이 부과하는 것이 아니라 토지를 8결 단위로 묶고, 그 토지를 소유하거나 경작하는 사람들에게 공동으로 공물을 마련하거나[作貢] 역부를 세우도록[作夫] 하였다. 여기에 8결마다 호수(戶首)를 두어 현물상납이나 요역 동원의 책임을 지도록 하였다. 이러한 공물 수취나 인력동원 방식을 각각 '8결작공(八結作貢)', '8결작부(八結作夫)'라 한다. 조선정부는 토지 규모로 일반 백성의 담세 능력을 파악하였기 때문에 토지세를 제외한 현물, 노동력은 8결의 토지에 묶인 사람들이 공동으로 부담하도록 한 것이다. 그러나 담세능력을 고려하여 세금을 부과하였음에도 불구하고 현물과 노동력의 직접적인 차출은 부담이 상당하였다.

공물은 왕실과 중앙정부에서 필요로 하는 물품을 각 군현에 분정하여 매년 군현의 공리(貢吏)를 통해 조달받던 세금을 말한다. 기본적으로 그 지방에서 생산되는 물품을 공물로 상납하는 것이 원칙이었지만[任土作

貢], 특정 군현에 부담이 편중되는 것을 고려해 그 지방에서 나지 않는 물품[不産貢物]도 분정하는 경우가 많았다. 이로 인해 15세기 중엽부터 높은 값을 받고 현물을 대신 상납하는 방납인(防納人)들이 생겨나면서 백성들이 높은 방납가를 부담해야 하는 폐단이 야기되었다. 한편 현물로 중앙에 상납하는 세금으로 진상(進上)이라는 것이 있다. 공물이 1년에 한 번 각 군현에서 중앙각사에 상납하는 것이라면, 진상은 각 도의 감사, 수사, 병사가 매달 정기적으로 궐내에 진배하는 물종이었다. 진상은 제후가 천자에게 바치는 조공처럼, 각 도의 관찰사가 국왕에게 표시하는 '예헌적 선물'에 가까웠다. 조선전기 공납제는 바로 이 공물과 진상을 가리킨다. 현물로 부과되는 공물과 진상은 왕조 재정의 6할을 차지하는 규모였으며, 중앙각사의 행정업무 중 8~9할이 왕실공상에 관련되어 있었다. 이 때문에 강고한 현물 상납의 전통과 여기서 발생하는 재정 상의 문제점들이 대동법이 시행되고 난 이후에도 해소되지 않고 온존하였다.

진상은 왕조 초기에는 뚜렷한 정제가 마련되지 않았다가, 세종 원년(1419)에 각도의 감사 및 병마도절제사, 수군도절제사, 수군첨절제사 등이 지역의 사정에 따라 월 2회 혹은 월 1회, 격월 1회로 봉진(封進)하는 제도가 마련되었다.[85] 별진상 역시 선초부터 이미 '별선(別膳)'의 형태로 중앙에 납입되고 있었으며, 진상의 정제가 마련된 이후에도 여전히 '별선', '별진상', '별례진상'이라는 명칭으로 중앙에 봉진되고 있었다. 다가와 고조(田川孝三)는 조선전기 진상의 제 형태를 정리하면서 진상의 성격을 다음과 같이 정리하고 있다.

---

[85] 『세종실록』권6, 세종 1년 12월 21일(신묘).

〈표 Ⅰ-1〉 조선 전기 진상의 종류와 내용

진상의 종류		진상물종	상납처
물선진상	삭망진상	지방의 산지, 바닷가에서 나는 의 식료품, 우피, 의료, 기타 기구, 장식품	사옹방(원)
	별선·일차물선/도계·과체진상	희귀하고 맛이 독특한 특산물	사옹방(원)
방물진상	명일방물	주로 군기류 구성됨	군기시
	행행(行幸)·강무(講武)	각궁, 화살깃(箭羽), 마필(馬匹), 마구(馬具), 매[應], 개[犬] 등	
제향천신	종묘·원묘(文昭殿)·별묘	월령에 따른 계절 산물	예조, 사옹방(원)
약재진상		왕실에 바치는 약재	내의원
응자진상		매(鷹)	내응방
별례진상	국왕의 하명에 의한 것	정기진상 외 특별한 필요가 생긴 것	
	국왕의 하명이 없는 불시진상	산해의 진귀한 산물	

* 출처: 田川孝三, 1964, 「李朝貢納制の研究」, 東洋文庫.

위의 〈표 Ⅰ-1〉에서 물선진상은 진상 중에서도 가장 규모가 크며, 왕실의 일상생활과 밀접히 연관되어 있다. 다가와 코조는 각 도별로 망전·망후에 진상하는 물선진상을 '삭망진상(朔望進上)'으로 분류하였다.[86] 제향천신은 「예기」 월령에 기초하여 종묘와 원묘·별묘의 제사를 위해 봉진된 제수품으로서 물선진상과 마찬가지로 매달 정기적으로 상납되었다. 이에 제향천신을 '월령천신'이라고도 부른다. 약재진상 역시 월령에 기초하여 상납되었던 것으로 보아 월 단위 정기진상에 해당한다고 하겠다. 요컨대, 물선진상과 제향천신, 약재진상은 월 단위 정기진상이며, 방물, 응자, 도계, 행행, 강무진상은 월 단위는 아니지만, 왕실행사의 차원에서 정해진 날짜에 정기적으로 상납되던 정규진상이라고 하겠다.

86　田川孝三, 1964, 앞의 책, 91쪽.

한편 '별진상' 혹은 '별례진상' 또한 제 도의 정기진상과 함께 중앙에 수시로 상납되고 있었다. 조선전기에는 관원뿐 아니라 외국 사신, 일반민 등이 '사진(私進)'의 형태로 중앙에 진상물을 자원 상납하는 사례가 자주 보이는데, 이에 대해서는 으레 회사마(回賜物)이 주어지거나 값을 쳐주었기 때문에 정부에서는 재정 부담을 문제로 사진을 금지시키는 조치를 취하였다.[87] 진상의 책임을 맡고 있는 도 문무장관이 공물의 일부를 사진(私進)으로 상납하는 것에 대해서도 엄히 처벌하였는데, 성종 10년(1479) 정난종이 사진한 것에 대해 '구미지계(求媚之計)'로 사헌부에서 치죄를 청하는 사례가 대표적이다.[88] 따라서 별진상이 도 문무장관의 자원 상납이라 하더라도 '사진(私進)'과 구분되기 위해서는, 일반적으로 구할 수 없는 진귀한 산물이라는 점이 분명하거나,[89] 정기진상 이외의 중앙의 수요에 부응하는 재정적 명분이 뒷받침되어야 했던 것으로 보인다.

반면 앞서 언급한 공물은 원칙상 공리를 통해 1년에 한 번 정기적으로 거두는 제반 물품으로서, 정부각사 외에 왕실구성원의 의식주 생활에 주로 쓰였다. 이때 왕실구성원에게 제공되는 물품을 별도로 공상(供上)이라고 한다. 조선시대 공상은 공적 재원을 통해 왕실 각 전·궁에 상납되었다. 조선전기 이래 중앙에는 공상을 담당하는 전공아문과 겸공아문이 궐외각사로 배치되어 왕실 및 정부각사에 필요한 물자를 조달하였다. 특히 내자시, 내섬시, 사도시, 사재감, 사포서, 의령고는 '공상 6사(司)'로 불릴 만큼 왕실로 진배되는 주요 공상물을 책임지고 있었다.[90] 경외의 관원이

---

[87] 『세종실록』 권107, 세종 27년 1월 28일(임인).
[88] 『성종실록』 권106, 성종 10년 7월 23일(정축).
[89] 예를 들이 관찰사의 자원 상납 중 '私進'으로 문제가 되지 않는 경우는 진라관찰사가 바친 靑琅玕 같은 것이 이에 해당한다. 이는 원래 전라도 보성군에서 나는 청산호로 지역특산물의 성격이 강하다(『세종실록』 권56, 세종 14년 6월 15일(임인)).
[90] 송수환, 2000, 『朝鮮前期 王室財政研究』, 집문당, 58~74쪽 참조.

왕실에 필요한 물자를 조달하는 측면에서 외방진상도 넓게는 공상의 영역에 포함되지만, 예헌적 성격이 강한 진상에 비해 조선후기 공상은 호조 및 선혜청의 재원을 바탕으로 중앙 각사에서 항시적으로 물자를 조달하는 행정체계 하에 있었다는 점에서 차이를 보인다. 본고에서는 특히 선혜청의 재원을 바탕으로 각 전·궁에 진배되는 공상에 대해 살펴보고자 한다. 다만 공상의 용어는 각 전·궁의 위계에 따라 '공상', '진상', '진헌', '진배'의 순으로 차등 적용되었으며(〈표 Ⅰ-2〉 참조), 공급자의 입장에서 아래에서 위로 상납한다는 의미로 사용되었다. 이 중 진배는 왕실의 물자조달체계에서 일반적으로 사용되는 공상 용어로서, 조선후기 들어서는 공상아문 외에 시전, 공계와의 거래에도 사용되었다.[91]

공상아문을 통해 공상물자를 정기적으로 진배받는 대상은 국왕을 비롯해 봉보부인까지 내명부의 인물들로 구성되었다. 『경국대전』 내명부와 외명부, 종친부를 통해 공상를 진배받는 각 전·궁을 정리하면 다음 페이지 〈표 Ⅰ-2〉와 같다.

영조 대 중반에 편찬된 자료이기는 하지만, 『탁지정례』「각전각궁례」를 통해 조선시대 공상의 범위를 살펴보면, 내명부와 외명부 그리고 종친부에 속해 있는 국왕의 빈(嬪, 후궁), 세자의 비(妃)·빈(嬪), 국왕의 적실 자녀(공주, 대군과 그 부인), 서자녀(옹주, 군과 그 부인), 세자의 적자녀(군주, 군과 그 부인), 서자녀(현주, 군과 그 부인)까지로 제한된다. 여기에 품계가 없는[無品] 대전, 중궁전, 자전, 세자궁과 법전 상에 품계가 명시되지 않은 세손궁, 세손빈궁 그리고 인수궁(仁壽宮)을 포함시킨 것이 전체 공상의 범위이다. 이 중 품계가 없는 대전, 자전, 중궁전, 세자궁에 가장 많은 규모의 공상물이 진배되었다.

---

91 조영준, 2008, 앞의 논문, 156쪽 참조.

〈표 Ⅰ-2〉『경국대전』 내명부·외명부·종친부 내 공상(供上)의 범주

품계	내명부		외명부 *	종친부
	대전	세자궁		
무품	대전, 중궁전	세자궁		대군(大君), 군(君)
정1품	빈(嬪)		부부인(府夫人), 공주(公主), 옹주(翁主), 군부인(郡夫人)	군(君)
종1품	귀인(貴人)		봉보부인(奉保夫人), 군부인(郡夫人)	군(君)
정2품	소의(昭儀)		군주(郡主), 현부인(縣夫人)	군(君)
종2품	숙의(淑儀)	양제(良娣)	현주(縣主), 현부인(縣夫人)	군(君)
정3품	소용(昭容)		신부인(慎夫人), 신인(慎人)	도정(都正), 정(正)
종3품	숙용(淑容)	양원(良媛)	신인(慎人)	부정(副正)
정4품	소원(昭媛)		혜인(惠人)	수(守)
종4품	숙원(淑媛)	승휘(承徽)	혜인(惠人)	부수(副守)
정5품	상궁(尙宮)·상의(尙儀)		온인(溫人)	영(令), 전부(典簿), 조관(朝官)
종5품	상복(尙服)·상식(尙食)	소훈(昭訓)	온인(溫人)	부령(副令)
정6품	상침(尙寢)·상공(尙功)		순인(順人)	감(監)
종6품	상정(尙正)·상기(尙記)	수규(守閨)·수칙(守則)		
정7품	전빈(典賓)·전의(典衣)·전선(典膳)			
종7품	전설(典設)·전제(典製)·전언(典言)	장찬(掌饌)·장정(掌正)		
정8품	전찬(典贊)·전식(典飾)·전약(典藥)			
종8품	전등(典燈)·전채(典彩)·전정(典正)	장서(掌書)·장봉(掌縫)		
정9품	주궁(奏宮)·주상(奏商)·주각(奏角)			
종9품	주변치(奏變徵)·주치(奏徵)·주우(奏羽)·주변궁(奏變宮)	장장(掌藏)·장식(掌食)·장의(掌醫)		

*외명부 중 왕실구성원이 아닌 문무관의 처는 공상의 대상이 아니므로 생략하였음.

세손궁과 세손빈궁도 품계가 없으며, 원손궁, 원손빈궁과 원칙상 동일한 격으로 진배되었다. 국왕의 적장손 혹은 세자의 적장자로 태어난 왕자는 원손(元孫)이 되며, 원손이 세손(世孫)에 책봉되면 세손궁으로서 공상이 진배되었다. 이는 세자 역시 마찬가지다. 국왕의 적장자는 원자(元子)가 되며, 원자는 후에 왕세자로 책봉되었다. 따라서 「각전각궁례」의 2책에 세자궁·세자빈궁과 원자궁·원자빈궁이, 3책에서는 세손궁·세손빈궁과 원손궁·원손빈궁이 함께 편책되어 있다. 물론 원자와 원손이 세자, 세손에 책봉되기 이전 일찍 사망하거나, 세자와 세손이 사위(嗣位)하기 전 사망할 경우 진배대상은 다른 왕자나 왕손으로 바뀌게 되었다. 이때 원자, 원손이 새로 태어날 경우 이들이 다시 세자, 세손으로 책봉되면 진배처가 동일해지지만, 왕이나 왕세자가 후사를 보기 어려운 상황에서 다른 왕자 혹은 왕손이 세자 혹은 세손에 책봉되는 경우 진배대상은 달라졌다.

요컨대, 궐내에 거주하는 왕실구성원의 위계가 변화함에 따라 공상의 종류 또한 바뀌었으며, 한 번 마련된 공상은 해당 전·궁이 사망하기까지 계속 제공되었다. 물론 각 전·궁이 사망한 후에도 인정(人情)과 예우 차원에서 한 동안 공상을 그대로 지급하는 경우가 있었으며, 이로 인해 공상의 불필요한 지출이 늘어난다는 지적이 나오기도 했다. 실제로 영조 40년(1764)에 국용의 고갈이 심각히 논의되는 상황에서 명목만 남아있고, 실재하지 않는 효장궁과 효순궁, 선의왕비전의 아지(阿只) 궁속의 선반·의전을 없애는 조치가 취해졌다.[92] 당시 경종의 계비였던 선의왕비뿐아니라 효장세자와 그의 처인 효순 현빈 역시 이미 사망한 후이므로 이들에게 공상이 중단되어야 하는데도 명목뿐인 궁속에게 공상이 계속 지급되고 있었던 것이다. 선의왕후는 영조의 이복형이자 선왕인 경종의 부인이며, 효장세자와 효순현빈은 장남과 맏며느리로서 영조에게는 가장 가

---

92 『영조실록』 권103, 영조 40년 5월 14일(을축).

까운 친족군이다. 따라서 정례가 정해진 후에도 이들에게 제공된 공상이 곧바로 철회되지 않고 일정기간 존속되었던 것으로 보인다.

반면 「각전각궁례」의 4책은 가장 넓은 범위의 왕실구성원을 포괄하면서도, 실제 공상의 범위는 가장 유동적인 인원들로 묶여 있다. 4책에는 대군, 왕자와 그 부인 그리고 국왕의 후궁들의 공상이 편제되어 있으며, 이들의 품계는 법전에서 대략적인 확인이 가능하다. 우선 내명부의 공상대상은 왕의 후궁인 정1품 빈에서 종4품 숙원까지, 세자빈인 종2품 양제에서 종5품 소훈까지를 포함한다. 외명부의 경우 국왕 및 왕세자의 적·서녀(공주, 옹주, 군주, 현주), 대군의 처(군부인), 세자의 중자적(현부인)·서 부인이 포함되어 있다. 한 가지 특이한 점은 혈연관계에 있지 않은 국왕의 유모가 봉보부인으로 포함되어 있는 점이다. 다른 전·궁의 유모들이 소속 전·궁의 공상내역에 포함되어 있는 것과 달리 봉보부인은 법전상에 종1품의 품계를 받고, 독자적인 진배대상으로 대우받았다. 다만 세자가 국왕에 즉위하는 나이를 고려할 때, 봉보부인은 처음에는 원자 혹은 왕자궁의 유모로서 공상을 지급받다가 자신이 모시는 궁이 세자를 거쳐 국왕이 된 이후에야 비로소 종1품의 봉보부인에 봉해졌던 것으로 보인다. 그러나 종1품의 품계에도 불구하고, 봉보부인에게 지급된 공상은 다른 전·궁에 비해 가장 적었다.

가장 높은 품계의 궁관인 상궁 역시 공상의 범위에 놓였다. 내명부의 정1품 빈에서 종4품 숙원까지는 왕의 후궁이자 내관으로 비(妃, 중궁전)를 보좌하는 각양의 업무를 맡았다. 반면 정5품 상궁 이하는 궁관으로서 궐내 행정수발뿐 아니라 왕실 의전, 음식 조리, 복식 제작, 궁인 감찰 등 다양한 직무에 종사하고 있었다.[93] 다만 정5품 상궁 이하 종9품 사이의 상·전·주로 구성된 품계는 왕실행사의 직무분장 때만 쓰일 뿐 평상시에

---

93 홍순민, 2004, 앞의 논문, 243~250쪽.

는 '상궁'과 '나인' 두 종류로 구분되었다.[94] 또한 이들은 궐내 각 전·궁의 공상 물목 내에 포함되어 선반(宣飯)과 의전(衣纏)을 공급받고 있었다.

한편 종친부의 공상대상은 궐내에 거처하는 대군, 왕자로 제한된다. 국왕의 정비 소생인 대군과 후궁 소생인 왕자군, 그리고 세자의 적·서자 중 궐내에 있는 이들에 한해 공상물이 제공된 것이다. 외명부의 공주, 옹주, 군주, 현주와 대군왕자 및 그 부인의 경우에도 출합 시 상당량의 물품을 한꺼번에 지급해주고, 일단 거처를 궐 밖으로 옮기면 공상은 공식적으로 중단되었다. 다만 출합한 각 궁의 궁속에게는 여전히 공상물이 지급되었다.

마지막으로 자전과 동일하게 별책으로 구성된 인수궁은 선왕의 후궁들이 거주하던 처소로서[95] 궐 밖으로 공상물을 진배하는 유일한 궁이다. 조선전기 선왕의 후궁들이 머물던 처소로는 인수궁과 자수궁이 있었다. 임란 이후 자수궁은 경덕궁, 인경궁과 함께 새로 지어졌던 것과 달리, 인수궁은 중건되었다는 기사를 찾아볼 수 없다. 이 때문에 조선후기 인수궁이 존속했는지 여부와 위치 등이 명확히 밝혀지지 못하였다. 그러나 조선후기 인수궁이 폐지되었다고 단정할 수는 없을 듯하다.[96]

대동법 시행 이후 후궁이 출궁하면 삼남에서 삭선진상가를 마련하여 선혜청에 지급하고, 이를 인수궁 내관, 설리 등에게 받아가게 하는 것이 관례화되어 있었다.[97] 현존하는 가장 앞 시기의 대동사목인 「호서대동사

---

94 金用淑, 1987, 『朝鮮朝宮中風俗研究』, 一志社, 8~12쪽 참조.
95 金龍國, 1966, 「慈壽宮과 仁壽宮」, 『鄕土서울』 27 참조.
96 인수궁과 자수궁에 대한 연구가 드문 상황에서 자수궁이 조선후기 내원당으로 중건되었다는 견해가 최근 소개되었다. 다만 인수궁의 경우 조선후기 중건 기사가 없고, 자수원과 인수원이 현종 대 폐지된 점을 통해 궁방의 기능을 상실한 채 조선후기 사찰로만 유지된 것으로 보았다. 탁효정, 2011, 『조선시대 王室願堂연구』, 한국학중앙연구원, 119~121쪽 참조.
97 『승정원일기』 609책, 영조 2년 1월 20일(계축), "李倚天 以宣惠廳啓曰 癸卯年 因仁

목」내에도 인수궁에 들이는 물선을 경상납하는 대동미에서 지급하도록 한 규정이 보인다.[98] 인수궁에 진배하는 삭선은 본래 삼남에서 현물로 상납되었으나 대동법이 시행된 이후에는 인수궁의 물선가를 대동세에 포함시켰던 것이다. 효종~숙종 대에 작성된 「전남도대동사목」과 「영남대동사목」 내에도 선혜청의 경상납미로서 '인수궁물선'과 '선왕후궁물선' 값을 지급하도록 한 규정이 있는데, 이를 통해 보더라도 인수궁에 공상물이 지속적으로 제공된 정황을 파악할 수 있다.

인수궁의 공상은 국왕 영조의 비호 아래 18세기에도 계속 유지되었다. 영조 2년(1726)에는 인수궁 내관이 선혜청에 인수궁 삭선가를 수송해달라는 수본을 올린 것에 대해 영조가 계하하자 선혜청에서 거부하고 나선 일이 있었다. 선혜청은 공가를 수송하는 전례가 없고 인수궁의 내관 등이 삭선가를 받아갔다는 것이다. 그러나 영조는 인수궁에 중관을 둔 것은 조종조에서 선왕의 후궁을 대우하는 뜻이기 때문에 다른 아문과 비교할 수 없다는 입장을 천명하면서 호조에서 진배하는 예에 따라 삭선가를 수송해주라는 명을 내렸다. 공상가를 수송해주는 방식으로 선왕 후궁에 대한 최소한의 예우를 표한 것이다. 그럼에도 불구하고 조선후기 인수궁은 궐밖에 소재한 다른 궁방에 비해 경제적 위상이 현저히 낮았던 것으로 보인다. 선대 제향과 내탕의 기능을 담당하였던 1사 7궁이나 왕실 분가 자녀의 궁방은 19세기까지 모두 유토 혹은 무토의 면세결을 보

壽宮內官手本 諸嬪出宮後 三南朔膳價磨鍊輸送事 啓下 移報本廳 而本廳 以曾無輸送之規 自該宮受去事 旋卽草記後 依例擧行矣 卽接同宮薛里內官手本 則參吉價 戶曹所管 而訖今輸送乾秀魚價 則本廳所管 而連爲輸送矣 頃於該廳草記 始乃防塞 今後朔膳乾秀魚價 一體輸送事 啓下矣 取考前例 則自大同設立初 仁壽宮朔膳價 自該宮受去 本廳無輸送之規 而本廳之乾秀魚價 曾前輸納者 乃是未出宮前事也"(*밑줄은 필자)

98 「호서대동사목」, "一. 二十八司元貢物 及田稅條貢物 戶曹作紙役價 其人歲幣上次木 各官京主人房子雇價…仁壽宮進排物膳…皆以米磨鍊自本廳上下之數通計四萬六千二百六十六石零是白齊."

유하고 있었으나[99] 인수궁의 경우 궁방전의 실체가 전혀 드러나지 않으며, 공상의 대상에만 포함되어 있을 뿐이다.

지금까지 조선전기 공납제의 성격에 대해 살펴보고, 특히 공물 중에서도 왕실에 진배되는 공상의 범위에 대해 살펴보았다. 조선시대 왕실 공상의 범위는 궐내에 거주하는 국왕의 직계가족과 인수궁, 봉보부인으로 제한되었으며, 가례 후 출합한 자손의 경우 공상은 공식적으로 중단되었다. 공상에는 각 전·궁의 궁속들에게 지급하는 선반, 의전이 포함되어 있으며, 대군왕자와 그 부인, 공주·옹주, 군·현주가 출합한 후에도 이들의 궁속에게는 여전히 공상물이 지급되었다.

조선왕조는 이처럼 공납제에 기초해 왕실과 정부관서의 살림을 꾸려 나갔으며, 특히 왕실구성원을 부양하는 비용을 공적 재정 범위 하에서 관리하고자 노력했다. 그리고 이러한 경향은 대동법을 시행하는 과정에서 더 강화되었다.

---

[99] 조영준, 2008, 앞의 논문, 233~238쪽 참조.

4. 중앙재정, 양입위출의 원칙을 정하다

앞서 살펴본 대로 조선의 건국과정은 전제개혁을 통한 사전의 혁파와 신정관제를 통한 왕실 사재정의 정비 등 제한적이나마 국가재원의 공공성을 확보해가는 방향으로 전개되었다.[100] 그러면 이러한 제도개편을 통해 중앙의 세입, 세출구조는 어떻게 형성되었을까. 조선전기 중앙의 세입구조에 가장 큰 비중을 차지한 것은 공물, 잡역이었다.

태조 원년(1392) 10월 공부상정도감의 설립 또한 이러한 맥락에서 이해될 필요가 있다. 태조 이성계는 공부상정도감을 설치하여 고려왕조에서 무리하게 수취한 상요, 잡공의 폐단을 제거하고 이를 공부(貢賦) 한 가지로 정리함으로써 국가경비의 절용을 도모하였다.[101] 이후 태조 원년부터 태종 13년(1413)까지 각 지역의 물산을 파악하고 공부의 등급을 산정하는 절차를 거쳐 조선전기 공납제의 기틀이 마련되었다.[102]

---

[100] 고려 말에서 조선 초에 이르기까지 중앙재정의 성격을 왕실사재정의 계승으로 이해한 周藤吉之의 논문은 이후 劉元東, 金玉根, 金載名, 宋洙煥 등에 의해 비판적으로 검토된 바 있다. 이들의 연구를 통해 조선 전기 국가재정 상에 왕실재정이 큰 비중을 차지하고 있었으며, 공납제는 이러한 재정구조를 야기하는 주된 요인이 되었음이 간접적으로 밝혀졌다. 周藤吉之, 1939, 「高麗朝より朝鮮初期に至る王室財政-特に私藏庫の硏究-」, 『東方學報』 10; 田川孝三, 1964, 『李朝貢納制の硏究』, 東洋文庫; 劉元東, 1984, 「國家財政史」, 『韓國史』 10(국사편찬위원회); 金玉根, 1984, 『朝鮮王朝財政史硏究』, 一潮閣; 金載名, 2000, 「高麗後期 王室財政의 二重的 構造-이른바 私藏의 변화과정을 중심으로-」, 『震檀學報』 89; 宋洙煥, 2000, 『朝鮮前期 王室財政 硏究』, 집문당.

[101] 『태조실록』 권2, 태조 원년 10월 12일(경신); 李貞熙, 1992, 「高麗後期 수취체제의 변화에 대한 일고찰-常徭·雜貢을 중심으로-」, 『釜山史學』 22.

[102] 田川孝三, 1964, 앞의 책; 박도식, 2011, 『朝鮮前期 貢納制 硏究』, 혜안.

주지하다시피 고려로부터 조용조의 수취체제를 계승한 조선왕조는 전세 외에 각 군현의 토산현물 및 노동력을 국가재원으로 적극 활용하고자 하였다. 특히 공물과 진상은 정부와 왕실의 살림살이를 이어가는 핵심 재원으로 인식되어, 이를 관리하기 위한 공안(貢案) 및 횡간(橫看)의 작성, 지리지 편찬 등의 노력이 15세기 내내 경주되었다. '임토작공'의 원리 하에 각 군현에 분정된 산물을 공안에 수록하는 한편, 지리지 물산항목에 편재시킴으로써 전국단위의 가용자원을 중앙 차원에서 관장하고자 한 것이다.[103] 이와 더불어 세종 대 국용전제가 시행되면서 종래 수조지로 운용되던 왕실사장고의 기능은 소멸되고, 공상아문의 소요경비는 상당 부분 군현에 분정된 공물로 수취하게 되었다.[104] 이로써 국용전제와 공납제에 기반한 중앙의 재정구조는 15세기 이후 제도적으로 정착되어 갔다.

공납제에 관한 기존의 연구는 이러한 흐름 속에서 군현단위의 공물분정 방식[105]과 중앙으로의 조달체계 그리고 공상아문의 대체를 밝히는 방향으로 전개되었다. 이를 통해 공납의 2/3에 달하는 규모가 왕실어공으로 소비된 점이 지적되었다.[106] 한편 16세기에 들어 국가재정수요가 전

---

103 조선전기 지리지 편찬의 특성과 이를 재정운영의 시각에서 접근한 연구는 다음을 참고할 수 있다. 鄭杜熙, 1976, 「朝鮮初期 地理志의 編纂(I)」, 『歷史學報』 69; 1976, 「朝鮮初期 地理志의 編纂(II)」, 『歷史學報』 70; 金東洙, 1993, 『世宗實錄』 地理志 物産項의 검토」, 『歷史學研究』 12; 이기봉, 2003, 「朝鮮時代 全國地理志의 生産物 項目에 대한 檢討」, 『文化歷史地理』 15-3; 소순규, 2009, 「조선전기 지리지 물산항목의 편제방식과 공물수취의 특성」, 고려대 석사학위논문; 박도식, 2011, 앞의 책, 45~97쪽 참조.
104 송수환, 2000, 앞의 책, 58~74쪽 참조.
105 朴道植, 1994, 「朝鮮前期 貢物分定의 推移」, 『關東史學』 5·6합집; 1995, 「朝鮮前期 8結作貢制에 관한 연구」, 『韓國史研究』 89; 이정철, 2004, 「조선시대 貢物分定 방식의 변화와 大同의 語義」, 『韓國史學報』 34; 이성임, 2009, 「16세기 지방 군현의 공물분정(貢物分定)과 수취-경상도 성주(星州)를 대상으로」, 『역사와 현실』 72.

반적으로 증대하면서[107] 생산되지 않는 공물의 분정, 추가분정 및 강제적인 상납 요구의 증가, 방납(防納)의 폐단과 같은 공납제의 모순이 대동법 시행의 배경으로서 검토되기도 하였다.[108] 이를 종합해보면, 중앙의 경비지출은 늘어나는데 반해 공물의 정기 상납은 어려워지고, 상납과정에서의 중간 부정이 지방군현의 부담을 가중시킨 지점으로 논의가 모아진다.

그러면 이러한 공납제의 모순에도 불구하고 현물납 위주의 재정구조가 조선 전기 내내 용인될 수 있었던 이유는 무엇일까. 현물재정을 운용함에 있어서 일방향적 수취와 소비만으로 왕조의 정치적 권위를 지속적으로 담보할 수는 없다. 이에 조선 전기 공납제로 상징되는 현물재정의 운용이 당대 관료군의 결속과 왕조정부의 상징적 권위 유지에 어떻게 활용되고 있었는지 살펴볼 필요가 있다. 특히 진상(進上)은 신민이 국왕 및 왕실에 바치는 의례화된 선물로서 현물납을 매개로한 군신관계의 작동원리를 설명하는데 키워드가 될 수 있다.

조선전기 공물과 진상은 왕실과 정부각사의 살림살이를 지탱하는 주요 재원이었다. 특히 진상은 '의물(儀物)'이자 '공과(公課)'라는 중층적 성격을 띰으로써, 왕실재원임에도 불구하고 정부차원에서 출납이 관리되었다. 별진상 역시 관찰사의 자원 상납에 의한 예물로서의 성격이 강하였으나, 이것이 상례화되면 정기진상과 마찬가지로 중앙의 재원으로 관

---

106 유형원, 『반계수록』 권3, 田制後錄 上 經費; 田川孝三, 1964, 앞의 책 참조.
107 김성우, 2001, 『조선중기 국가와 사족』, 역사비평사, 51~82쪽 참조.
108 宋正炫, 1962, 「李朝의 貢物防納制」, 『史學研究』 1; 金鎭鳳, 1975, 「朝鮮前期 貢物防納에 대하여」, 『史學研究』 26; 高錫珪, 1985, 「16·17세기 貢納制 개혁의 방향」, 『韓國史論』 12; 박도식, 1995, 「朝鮮前期 貢物防納의 변천」, 『慶熙史學』 19; 김덕진, 1996, 「16~17세기의 私大同에 대한 一考察」, 『全南史學』 10; 박현순, 1997, 「16~17세기 貢納制 운영의 변화」, 『韓國史論』 38.

리, 운용되었다. 이처럼 횡간 상의 경비항목으로 관리되었던 조선 전기 외방 진상은 조선후기 현물상납의 패러다임을 바꾸는 대동법 시행을 계기로 질적 변화를 맞이하게 된다. 즉, 선혜청의 공가 지급 체계 속에서 진상은 중앙각사의 공상(供上)으로 일정부분 흡수되어가는 전기를 맞이하게 된 것이다. 그러면 조선전기 중앙재정의 세입, 세출구조는 어떻게 형성되었을까.

조선전기 이래 중앙의 공물 상납 및 지출과 관련해서는 공안과 횡간이 주로 활용되었던 점을 고려할 때,[109] 조선후기 이처럼 중앙에서 소용되는 공상 및 공물을 망라한 정례서가 간행된 것은 대동법 시행 이후 공물정책의 변화상을 수용한 조치였다. 이에『대전통편』호전의 첫 항목에 기재된 경비 조항에서『탁지정례』의 자료적 성격을 일차적으로 확인할 수 있다.

『大典通編』戶典, 經費〈原〉凡經費用橫看及貢案〈續〉參用大同事目〈增〉參用度支定例

위의 조항을 보면『경국대전』작성 당시 중앙의 경비는 횡간과 공안자료를 활용하다가, 영조 22년(1746)『속대전』의 편찬 이후「대동사목」을 참용한다는 조항이 첨입되었고, 정조 9년(1785)『대전통편』에 이르면 다시『탁지정례』를 참용한다는 내용이 추가되었음을 알 수 있다.

각 군현에 분정된 공물을 중앙각사에서 자체적으로 상납받았던 조선전기 공납제 구조하에서 공안과 횡간은 공물을 관리, 운용하는 주요 재정장부로 기능하였다. 그러나 16세기 이후 중앙의 재정지출이 증가하면

---

[109] 『경국대전』권2, 戶典 經費, 조선전기 공안 및 횡간에 대한 분석은 田川孝三(1964), 金玉根(1984)의 연구를 참고할 수 있다.

서 가정공안(加定貢案)이 생겨나고 상공(常貢) 외에 가정(加定), 인납(引納)이 공납의 폐단으로 지적되었다. 이에 공안과 횡간을 활용한 중앙의 공물정책은 변질되어갔으며,110 군현 단위에서는 방납의 폐단이 심화되어 갔다.111 대동법은 이러한 배경 하에서 출현한 공물변통안이었으며, 한 세기에 걸쳐 강원, 호서, 호남, 함경, 영남, 해서지역으로 확대 시행되면서 각 도의 『대동사목』이 제정되기에 이르렀다.

『대동사목』은 각도의 상납미와 유치미 규모, 그리고 이에 근거한 28사(영남대동사목은 27사) 원공(이외 전세조공물 및 추가원공 포함)과 저치미로 소용되는 잡역, 진상물종의 상납방식을 규정해 놓은 세부시행령이다. 『대동사목』을 통해 각 군현의 공물이 상당부분 전세화되고 본색상납이 줄어드는 가운데 각 군현에 소장된 공안의 기능은 축소되어갔으며, 중앙각사112 및 호조의 공안113 역시 17세기 공안개정의 논의 속에서 체계적으로 정비되어가지 못하였다. 한편 선혜청이라는 공가지급기관이 새로이 출현함으로써, 횡간례를 통한 왕실 및 중앙각사의 자체적인 공물 조달에 제약이 가해졌다.114

---

110 고석규, 1985, 「16·17세기 貢納制 개혁의 방향」, 『韓國史論』 12. 본고에서 고석규는 조선후기 貢案의 기능이 사실상 유명무실해져갔다고 언급하였으나, 조선후기 호조, 선혜청 및 중앙각사의 공안자료가 확인되는 것으로 보아 공안의 전기적 역할은 축소되었더라도, 조선후기 중앙재정체계에서 일정한 역할을 담당하였으리라 생각된다. 이에 대해 田川孝三 역시, 연산군 대의 가정, 인납의 폐단에도 불구하고 공안, 횡간의 제도는 지속적인 구속력을 지닌 것으로 보았다.(田川孝三, 1964, 앞의 책, 334쪽)

111 김녁신, 1996, 앞의 논문, 박현순, 1997, 앞의 논문.

112 조선후기 각사공안은 현재 繕工監, 觀象監과 奉常寺貢案(이상 서울대 규장각한국학연구원 소장)이 확인된다.

113 현존 공안 중 호조에서 편찬한 貢案으로 사료되는 것은 「度支別貿貢物作等魚鱗」(奎 16773)이다. 이는 호조에서 별무로 납입하는 공물을 각사별로 어린분배한 것인데, 표제는 '貢案 戶曹癸丑'으로 쓰여 있어 1793년에 간행된 것으로 보인다.

영조 22년(1746) 『속대전』이 편찬되는 시점에서 17세기 대동법의 성과라 할 수 있는 『대동사목』이 호전 경비조에 포함되었으며, 정조 9년(1785) 『대전통편』이 편찬되는 단계에서는 대동법의 확대 시행 이후 발생한 중앙의 공물지출 개선책으로서 『탁지정례』가 다시 호전 경비조에 첨보된 것이다. 그러나 『대동사목』과 『탁지정례』가 경비의 참용례로서 법전에 기재되었다고 해서 세입, 지출장부로서의 공안과 횡간이 조선후기에 유명무실해진 것은 아니며, 사목과 정례가 공안과 횡간을 대체하였다고 단정할 수도 없다.[115]

조선후기 중앙의 공물을 운용하는데 있어서 공안과 횡간, 사목과 정례는 그 역할이 달랐던 것으로 이해된다. 공안이 조선 전기 이래 공물 세입예산안으로서의 성격이 강하였던 반면, 횡간은 공안에 근거한 지출계획안으로서 기능한 측면이 크다.[116] 사목·절목의 경우, 조선후기 정책 생산과정에서 세부 시행령으로 다수 제정되었는데, 대동법 시행령 역시 각 도별 사목으로 제정되었다. 『대동사목』은 전세화된 공물(대동미)의 상납 규모 및 납입방식, 그리고 지방 저치미 지출에 대한 세부 운영원리를 항식화한 점에서 세입계획안인 공안과의 관련성이 높다. 그러나 공안 개정 작업이 병행되지 않은 채 『대동사목』이 계속 작성되어갔기 때문에 중앙으로 납입되는 공물의 종류 및 항수가 사목 내에 명확히 기재되지 못하였다. 실제로 현존하는 『대동사목』 내에는 28사(영남은 27사) 원공의 물

---

114 『승정원일기』 16책, 인조 4년 10월 11일(경술), "金尙 以宣惠廳言啓曰 鼇原君朴忠敬 禮葬軍 依橫看准給事 傳敎矣 橫看內三等功臣造墓軍一百八十名 而本廳設立之初 略爲裁損 以一百三十名爲定數 每名水軍則米六斗 煙軍則米九斗 折價磨鍊 定爲恒式 行之二十餘年矣"

115 김옥근은 조선후기 『대동사목』이 '貢案'과 '橫看'을 대체하는 것으로 이해하였다(김옥근, 1984, 『朝鮮王朝財政史硏究』, 一潮閣, 172쪽).

116 김옥근, 1984, 앞의 책, 121~142쪽, 166~174쪽 참조.

목이 명확히 제시되어 있지 않다. 이를 통해 볼 때 기존의 각사공안을 용인하는 차원에서 사목이 제정되었음을 알 수 있다. 이처럼 공안과 『대동사목』이 공물의 세입방식을 규정한 것이라고 할 때, 『탁지정례』는 공물의 지출방식을 규정한 항례로서 이해할 필요가 있다.

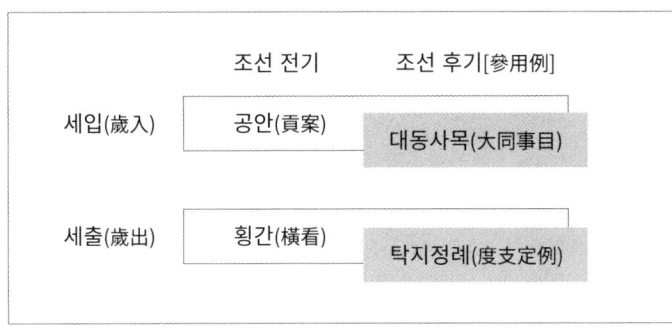

〈그림 I-2〉 공안, 횡간, 사목, 정례의 관계[117]

현존하는 조선후기 각사공안 중 하나인 봉상시 『공물정안(貢物正案)』에는 선혜청으로부터 지급받은 공가를 통해 봉상시에 납입되는 공물의 물종과 수량이 자세히 기재되어 있다.[118] 봉상시의 사례를 통해 볼 때 조선후기 각사공안은 선혜청에서 지급하는 공가를 통해 중앙 각사로 납입되는 공물의 조달 루트 및 물종을 정리한 공물세입안으로 이해할 수 있다. 이에 대해 탁지정례는 이러한 각사에 납입된 물종이 용도별로 어떻

---

[117] 조선전기 공안 및 횡간자료가 남아있지 않은 상태에서, 현존하는 조선후기 공안과 횡간을 조선전기의 그것과 동일한 성격의 것으로 이해하기는 어렵다. 따라서 공안, 횡간, 사목, 정례의 재정적 상관관계는 현존하는 조선후기 공안, 횡간의 자료적 특징을 우선석으로 검토한 후에야 설명이 가능하다. 이에 대해서는 후속 연구를 통해 설명하도록 하겠다.

[118] 박기주, 2010, 「선혜청의 수입·지출구조와 재정운영」, 『조선후기 재정과 시장-경제체제로의 접근』, 서울대학교출판문화원.

게 왕실 및 중앙각사에 재분배되어 쓰이는지를 정리해 놓은 관부의 지출
예산안에 가깝다. 따라서 『탁지정례』는 횡간과 내용적 긴밀성이 더 높다
고 하겠다.

횡간이 지출예산안으로서 세조 10년(1464)에 완성된 점은 이미 기존
연구를 통해 주목된 바 있다.[119] 세조는 즉위 이래 경비의 절감과 공부(貢
賦)의 감량을 도모하여 경비의 식례를 정비해갔다. 이에 세조 2년(1456)
10월부터 작업을 지속하여 10년(1464) 1월에 식례횡간(式例橫看)이 정해
졌다.[120] 기사를 살펴보면, 세조 9년(1463) 11월에 상정소의 '식례횡간'
이 오랫동안 완성되지 않은 것을 염려하여 세조가 직접 작업을 독려하는
내용이 보인다.[121] 또 다음해(1464) 1월 횡간이 완성되는 시점에 이르러
서 제반 경비는 새로 정한 식례[新定式例]를 준용하되, 영수궁, 자수궁, 수
성궁은 구례대로 하라는 전지를 내리고 있다.[122] 이 두 기사내용을 보건
대 횡간의 실제 명칭은 (경비)식례횡간이며, 제반 경비는 이 '새로 정한
식례'를 적용하도록 하였음을 알 수 있다. 이후 조선전기 횡간은 세조 말
년에 미처 완성되지 못한 중앙각사의 공용조작식(供用造作式)이 성종 4년
(1473)에 '조작식례(造作式例)'로 완성되면서[123] 국가경비의 전반적인 규

---

[119] 田川孝三, 1964, 앞의 책, 308~332쪽.

[120] 횡간의 제정은 田川孝三이 제시한 세조 10년 1월 9일(壬戌)기사보다 1월 27일(庚辰)
기사에서 보다 명확히 확인된다. 『세조실록』 권32, 세조 10년 1월 27일(경진), "上命
於座前定式例橫看(*밑줄은 필자) 戶曹參判安哲孫 請諸處所用墨分一丁爲十二片 上曰
分四 可也 哲孫固請不已 上笑曰 此眞戶部矣 哲孫又啓造船事 頗称旨 上謂金國光曰 哲
孫可人 將繼卿爲判書者也."

[121] 『세조실록』 권31, 세조 9년 11월 22일(병자), "上慮詳定所式例橫看 久而未成 今永順
君溥 河城尉鄭顯祖 分率朝官 逐日啓稟 長直禁中 勿許出 雖病啓聞 方許歸家."

[122] 『세조실록』 권32, 세조 10년 1월 9일(임술), "御書傳于戶曹曰 凡經費用新定式例 寧壽
慈壽 壽成宮則仍舊例 終其身而止."

[123] 각사의 경비는 현물로 지급되는 것 외에 이것을 資材로 匠人 등이 가공, 제작해야 하
는 것으로 나뉘기 때문에 일반적인 經費式例와 供用造作式例 두 종류가 필요하다.

정으로 보완, 정비되었다.

이처럼 조선전기 '식례횡간(式例橫看)' 혹은 '횡간식례(橫看式例)'[124]를 중앙 경비의 지출예산안으로 파악할 경우, 영조 대 중반에 간행된 『탁지정례』 역시 중앙의 경비지출을 이정(釐正)하면서 마련된 식례(式例)의 일종으로 이해할 수 있다. 물론 『탁지정례』를 횡간과 동일시할 수는 없다. 그러나 조선후기 식례횡간만으로는 통제할 수 없는 경비지출의 항례로서 『탁지정례』를 식례횡간을 조정, 보완하는 성격을 띠었다고 볼 수 있다. 현존하는 횡간 자료가 거의 드문 상태에서 정례와 횡간을 상세히 비교하기는 쉽지 않다. 다만 장서각에 소장된 조선후기 횡간자료인 『태복정례횡간(太僕定例橫看)』을 통해 정례와 횡간이 각사의 경비지출에 활용되는 문서양식이었음을 확인할 수 있다.[125]

실제로 대동법 시행이 점진적으로 확대되던 17세기 내내 횡간은 비록 지출규모에 변화가 있기는 했으나, 경비지출의 근거로서 여전히 활용되고 있었다.[126] 문제는 횡간 이외에 국왕의 계하에 따른 별례(別例)가 늘

---

124 『성종실록』권44, 성종 5년 윤6월 26일(기유), "御經筵 講訖, 領事曹錫文啓曰 國朝舊例 凡支用雜物 諸司只考承政院帖字 不無猥濫之弊 <u>世祖欲革其弊 命定橫看式例</u>(*밑줄은 필자) 其時務欲速成 事多牴牾 今方修改之時 宜詳悉校正 請命戶曹堂上 聚闕內商議改正 上曰 可."

125 현존 확인되는 장서각 소장 횡간자료는 1건(「太僕定例橫看」(藏書閣 소장 K2-3419))에 불과하다. 奎章閣에 소장된 「咸鏡道會源開市定例」(想白古 337.9151-H179) 내에도 橫看圖가 포함되어 있는데, 이를 통해 볼 때 정례와 횡간이 모두 경비 지출과 관련된 자료임을 짐작할 수 있다. 조선후기에 간행된 공안 및 횡간의 재정적 특성은 후속 연구를 통해 상술하기로 하겠다.

126 『승정원일기』109책, 효종 즉위년 10월 19일(갑진), "內醫院官員, 以都提調 副提調意啓曰 御藥 不可不備 則唐材 不可不貿 而平昔公給之價 尙稱其廉 一自中原之蕩敗 藥料稀絶 惟其稀絶 故其價益高 或有其價而無其材者 醫官訳官之輩 一經貿易之任 便爲敗家之人 不得於北京者 艱貿於我國 其中雖或有不用意者 大抵蕩盡其財者滔滔皆是 日日號訴 其爲冤悶之状 實甚矜愍 <u>欲爲變通 則該曹以橫看爲主 經用且未裕 無以充其價 直 不爲變通 則爲國之道 匹夫匹婦之冤 皆所當恤 豈忍知其冤痛之極</u>.(*밑줄은 필자)"

어나는 것이었으며, 횡간 외에 지출 식례가 다양해지는 데에 있었다. 광해군 즉위년(1608) 교리 최기남은, 당대의 법이 『경국대전』이나 『경제육전』이 아닌 전례(前例)와 횡간(橫看), 등록(謄錄)이라고 지적하면서, 이는 연산조에 나왔거나 혹 권간(權奸), 서리(胥吏)들에게서 나와 잡역으로 첨가되어서 백성을 병들게 하는 것이 많다고 상소하였다.[127] 인조 4년(1626)에는 삼도대동법이 중도에 폐지되고 양호의 공물을 본색상납으로 바꾸는 과정에서 공안(甲辰貢案) 내에 공물 수를 견감하는 조치가 있었다. 이로 인해 중앙의 제향(祭享) 및 어공(御供), 각처 용하(用下)를 횡간정식대로 지출하기에는 물종수가 부족하게 되었고, 별례로 지출하는 것도 있어서 재원을 탕진하는 것이 막심하다는 지적이 나왔다.[128] 이처럼 조선후기 중앙의 경비지출에 횡간례 및 별례가 적용되었던 상황은 『탁지정례』 간행에도 영향을 미치고 있었다. 다음 페이지의 〈표 Ⅰ-3〉을 살펴보면 『탁지정례』 간행에 활용된 전거자료 역시 전례와 등록류가 대부분을 차지하고 있음이 확인된다.

〈표 Ⅰ-3〉에 제시된 전례는 횡간례 및 별례를 포함한다. 중앙 각처의 수용은 횡간례 외에는 왕의 계하를 받은 후 지출하는 것이 '례(例)'로 준

『승정원일기』 677책, 영조 5년 1월 13일(무오), "李真淳 以戶曹言啓曰 今此王世子喪諡冊印 自都監 詣殯宮時 殯宮大門外權安處排設 大門內改銘旌排設虞主三處奉安時 香佐兒及返虞時 弘化門外與魂宮大門外 下輦所排設雜物 依橫看磨鍊上下事(*밑줄은 필자) 本宮司鑰手本啓下 而本宮曾前造給排設 其數夥然 故以此推移排設之意 分付於司鑰矣."

[127] 『광해군일기』 권11, 광해군 즉위년 12월 20일(계유), "今日之所謂法者 一則前例 一則橫看 一則謄錄 旣非大典 又非六典 或出於燕山之朝 或出於權奸之手 或出於胥吏之口 添立雜役 以病斯民者 不勝其衆 而至於祖宗之良法美意 則掃地盡矣."

[128] 『승정원일기』 16책, 인조 4년 10월 22일(신유), "大槪祭享御供 及其他各處用下 橫看定式之外 □□□方今行用者, 乃是甲辰貢案 而甲辰貢案之內 有兩道裁損之物 以一年應入之數, 較一年應出之數, 則橫看定式 尙有不足之患, 別例意外之需, 從何辦出乎 此該司之所以蕩盡無形, 苟且莫甚者也."

<표 I-3> 『탁지정례』의 전거자료

탁지정례의 종류	진배 대상 및 물종	전거 자료	이정 사항
① 각전각궁례 (영조 25년 3월)	각전 각궁 제반 (19처)	전례, 『내입물종등록(內入物種謄錄)』, 『기인등록(其人謄錄)』, 『배설방서방색계하책(排設房書房色啓下冊)』	존감(存減)을 어필로 정리함
	대군, 왕자, 공·옹주 출합시	『예조등록(禮曹謄錄)』, 『출합등록(出閤謄錄)』	진배물종의 존감을 어필로 정리함
	군주, 현주	『선반도등록(宣飯圖謄錄)』만 존재함	출합시 진배물종을 어필로 정리함
	세자의 중자적, 중자적부인	전례 및 의거할 등록 없음	중자적, 부인은 군주정례에 의함
	세자의 중자서, 중자서부인		중자서, 부인은 현주정례에 의함
	왕세손	『예조등록(禮曹謄錄)』	빈궁례에 의거함 (절용의 의미)
	원손	『내섬시등록(內贍寺謄錄)』	왕자방례에 의거함
	인수궁	구례	수요를 더하여 기재함
	양제, 소훈방	전례 없음	제빈이하 등록에 준하여 존감함
② 국혼정례 (영조 25년 10월)	왕비	『왕비가례등록(王妃嘉禮謄錄)』	다소와 유무를 이정함
	빈궁	『빈궁가례등록(嬪宮嘉禮謄錄)』	다소와 유무를 이정함
	세손	전례 없음	세자가례(전례)
	세자의 衆子嫡 / 衆子庶		대군 / 왕자가례(전례)
	군주 / 현주		공주 / 옹주가례(전례)
③ 각사정례 (영조 27년)	중앙각사 소납	항식 없음 (『각사등록(各司謄錄)』)	
④ 상방정례 (영조 28년)		『상방등록(尙房謄錄)』	

* 각 정례의 서문을 활용함.

행되고 있었으며,129 이러한 별례가 조선후기 전례의 형태로 늘어나고 있었다. 따라서 『탁지정례』 간행 무렵까지도 횡간례 및 별례를 포함한 '전례'가 활용되었던 것으로 보인다. 등록류 또한 전례를 열거한 자료라는 점을 상기해보면, 『탁지정례』는 이미 준용되어 온 전례를 참고하여 작성된 중앙경비의 지출이정안이라 할 수 있다. 이에 전례가 있는 것은 어필로 존감(存減)하여 일일이 기재하고, 전례 및 항식이 없는 것은 새로 정례를 만듦으로써 총 23권의 항례가 완성될 수 있었다. 그리고 이러한 정례서는 여러 시행 상의 한계에도 불구하고 조선말기까지 왕조의 지출 준거로서 꾸준히 활용되었다.

그러면 전례, 등록과 같은 지출근거가 없지 않았음에도 영조 대 중반 일련의 정례서가 간행된 배경은 무엇일까. 다음 장에서는 임진왜란 이후 국가운영과 왕실재정의 관점에서 이 문제를 다루어보기로 하겠다.

---

129 『승정원일기』 101책, 인조 26년 4월 13일(정미), "行吏曹判書元斗杓上疏 伏以凡各處需用 橫看例付之外 毋論輕重多寡…啓下然後題給 例也(*밑줄은 필자) 而今此都監 事係緊急 故種種之物 隨其用而…但各司所請 例多濫觴 量減厥數 自是流來舊規 此則非今日創開之事也."

II

17세기 왕실의 성장과 국가재정의 압박

1. 경기선혜법, 광해군의 딜레마

16세기 내내 공납제 개혁은 공안개정론 위주로 논의가 전개되다가, 전란이 촉발된 후로는 수미(收米), 혹은 작미(作米)의 방식으로 논의가 전환되었다.[130] 대동법 역시 현물공납을 쌀로 대신 거두는 방식으로만 본다면 공물 작미와 다를 바 없는 조치였다. 광해군 자신도 선혜법을 작미하는 일로 이해하고 있었다. 그런데 선왕대부터 재정보용의 목적으로 공물작미가 이미 행해지고 있었다면, 굳이 선혜법이라는 명칭으로 광해군 즉위년에 공물작미를 공식화한 이유는 무엇일까?

전란의 후유증으로 전토가 소실된 상태에서 정부가 거두어들일 수 있는 세수는 한계가 있었다.[131] 임란 직후 전국의 토지는 대략 30만 결 수준으로 파악되었으며,[132] 광해군 초 전국에서 파악된 토지 결수가 54만 2천여 결로 늘기는 했지만, 임란 전의 170만여 결에 비하면 이 역시 1/3 이

---

130 『선조수정실록』 권28, 선조 27년 1월 1일(경진), "命詳定貢案 亂後貢法尤壞 命減省舊案 一從土産增損 而未盡釐正而止 貢物作米之議始此."
131 황하현, 1979 「壬辰倭亂과 國家財政의 破綻」, 『經濟研究』1.
132 오인택은 임란 직전 결총을 300,000결로, 癸卯量田(1603)의 결총을 광해군 3년(1611)에 집계된 삼남의 結總數 542,000여 결로 파악하였다.(오인택, 1995, 「朝鮮後期 癸卯·甲戌量田의 推移와 性格」, 『역사와 세계』19, 345쪽 참조) 이는 광해군 대 호조판서 황신이 추계한 결총수로 판단되며 이것이 『증보문헌비고』에 그대로 반영된 듯하다.(『증보문헌비고』 권148, 전부고 8) 다만 이 결총수는 삼도가 아닌 8도에 걸친 전결수이다. 또한 황신은 계묘양전 당시 田品이 낮게 책정되어 결수 산정에 문제가 있다고 보고 당대의 전결수를 자신이 직접 산출하였다. 따라서 이 542,000여 결을 계묘양전의 결총수로 직결시키는 것은 재고의 여지가 있다. 황신이 산출한 결총수에 대해서는 다음 각주를 참고할 것.

상 줄어든 수치였다.¹³³ 더욱이 16세기부터 전세 수취율이 결당 4두로 고정되어갔기 때문에 세수 역시 크게 감소한 상태였다.¹³⁴ 임진왜란 이전에는 경창의 세입이 40만석에 달해도 부족할까 염려한다고 하였는데, 광해군 재위 초반 세입은 그것의 1/10인 4만석에 그쳤다.¹³⁵

공물의 경우 임진왜란 이전부터 연산군 대 늘어난 공물수를 줄이기 위해 공안 개정 논의가 이어지다가, 선조 37년(1604)에 갑진공안이 작성되었다. 다만 갑진공안은 전란 이후 작성된 공안 중에서 수취물목이 가

---

133 황신,『추포집』권2,「地部獻言啓」六條別單 "且我國六等之分 各以其道有禹貢上下之分 各以其州 是以京畿黃海江原兩界 則五六等多而二三等少 下三道 則一二等多而五六等少 此祖宗朝已定之舊規也 癸卯量田則不然 下三道五六等之多 與上五道無異 田結之減縮 專由於此也 至於各道各邑流寓人所耕之地 則量田時 雖以時起懸錄 旋卽移徙抛荒者 亦多有之 而收稅差役 每責於本土之人 偏受其弊 此亦不可不 亟爲之變通者也 臣試以平時各道田結之數 較之於今日見在田結…(표 참고)八道見在田結 僅過平時全羅道田結之數而已…"(*밑줄은 필자)
황신이 추산한 임란 전과 광해군 대 전결규모를 정리하면 다음과 같다. 한편 유형원은 임란 전 8도의 토지규모를 1,515,591결로 산출하였다(『반계수록』권6, 전제고설하).

각도(8도)	(임란 전 평시 전결수)	광해군 대 전결수	감소율
전라도	440,000여 결	110,000여 결	75.0%
경상도	430,000여 결	70,000여 결	83.7%
충청도	260,000여 결	110,000여 결	57.7%
황해도	110,000여 결	61,000여 결	44.5%
강원도	28,000여 결	11,000여 결	60.7%
경기도	150,000여 결	39,000여 결	74.0%
함경도	120,000여 결	47,000여 결	60.8%
평안도	170,000여 결	94,000여 결	44.7%
총계	1,708,000여 결	542,000여 결	

134 朴種守, 1993,「16·17세기 田稅의 定額化 과정」,『韓國史論』30.
135 송시열,『송자대전』권127,「答疇錫書」丙寅 12월. 송시열은『추포집』에 실린 황신의 啓辭를 참고하여 임란 이후 세입이 4만석에 불과하였다고 언급하였다. 유성룡의 경우에도, 전란이 한창이던 1594년 당시 이러한 중앙의 세입이 수천 석으로 줄었다고 하였다.(유성룡,『서애집』권5,「陳時務箚」甲午 4월 "常時國家京倉軍資 幾至四十萬石 議者尙患糧少 今但有數千石….") 이 점으로 미루어보더라도 17세기 초 세입의 대폭적인 감소를 가늠할 수 있다.

장 소략한 공안으로 평가될 만큼 중앙의 재정수요를 감당하기에 빠듯하였다.[136] 광해군 3년(1611) 호조판서 황신(黃愼, 1562~1617)은 갑진공안을 작성한 이후로 중앙의 세입이 10의 2, 3으로 줄었다는 평가를 내렸다.[137] 더욱이 임진왜란 이후 각 고을 수령이 중앙각사에 공물을 제때 상납하지 않는 문제가 나타나는 한편,[138] 호조의 산원과 색리 그리고 방납자들이 결탁하여 공물을 빼돌리고 인정을 과하게 요구하는 폐단이 노골화되었다.[139] 이러한 재정여건 속에서 광해군은 즉위 초 선조가 훙서한 정릉동 행궁[경덕궁]에 머물면서 집권초반의 업무를 처리하였다.[140] 당시 광해군이 주로 공력을 기울인 것은 임란으로 인해 소실되었던 궁궐의 수리 및 중건사업이었으며, 다른 두 가지는 '산릉(山陵)'과 '조사(詔使)'였다.[141] 죽은 선왕조의 능묘 조성과 명사신의 영접 준비는 왕통의 권위를 대내외로 표방할 수 있는 중요한 의례절차였기 때문에 광해군은 중앙재정의 막대한 양을 왕실의례와 외교비용에 지출하고자 하였고, 이는 민의 직접적인 수세부담으로 이어졌다.[142] 그러나 광해군 역시 즉위 초 이러한 대규모의

---

136 『승정원일기』 16책, 인조 4년 10월 22일(신유).
137 『광해군일기』 권43, 광해군 3년 7월 20일(정사). 기사에는 을사년간(1605)이라 하였으나, 사실상 그 전해(1604)에 마련된 갑진공안을 뜻하는 것으로 보인다.
138 『선조실록』 권160, 선조 36년 3월 13일(기사).
139 『선조실록』 권207, 선조 40년 1월 27일(신묘).
140 『광해군일기』 권1, 광해군 즉위년 2월 2일(기미).
141 윤용출은 17세기 초 왕조정부에서 행한 대규모 역사의 대표적인 형태로 山陵과 詔使를 들고 있으며, 임란 이후 민역을 동원해야 하는 대규모 역사를 효율적으로 운영하기 위해 '別役'에 대한 결포제가 운용되었음을 지적하였다(윤용출, 1995, 「17세기 초의 結布制」,『釜大史學』19). 그런데 벌역에 대한 설포의 추가징수 외에, 경기선혜법이 산릉, 조사역을 견감시키는 역할을 하였던 점을 기억할 필요가 있다. 윤용출은 선혜법에 산릉, 조사역이 포함되지 않은 것으로 보았으나 사실상 경기지역에 산릉·조사와 같은 역 동원이 거듭되는 과정에서 경기선혜법은 그 시행이 적극 검토 되었고, 선혜법 시행 이후 산릉, 조사의 역가가 상당부분 선혜청에서 지급되었기 때문이다.
142 『광해군일기』 권7, 광해군 즉위년 8월 17일(신미).

역사와 칙사 접대에 따른 공역(貢役)의 과중함을 주지하고 있었으며 이에 대한 해결방안을 모색하고자 하였다. 광해군은 즉위년 3월 비망기의 내용을 살펴보자.

"비망기에 일렀다. 덕이 부족하고 어두운 내가 죄역이 너무 많아 하늘이 돌봐주지 않은 탓으로 이런 혹독한 앙화를 당하였는데도 모진 목숨 끊지 못하고 이미 1개월을 넘겼다. 애통해 하는 가운데도 생각이 국사에 미치니 걱정스럽고 송구스럽고 안타까운 마음에 어떻게 조처해야 될지를 모르겠다. 북쪽 오랑캐에 대한 수어와 남쪽 왜인들의 접대에 대해서는 선왕 대부터 이미 상세히 강구하여 왔으니, 묘당에서 반드시 잘 조처할 것이다. 목전의 긴박한 일을 가지고 말하여 본다면 백성들의 일이 매우 안스럽고 측은하기 그지없다. 산릉(山陵)의 역사와 조사(詔使)의 사행 때 드는 비용을 털끝만한 것도 모두 백성들에게서 염출하고 있으니, 불쌍한 우리 백성들이 어떻게 견뎌낼 수 있겠는가. 만일 위로하고 구휼할 대책을 서둘러 강구하지 않는다면 나라의 근본이 먼저 동요되어 장차 나라를 다스릴 수 없게 될 것이다. 내가 이를 매우 두려워하고 있으니, 경들은 백방으로 생각하고 헤아려 일푼의 은혜라도 베풀기를 힘써야 한다. 예컨대 해묵은 포흠, 급하지 않은 공부, 군졸들의 도망, 세도를 부리는 세력들의 침탈은 물론 이밖에 백성들을 병들게 하는 모든 폐단은 일체 견감하고 개혁시켜 혹시라도 폐단이 되는 일이 없게 하라. 공상하는 방물과 내수사의 일에 대해서는 내가 마땅히 헤아려서 감하겠다. 그리고 중외로 하여금 소회를 다 진달하게 하여 숨겨지는 일이 없게 하면 더없는 다행이겠다. 이런 내용으로 대신에게 이르라."143

조사의 접대에 만반을 기할 것을 강조하면서 한편으로 지방의 해묵은 포흠과 급하지 않은 공부, 군졸들의 도망, 토호세력의 침탈 등의 폐단을 일체 견감, 개선하도록 조치하였다. 특히 공상하는 방물과 내수사의 일에 대해서도 감세하도록 지시하였다. 당해 5월에 설치된 선혜청은 광해군의 이 비망기로부터 직접적인 설립 배경을 찾을 수 있다. 선혜청이 설립되기 두 달 전, 영의정 이원익(李元翼, 1547~1634)이 사직을 청하자, 광해군은 이조, 호조, 예조의 당상으로 하여금 직접 이원익의 집에 가서 현안을 의논하고 오도록 지시하였는데,[144] 이때의 주요 논점이 바로 비망기에 언급된 사안이었다. 광해군의 지시가 있던 다음날 좌찬성 류근(1549~1627), 병조 판서 이정구(1564~1635), 호조 판서 김신원(1553~1614) 등은 이원익과 논의한 내용을 광해군에게 바로 보고하였는데 그 내용을 살펴보면 다음과 같다.

> "전일의 전교 가운데 조사를 접대하는 일이 더욱 긴급하니, 관반사와 원접사를 먼저 차출해야 됩니다. 그런 뒤에 의주(儀注)·지대(支待)·용군(用軍) 등에 관계된 일은 마땅히 호조·예조·병조 등과 함께 마련하여 시행하겠습니다. 군졸들의 도망에 대한 일들에 이르러서는 해조에서 지금 거행하고 있습니다만 사목은 미처 마련하지 못했습니다. 이밖에 해묵은 포흠, 긴급하지 않은 공물 등 백성을 병들게 하는 폐단에 관계된 것은 일체 견면하고 혁파하고 통렬히 금하라는 것으로 전교가 있었기 때문에 차자에서 하나의 국을 설치하여 전적으로 그 일을 주관하게 하시라고 청한 것이니, 이에 대해서는

---

143 『광해군일기』권2, 광해군 즉위년 3월 2일(기축), "備忘記傳曰 惟予寡昧 罪逆深重 不弔于天 罹此酷禍 頑命未絶 已過一朔 哀疚之中 念及國事 憂惶悶迫 罔知攸濟 北虜之守禦 南倭之接待 自在先朝講究已悉 廟堂必爲之善處矣 姑以目前切迫者言之 生民之事 極可愍惻 <u>山陵之役 詔使之行 其所需用秋毫盡出於民力 哀我赤子 若之何能堪 儻不爲急講撫恤之策 邦本先搖 將無以爲國 予甚瞿然 卿等百爾思度 務宣一分之惠 如積年逋欠 不急貢賦 軍卒逃故 豪勢侵凌 此外凡干病民之弊 一切蠲革 無或有弊端 如供上方物 內需之事 則予當量減焉</u> 且令中外盡陳所懷, 使嘉言罔伏, 不勝幸甚 此意言于大臣."(*밑줄은 필자)

144 『광해군일기』권2, 광해군 즉위년 3월 26일(계축).

차자의 내용대로 백성들의 일을 잘 아는 사람 4, 5원을 차출한 뒤 회의하여
마련해서 시행하게 하소서…."[145]

기사의 밑줄 친 부분에서처럼 각 읍의 해묵은 포흠과 긴급하지 않은 공물 등의 폐단을 혁파하기 위해서 '하나의 국'을 별도로 설치하는 방안은 이원익의 차자에서 나온 것이나, 그 논의의 발단이 된 것은 광해군의 비망기였다. 그리고 이 비망기는 사실상 즉위 초 산릉과 조사의 일을 원활히 수행하기 위해 번잡한 민역을 해소하려는 의도에서 발의한 것이었다. 위의 기사를 통해 보듯이 광해군은 조사의 접대를 최우선 과제로 여기고 있었기 때문에 호조, 예조, 병조에서 이에 대한 대책을 마련케 하는 대신, 사신 접대에 동원되는 백성들의 다른 부역을 견감시켜주고자 했던 것이다. 그런데 여기서 주목해야 할 것은 산릉(山陵)과 조사(詔使), 그리고 궁궐의 역사에 있어서 가장 큰 역의 부담을 안고 있었던 지역이 '경기(京畿)'라는 점이다.

조선전기 이래 중앙 및 지방관부에서는 재정운영과 관련된 물산의 수취, 수송 및 각종 공역 등을 각도에 분정하여 민호를 조발하는 방식으로 요역제를 운영하였다.[146] 특히 도성과 그 주변의 영건역에는 지리적으로 가까운 경기·도성의 주민들이 타도보다 자주 동원되었으며, 산릉의 조성과 관리 역시 경기민에게 부과된 고역 중 하나였다. 뿐만 아니라 사신 접대시 도감에서 쓰는 그릇 등 각처에 진배되는 물품도 각도에 분정되었는데, 경기도에 분정되는 숫자가 가장 많았다.[147] 선박 등을 보수하는 수리군이나 중앙관료의 상에 운구를 옮기는 상담군(喪担軍) 역시 경기 각 읍

---

145 『광해군일기』권2, 광해군 즉위년 3월 27일(갑인).
146 윤용출, 1986, 「15·16세기의 徭役制」, 『釜大史學』10, 24쪽 참조.
147 『승정원일기』3책, 인조 3년 3월 26일(갑술).

의 큰 고역이었다.[148]

경기지역은 대명관계에 있어 핵심창구인 서울-의주로(제 1로)가 관통하고 있어서 명사신의 영접 외에 국내 사신의 사행에 있어서도 빈번한 지공(支供)을 부담해야 했다. 여기에 선조 승하 후 의인왕후가 묻힌 유릉 근처에 선조 능[穆陵]을 조성하였지만, 두 달 후 여름 장마로 인해 곡장이 무너지고 사초(莎草)가 말라 능이 훼손되는 사태가 벌어졌다.[149] 감역소를 두어 이를 수보하였지만 이듬해 1월 다시 병풍석이 갈라지고 정자각이 무너지는 문제가 발생하면서 곧바로 개수도감을 설치하고 목릉을 다시 수개하였다.[150]

현존하는 『목릉수개의궤』(奎 13514)를 살펴보면 당시 민력이 어떻게 동원되었는지를 구체적으로 파악할 수 있다. 광해군 원년(1609) 2월 5일 병조와 수개도감에서 상의하여 목릉수개군 800명을 조발하기로 하고, 당초 경기·강원·충청도에 인원을 분정하였다. 황해도의 경우 조사의 행차가 지나는 지역인데다, 수개도감에서 당월 7일 이내로 부역할 수 있는 인접한 도의 연군을 복정하라는 지시가 있었기 때문에 목릉의 수개군을 분정하지 않았다. 이로 인해 상대적으로 부담이 커진 경기지역에는 사신 접응 시 차비군 400명을 감해주는 조치가 취해졌다. 그러나 경기의 산릉 수개역은 이미 선혜청에서 거두는 수미에서 고립하도록 되어 있었기 때문에, 연군 500명을 다시 조발하는 것은 백성들로서는 고역이 될 수 있었다. 이에 경기에 분정된 수개군 500명 중 200명을 황해도에 옮겨주고, 나머지 300명에 대한 역가는 선혜청의 쌀을 지급하도록 분정방식을 바꾸게 된 것이다.[151]

---

148 『승정원일기』 249책, 숙종 원년 10월 5일(기미).
149 『광해군일기』 권7, 광해군 즉위년 8월 17일(신미).
150 『광해군일기』 권13, 광해군 1년 2월 19일(신미).

평안과 해서, 경기지역은 조사가 왕래하는 서로를 끼고 있었기 때문에 민역의 부담이 컸다. 특히 경기는 도성과 인접해 있었기 때문에 요역 징발에 그때그때 부응해야 했다. 이에 경기선혜법 이후 대동미로 잡역의 일부를 고립해 쓰도록 한 것이다. 요컨대, '선혜(宣惠)'라는 명칭에는 방납의 폐단을 개선해줌과 동시에 경기 민역을 견감시켜준다는 중앙의 시혜적 입장이 강하게 반영되어 있다. 그러면 선혜청이 설치되던 즉위년 5월 7일자 기사를 다시 검토하기로 하자.

선혜청을 설치하였다. 전에 영의정 이원익이 의논하기를, "각 고을에서 진상하는 공물이 각사의 방납인들에 의해 중간에서 막혀 물건 하나의 가격이 몇 배 또는 몇십 배, 몇백 배가 되어 그 폐단이 이미 고질화되었는데, 기전의 경우는 더욱 심합니다. 그러니 지금 마땅히 별도로 하나의 청을 설치하여 매년 봄 가을에 백성들에게서 쌀을 거두되, 1결(結)당 매번 8말씩 거두어 본청에 보내면 본청에서는 당시의 물가를 보아 가격을 넉넉하게 헤아려 정해 거두어들인 쌀로 방납인에게 주어 필요한 때에 사들이도록 함으로써 간사한 꾀를 써 물가가 오르게 하는 길을 끊으셔야 합니다. 그리고 두 차례에 거두는 16말 가운데 매번 1말씩을 감하여 해당 고을에 주어 수령의 공사 비용으로 삼게 하고, 또한 일로(一路) 곁의 고을은 사객(使客)이 많으니 수를 더해

---

151 『목릉수개의궤』(奎 13514) 기유 2월 5일, "兵曹啓曰 今者穆陵修改軍本曹分定於京畿江原忠淸等道 而不及於黃海必謂詔使之行京畿亦有詔使之行 而分定之數至於五百名之多不均甚矣 <u>且京畿則山陵修改之役旣在於收未</u>(米 *필자)<u>之中 今又發民則是罔民也 京畿江原忠淸黃海等道均一分定 而京畿則以宣惠廳收米雇立役軍</u> 承傳矣 本曹非不慮此 而當初都監啓辭必以近道軍人卜定初七日內赴役云 故黃海道則不爲分定 而使臣時前後運各差備軍人 京畿所定四百名爲此減除 具由入啓矣 今者諫院啓辭如此 <u>京畿所定通前後煙戶軍五百名內二百名 則移定於黃海道 今月十七日各裏二十日糧差使員領來役所交付事黃海監司處標信一時下諭</u> 宜當其餘京畿三百名依諫院啓辭 令宣惠廳察而擧行 何如 傳曰 允."(*밑줄은 필자)

덜어주어서 1년에 두 번 쌀을 거두는 외에는 백성들에게서 한 되라도 더 거두는 것을 허락하지 마소서. 오직 산릉과 조사의 일에는 이러한 제한에 구애되지 말고 한결같이 시행하도록 하소서."하니 따랐다. 그런데 전교 가운데에 '선혜(宣惠)'라는 말이 있었기 때문에 이 청의 명칭을 삼은 것이다. 의정을 도제조로 삼고, 호조 판서가 부제조를 겸하도록 하였으며, 낭청 2원을 두었다. 이후로 수령이 못된 자일 경우 정해진 법 밖에 더 거두어도 금할 수 없었고, 혹은 연호(煙戶)를 침탈해서 법으로 정한 뜻을 다 행할 수 없었다. 그러나 기전의 전결에 대한 역(役)은 이에 힘입어 조금 나아졌다.[152]

위의 기사에서 이원익의 언급은 사실상 앞서 살펴본 광해군 즉위년 3월 '하나의 국(局)'을 설치하길 청하는 차자에 대응하는 부분이다. 그리고 위 사료의 첫 문장은 이원익의 차자에 대해 중앙 정부에서 '선혜청'을 설치하는 방식으로 대처하였음을 보여주고 있다. 그런데 문제는 선혜청 설치와 직접적인 관련이 없는 산릉과 조사 문제를 함께 거론하면서 이를 예외 조항으로 다루고 있는 점이다. 이는 경기선혜청의 설치가 단순히 경기지역에 분정된 공물납을 개선하는 차원에서 시행된 것이 아님을 보여준다.

광해군은 즉위년(1608) 3월 2일 비망기를 통해 경기지역민들의 공물 납부 과정에서 발생하는 방납의 폐단을 해소시켜줌으로써 한편으로 산릉과 조사역에 경기민을 동원하는 부담을 덜고자 한 것으로 보인다. 그

---

[152] 『광해군일기』권4, 광해군 즉위년 5월 7일(임진), "設宣惠廳 初 領議政李元翼議 以各邑進上貢物爲各司防納人所搪阻 一物之價倍徙數十百 其弊已痼, 而畿甸尤甚 今宜別設一廳, 每歲春秋收米於民, 每田 結兩等例收八斗 輸納丁本廳 本廳視時物價 從優勘定 以其米給防納人 逐時貿納 以絶刁蹬之路 又就十六斗中兩等 各減一斗 給與本邑 爲守令公私供費 又以路傍邑多使客 減給加數 兩收米外 不許一升加徵於 惟山陵詔使之役 不拘此限 請劃一施行從之 以傳敎中有宣惠之語 以名其廳 以議政爲都提調 戶判兼爲副提調 置郎廳二員 <u>是後守令不得人 則法外加收 亦不能禁 或侵及煙戶 不能盡行法意 然畿甸田結之役 賴此少蘇矣</u>."(*밑줄은 필자)

렇기 때문에 초기 선혜청은 민간의 사대동(私大同)을 계승한 의미로서의 대동청이 아닌 왕조정부에서 민간에 은택을 베푸는 이른바 '선혜청'이라는 이름으로 설립되기에 이르렀다. 물론 선혜법을 통해 방납의 폐단이 개선되고 중앙으로 상납되는 정규세원이 조금 증가하였지만, 중앙의 입장에서는 산릉, 조사와 같은 중대한 국역동원의 명분을 꾀한 측면도 간과할 수 없다.

사관의 논평에서 선혜청의 설치에도 불구하고 이후 수령의 가렴과 연호의 침탈을 막을 수 없다고 한 점은 경기선혜법의 또 다른 특징을 보여준다. 경기선혜법은 기본적으로 중앙에 상납할 공물을 '작미(作米)'하여 춘·추분에 각기 8두를 상납하도록 한 조치였다. 이 중 춘·추분 각 1두씩은 각읍 수령이 쓸 공사 비용으로 고을에 남겨두도록 하고 연읍의 경우는 더 많은 수를 고을에 유치하도록 하였으나 경기선혜법은 지방관수를 정액화하지 않은 경대동(京大同)의 성격을 띠었다. 더욱이 선혜청에서 사목을 제정하여 지방에 내려보냈음에도 불구하고 고을 수령 중에는 선혜법을 제대로 이해하지 못하여 전대로 추가 징수하는 관행이 근절되지 못하였다.[153] 이 때문에 수령의 가렴과 연호의 침탈을 막을 수 없다고 한 것이다. 그럼에도 불구하고 경기선혜법은 사관의 마지막 평대로, 경기민의 역부담을 줄여주는데 소기의 성과를 거둔 듯하다. 오히려 선혜법의 폐단을 문제 삼아 폐지론을 제기한 것은 다름 아닌 광해군이었다.

즉위 초 선혜법을 단행한 광해군은 열 달 만에 선혜청 작미(作米)의 일을 다시 의논하라는 전교를 내렸다.[154] 광해군은 선혜법의 시행을 통해 경기의 민역을 줄여주고 방납의 폐단을 개선해주고자 하였으나 각사의 공물과 어공이 원활히 진배되지 못하는 문제점이 예견되자 곧바로 폐지

---

[153] 『광해군일기』 권25, 광해군 2년 2월 22일(무진).
[154] 『광해군일기』 권13, 광해군 1년 2월 5일(정사).

할 뜻을 내비쳤다. 광해군은 흉년이 든 해에 작미의 명이 내려지게 되면 백성들의 부담은 현물을 바칠 때보다 커지게 되고, 중간에 방납하는 자들이 물가를 일부러 교란시키는 문제가 발생한다는 이유를 들어 선혜청 작미를 반대하였다. 결국 경기선혜청은 신료들의 만류로 계속 운영되었으나,[155] 광해군 대에 더 이상 청사의 증설은 없었다.

광해군 2년(1610) 강원관찰사 홍서봉(1572~1645)이 강원도에 '선혜청 작미'가 빨리 시행될 수 있도록 본청에 요청하였을 때에도 광해군은 기전에 시행하는 것은 그래도 괜찮으나, 다른 도에까지 확대 시행하면 분명히 난처한 상황이 벌어질 것이라며 시행하지 말라는 전교를 내렸다.[156] 당시 강원관찰사 홍서봉이 치계한 선혜청 작미의 공사는 바로 강원대동법을 가리키는 것이었다. 그런데 여기서 주목할 점은 광해군이나 강원관찰사 홍서봉 모두 '대동'이 아닌 '선혜청 작미'라는 표현을 쓰고 있는 것이다.

선혜청 작미, 즉 선혜법은 공안에 수록된 공물을 대상으로 각 고을에서 1년간 작미할 수량을 산출한 뒤 토지 1결당 수취액을 고정시켜 거두는 제도를 일컫는다. 공물작미의 경우 중앙의 재정수요에 따라 수취액이 변하지만, 선혜청 작미는 수취액을 정액화하여 백성들이 높은 방납가를 내야 하는 부담이나 현물을 추가 징수하는 고통에서 어느 정도 벗어날 수 있게 되었다.

선혜청 작미의 보다 중요한 특징은 작미의 일정액을 각 고을에 유치시켜 지방관수에 활용케 한 데서 찾을 수 있다. 경기지역은 앞서 살펴본 것처럼 추가징수의 문제가 완전히 해소되지는 못하였지만 경기 각 고을에 봄, 가을 각 1두씩을 유치하여 관수로 활용하게 하였으며 사객이 많

---

155 『광해군일기』 권14, 광해군 1년 3월 5일(병술).
156 『광해군일기』 권35, 광해군 2년 11월 22일(계해).

은 고을은 수를 더 할애해 주었다. 강원도의 경우 사목 작성 당시 토지 1결당 20두의 쌀을 거두고 이 중 5두를 지방관수에 활용하는 안이 제기되었다.157 이처럼 선혜청 작미는 현물공납제의 틀을 전면 수정하는 것이었기에 광해군은 강원도에 확대 시행하는 것에 난색을 표했다. 광해군 6년(1614) 경기선혜법의 효과가 가시화되어 사헌부에서 선혜법을 팔도에 시행하자고 청하였을 때에도 광해군은 경기에서 쌀로 거두는 것이 본청하인들이 교활한 짓을 하는 소굴이 되므로 경솔하게 팔도에 확대 시행할 수 없다는 입장을 표하였다.158 그러나 광해군이 선혜법의 시행에 부정적이었던 보다 근본적인 이유는, 왕실의 어공을 줄이고, 궁가의 절수지를 민결로 회복시키는 등 선혜청의 운영이 왕실재정을 침해한다고 판단하였기 때문이다.

앞서 광해군은 즉위년 3월 비망기에서 공상수를 줄이고 내수사(복호)의 일도 감하겠다고 하였으나 왕실공상을 정비하는 과정에서 대비전의 공상은 사체가 존엄하다는 이유로 당초에 없던 수목(數目)을 따로 마련하

---

157 광해군 2년(1610) 강원관찰사의 馳啓에 따라 선혜청에서 사목을 작성할 당시 내용을 살펴보면, 토지 1결당 총 20두를 거두어 이 중 15두는 중앙에 바치고 나머지 5두는 지방에 유치시켜 진상과 쇄마, 각읍의 관수로 쓰게 하였다. 당시 선혜청은 중앙에 바치는 15두로 항공과 연례별복정, 전세조공물, 其人, 皂隷, 과원 결실, 관상감 월과지 등의 값으로 충당케 하고, 지방에 유치하는 5두는 그대로 본도에 주어 매월의 진상물, 삼명일방물, 各站의 刷馬·積草·擺撥, 각관의 관수, 站路의 支供 등의 비용으로 쓰게 하는 안을 냈다(앞의 기사 참조). (경기)선혜청 사목이 남아 있지 않아 확언하기는 어렵지만, 경상납분과 지방유치분으로 쓰이는 위의 항목들은 경기선혜법에 준하여 정해졌을 것으로 짐작된다. 다만 지방유치분이 봄, 가을 각 1두에 불과하여 지방관수를 모다 해소하기는 어려웠을 것으로 생각된다. 실제로 인조 2년(1624) 삼도대동청에서 광해군 대 경기선혜청의 운영을 평가할 때에도 지방관수에 대한 법령이 완비되지 않아 朔進上·官需·衙料·刷馬 등의 역을 수령이 마음대로 거두는 폐단이 있음을 지적하였다(『인조실록』권6, 인조 2년 8월 29일(신해)).
158 『광해군일기』권80, 광해군 6년 7월 3일(계축).

게 하였으며,[159] 약재진상은 선혜청의 작미로 마련하던 것을 도로 현물진상으로 바치게 하였다.[160] 선혜청에서는 왕실공상품목을 줄이는 단자를 계속 올렸지만, 재위한지 3년(1611)이 지나도록 광해군은 공상물자를 완전히 삭감하지 않고 재가를 계속 미루었다.[161]

내수사 노비의 복호와 궁가의 절수지를 조사하여 수세결로 전환하는 데 있어서도 즉위 초의 입장을 수정하였다.[162] 광해군은 내수사 노비의 복호 문제를 전례에 따라 그대로 인정해주도록 하였고,[163] 궁가 절수지의 문권을 상고하여 허위로 작성한 곳을 본 주인에게 돌려주게 한 공사에 있어서도 내수사에서 국왕의 계하를 받은 사안의 경우 이를 참작하여 절수지의 환급 여부를 결정토록 하였다. 절수지를 인정하는 국왕의 계하가 있으면 궁가에서는 문권의 허위와 상관없이 절수지에 대한 면세 혜택을 그대로 누리게 되는 반면, 선혜청에서 수세할 수 있는 토지실결은 줄어들게 된다. 그렇기 때문에 당시 광해군의 처분은 내수사 겸병의 시초가 되었다는 사론이 붙게 되었다.[164]

이처럼 광해군은 경기선혜법의 시행뿐 아니라 공상품목의 삭감, 내수사 복호 및 궁가절수지의 정비에 있어서도 즉위 초의 입장을 번복하였다. 이에 경기선혜청이 설립된 지 6~7개월이 지난 시점에서 선혜법의 폐단은 조정 내부에서 야기되었다.

---

[159] 『광해군일기』권6, 광해군 즉위년 7월 6일(경인).
[160] 『광해군일기』권26, 광해군 2년 3월 22일(무술).
[161] 『광해군일기』권39, 광해군 3년 3월 29일(기사).
[162] 『광해군일기』권4, 광해군 즉위년 5월 7일(임진).
[163] 내수사 노비는 성종 대(『성종실록』권7, 성종 원년 9월 4일(기묘) 기사 참조) 공물과 전세를 제외하고 요역을 공식적으로 면제받았다(송수환, 2000,『朝鮮前期 王室財政 硏究』, 집문당 377쪽 참조).
[164] 『광해군일기』권9, 광해군 즉위년 10월 14일(무진).

지난번 선혜청을 설치하여 쌓인 폐단을 제거하기에 노력하였습니다. 그런데 안으로 거두는 것에는 복호가 여전히 남아 있고, 천택에는 사패지가 아직도 점유하고 있습니다. 이들 몇 가지 일들은 아마도 사람들의 마음을 흡족하게 하지 못할 것입니다. 옛날의 임금들이 모두 다 처음에는 신중하였으나 오랜 세월이 흐른 뒤에는 더러 차츰차츰 처음보다 못해졌는데, 더구나 시작하는 초기에 맑고 깨끗이 해야 될 무렵에 이런 명령을 내렸으니, 어찌 외인들이 전하의 정사에 의심을 갖고 신들이 전하를 지나치게 걱정하지 않을 수 있겠습니까. 삼가 원하건대, 전하께서는 지극히 공정한 도리를 넓히고 총애하는 사람을 가까이하는 일을 억제하여, 사사로운 일이 사물을 판단하는 데에 끼어들지 않게 하소서.[165]

위의 기사에서 언급한 대로 경기선혜법은 전결의 확보와 공상물종의 견감이 제대로 이루어지지 않은 채로 시행되었다. 여기에 선혜청 설치를 지시한 광해군 자신이 선혜청을 폐지하겠다는 의사를 표명함으로써 전결이 궁가에 잠식당하고 내수사 노비들이 복호가 되어 전세와 부역을 면제받는 상황이 벌어졌다. 16세기 이래 왕실궁가에서는 개간에 참여하여 외방에 절수지를 늘리고 면세의 특혜를 누렸다.[166] 왕실 절수지는 광해군 즉위 초 선혜법이라는 견제장치로 인해 운영 상에 제동이 걸렸음에도 불구하고 광해군의 정책적 배려 속에서 자체적인 증식구조를 형성해갔다.[167] 한편 선혜청 설립 당시 작성된 사목은 광해군의 미온적인 태도로 인해 당초의 내용대로 시행되지 않고 현안에 따라 수정, 변형되었던 것

---

165 『광해군일기』권11, 광해군 즉위년 12월 3일(병진), "向者宣惠設局 務鋤積弊 而内收則復戶猶存 川澤則賜牌尚占 惟此數款事 恐未有以厭服人也 古之人主莫不慎始而既久之後 或未免漸不如初 況當始初清明之際 有此命令 外人之致疑於聖政 臣等之過慮於明主 豈但已也 伏願殿下廓至公之道 抑近倖之習 不使私累留於應物之地…".

166 송수환, 2000, 앞의 책, 293~307쪽 참조.

으로 보인다.[168]

그러면 경기선혜청의 수지구조는 어떠하였을까? 선혜청 사목이 남아 있지 않아 선혜청의 세입, 세출규모를 정확히 파악하기는 어렵지만, 광해군 대 호조판서 황신이 추산한 경기의 전결이 39,000결이었던 점을 감안하면 대동세로 거둘 수 있는 연간 세액은 최대 41,600석이 된다.[169] 이러한 선혜청의 세입은 중앙상납과 지방의 관수에 소용하고 나면 더 이상의 여분을 남기지 않을 만큼 꽉 짜여진 액수였기 때문에[170] 재정부족을 불가피하게 하는 요인이 되었다. 이에 흉년이 들거나 별도의 지출 요구가 있게 되면, 재정상의 타격이 일시에 야기되었다. 경기지역 수령들이 공물가를 제 때에 납부하지 않는 폐단으로 인해 경기선혜청에는 광해군 4년(1612)부터 8년(1614)까지 미납곡식이 1,000석에 이르렀으며, 광해군 12년(1618)에는 비축미가 고갈되어 일부 공가를 지급하기 어려운 상황

---

[167] 여러 궁가에서 절수지를 늘리는 일을 정부차원에서 공식적으로 규제하였던 것은 숙종 대 을해정식이 제정되면서부터이다. 이에 대해서는 박준성의 논문을 참고할 수 있다.(박준성, 1984, 「17·18세기 宮房田의 확대와 所有形態의 변화」, 『韓國史論』 11).

[168] 『광해군일기』 권14, 광해군 1년 3월 5일(병술). 인조반정 직후 궁가에서 점유한 어전과 전장을 폐지하고, 내수사 노비의 복호도 전결에 있어서는 폐지하는 내용의 사목이 별도로 작성되었다. 그러나 왕실재정을 장악하려는 인조 초반의 정책은 인조 6년의 전교를 통해 다시 원상태로 회복되었다.(『인조실록』 권18, 인조 6년 6월 4일(계사)).

[169] * 경기선혜청의 경상납과 본도유치미 구조(출전 :『탁지지』 외편 권10, 貢獻部)

분청	경상납미	유치미
경기선혜청	30,000석	15,300석
용도	25司 공물 및 공상가	營下 官需·使客·대소잡역가

광해군 대 경기도의 대동미 수취율이 결당 16두인 점을 감안할 때, 경상납미와 유치미수는 17세기 전반의 산출량이라고 보기는 어려울 듯하다. 그러나 경기지역의 대동사목이 남아있지 않은 상태에서 18세기에 개정된 경기선혜청의 수세규모를 상대적으로 가늠할 수 있으리라 생각한다.

[170] 『광해군일기』 권152, 광해군 12년 5월 15일(임진).

에까지 이르렀다.¹⁷¹ 그럼에도 불구하고 광해군 8년(1616) 누르하치가 후금을 건국하는 대외 정세의 변화 속에서 선혜청의 작미는 광해군 대 후반 수군의 잡역가와 군량미로 활용되었다. 경기지역의 수군을 선혜청에 소속시키고 그 가포를 받아 각종 잡역가에 사용하도록 하였으며,¹⁷² 또 중앙에 상납하는 대동미를 덜어 보장처인 강화도에 군량미로 비축하였다.¹⁷³ 한편 일시적인 조치이기는 하지만 병조의 요청에 따라 당번군사에게 지급할 쌀을 선혜청에서 지급해주기도 하였다.¹⁷⁴

요컨대, 광해군 대 경기선혜법은 공납제의 폐단을 개선하려는 본연의 취지 외에도, 광해군 즉위 초 경기민에게 과중된 산릉, 조사의 역에 대신하여 여타의 요역을 감해주는 것과 동시에 중앙의 재정수요에 부응하기 위해 시행된 측면이 크다. 그러나 대동법의 후속조치로서 왕실공상을 줄이고, 복호에 수세해야 하는 시행세칙에 대해 광해군이 동의하지 못하는 구조 속에서 선혜청은 대동세를 거둘 전결을 충분히 확보하지 못하는 한편, 공상물자를 제대로 이정하지 못한 채 전례에 따라 공물가를 지출하였다.

문제는 인조반정 이후 대동법의 확대 시행이 좌절을 겪는 가운데, 정부의 간섭을 받지 않는 왕실 사장(私藏)이 계속 늘어나고 있었다는 점이다. 다음 절에서는 인조 대 왕실의 사재정이 늘어나는 양상에 대해 살펴보기로 하겠다.

---

171 『광해군일기』 권113, 광해군 9년 3월 20일(을유).
172 『광해군일기』 권103, 광해군 8년 5월 7일(병자). 명군에 대한 지원과 후금의 침입을 동시에 고려하지 않을 수 없었다. 이에 수도를 방어하기 위한 보장처로서 강화도의 수군 강화방안이 활발하게 논의되었다(송기중, 2016, 『朝鮮後期 水軍制度의 運營과 變化』, 충남대 박사학위논문, 42~46쪽 참조).
173 『비변사등록』 1책, 광해군 9년 11월 2일.
174 『광해군일기』 권100, 광해군 8년 2월 19일(경신).

2. 인조 대 부활하는 왕실 사재정, 비판의 봇물

소위 '반정(反正)'의 명분으로 왕위에 오른 인조는 광해군 대 착수된 인경궁 중건사업을 중단하였으며, 영건·나례·화기도감 등 13도감을 모두 폐지하였다. 이후 인경궁 조성에 쓰인 건축자재를 창덕궁과 창경궁 수리에 그대로 활용하였다. 광해군 대 중앙의 별도 재원을 마련하기 위해 지방에 파견되었던 조도관, 조도사의 직책도 모두 없앴으며, 직을 띤 자들도 대부분 처형시켰다.[175]

한편 재생청을 설치하고 작미사목을 작성하여 4도(강원·충청·전라·경상)의 전결 실수를 조사케 하였다.[176] 또한 각 아문에 진배하는 공물수를 파악하여 물종의 불필요한 지출을 개선하였으며,[177] 복호결의 지급을 줄이고 역가를 지급하는 방식으로 전환하였다. 그러나 양전을 본격적으로 시행하지 않은 상황에서 외방 전결은 광해군 3년(1611) 호조판서 황신이 추계한 총결수를 크게 상회하지 못하였으며, 복호결과 절수지를 감액하였던 조치도 인조 6년 무렵 회복되었다. 재생청을 신설하여 제향과 어공, 진상방물의 수량을 줄임으로써 민력이 조금 펴지는 효과를 거두기는 하였지만,[178] 이괄의 난 이후 각양문서가 산실되어 운영이 중단되었기 때문에 이후 중앙의 지출증대를 현실적으로 통제하지 못하였다.[179]

---

[175] 『승정원일기』 1책, 인조 원년 3월 13일(계묘).
[176] 『인조실록』 권2, 인조 1년 6월 24일(게미).
[177] 『비변사등록』 3책, 인조 2년 1월 17일.
[178] 『비변사등록』 3책, 인조 2년 4월 8일.
[179] 『승정원일기』 16책, 인조 4년 10월 22일(신유).

대신 세입을 확충하기 위해 면세결을 출세결로 전환해달라는 요구가 인조 대 초반 조정신료들에 의해 거세게 일어났다. 인조 3년(1625)부터 조정의 신료들은 왕실궁가와 상급관청에서 절수하는 토지에 대해 호조에서 수세할 수 있도록 요청하는 계를 올렸다. 인조 3년(1625) 당시 조익(趙翼, 1579~1655)은,『경국대전』제전조(諸田條) 상에, "관둔전, 마전, 원전, 진부전, 빙부전, 각 능의 수릉군전, 국행수륙전, 제향에 제물을 공급해 올리는 각사의 채전, 내수사전, 혜민서의 종약전은 모두 세금이 없고, 그 밖의 직전, 사전(賜田)은 조세를 초가(草價)와 함께 경창에 바친다."는 조항을 근거로, 전에 내수사전이었다고 하더라도 궁가들에 사패하였으면 법률상 당연히 세금을 받아야 하며, 더구나 궁가와 각아문들이 매입한 전토를 내수사에 속하였다고 핑계대고서 세금을 면제받는 일 역시 있을 수 없는 일이라 하여 호조에서 수세할 것을 요청하였다.[180]

인조는 처음에는 그렇게 해온 지가 이미 오래되어 갑자기 고치기 어려울 것 같다며, 이를 받아들이지 않았으나 이듬해 이민성이 호조의 뜻으로 다시 계청하자, 각 아문의 소속 면세전에 대해서만 전세와 초가를 거두도록 전교하였다.[181] 이때 이민성이 각도의 전안(田案)을 상고하여 파악한 면세결은 훈련도감 둔전 630결, 충훈부 절수전 335결, 비변사 소모진의 전지 84결, 성균관 절수전 268결, 기로소전 23결, 사복시전 395결, 서원전 109결, 학위전 253결로 모두 2,090여 결에 달했다.

정언 성여관 역시, 각 아문과 여러 궁가에서 분점하여 사실상 사장화된 선척과 연분, 어장에 대한 수세 조치를 인조에게 요구하고 나섰다.

"산림과 천택에서 얻는 이로움을 백성들과 함께 나누는 것은 바로 왕정(王

---

[180]『승정원일기』9책, 인조 3년 10월 21일(병신).
[181]『승정원일기』12책, 인조 4년 3월 26일(기사).

政)의 급선무입니다. 그런데 근래에 나라의 기강이 해이해져 사람들이 법을 두려워하지 않아 강이나 바다에 있는 어장과 포구의 경우 각 아문과 여러 궁가가 분점하여 자기 것으로 삼고는 지나가는 배마다 일일이 세금을 거두고 있습니다. 상인들의 고통 어염의 품귀는 주로 여기에서 말미암는 것이니, 오늘날 혁파하지 않아서는 안 될 고질화된 병폐입니다. 우리나라의 어염 생산은 세상 어느 나라도 미칠 수가 없는데, 한 해에 거두어들이는 세금은 100곡(斛)도 채 안 되어 매일 상공하는 것도 오히려 벅차다고 하고 있으니, 감히 어염으로 부를 축적하기를 바랄 수 있겠습니까. 지난번 탁지를 맡은 신하가 차자를 올려 낱낱이 개진한 것은, 경아문과 여러 궁가 및 감영, 병영, 수영에 소속된 것들로 하여금 먼저 표를 받고 해조에 납세하도록 하기 위한 것이었습니다. 이것이 비록 병폐의 근원을 완전히 제거할 만한 조처는 아니지만, 약간 변통을 가하여 목전의 위급만이라도 풀어 보고자 하는 것이었습니다. 그런데 성상의 비답은, 여러 궁가에 소속된 선척과 어염에 대해서는 세금을 거두지 말라고 하교하시니, 전하께서 비록 여러 궁가를 후히 대하고자 하시나, 사사로움이 없어야 하는 왕자의 도리를 손상시키지 않겠습니까. 사여와 절수가 비록 한때의 사은(私恩)에 관계된 것이라 해도 그 여파가 이와 같으니, 어찌 조종조의 본의이겠습니까. 해조로 하여금 각 아문과 여러 궁가가 함부로 점유한 선척, 염분, 어장을 조사하여 전수를 국가에 환속시키도록 함으로써 경비를 충당하소서."[182]

그러나 인조의 대답은 회의적이었다. 주지하다시피 17세기 이후 국왕의 비호 아래 왕실 궁가에서는 무주지(無主地)를 개간하는 것은 물론 민전을 침탈하면서까지 절수지를 늘리고 있었으며, 토지뿐 아니라 어전(漁

---

[182] 『승정원일기』 10책, 인조 3년 11월 24일(기사).

箭)과 해택(海澤)에까지 절수의 범위를 확대해가고 있었다. 직전법이 폐지된 이후 국왕의 친족에게 지급하던 직전(職田)이 사라진데다가, 임란의 후유증으로 전토가 유실되어 궁방에서 경비를 충당할 재원이 부족해지자 궁방의 절수지 문제는 17세기에 가시화되었다.[183] 이에 조정의 신료들은 국왕에게 궁중과 부중이 하나라는 논리[宮府一體]로, 내시부의 계하공사를 승정원을 통해 처리하도록 청하는 한편,[184] 궁가의 불법적인 절수를 금하고, 내수사 혁파를 인조에게 계청하였다. 인조는 경연에서 내수사의 폐해를 아뢰는 지경연 정경세(鄭經世, 1563~1633)와 특진관 장유(張維, 1587~1638)에게 자신의 견해를 다음과 같이 피력하였다.

"오늘날 말하는 자들은 모두 '내수사는 임금의 사사로운 재산이니 이는 공정한 도리가 아니다.'라고 하지만 내 생각은 그렇지 않다. 조종조에서 설치한 의도는 반드시 그럴 만한 이유가 있다. 대체로 궁중에 재물을 비축하는 곳이 있어야 임금이 낭비하는 걱정을 면할 수 있다. 임금이 만약 절약하는 의리에 어두워 유사가 관리하는 재물을 남용한다면 그 해가 필시 민생에 미칠 것이다. 지금 이 내수사는 털끝만큼도 백성의 힘을 빌지 않으면서 나라에 도움이 되는 것이 적지 않으니 또한 제왕의 낭비도 막을 수 있는 것이다."[185]

인조의 언설은 사실상 궁중과 부중이 일체라는 논의를 부정하는 것이었다. 인조는 국왕이 사재를 운영해야 국가재원의 낭비를 막을 수 있다

---

183 박준성, 1984, 「17·18세기 宮房田의 확대와 소유형태의 변화」, 『韓國史論』 11.
184 『승정원일기』 1책, 인조 3년 7월 17일(계해).
185 『인조실록』 권23, 8년 10월 20일(을축), "上曰 今之言者 皆以爲 內需司乃人主之私藏 大非公正之道 予意則不然也 祖宗朝設置之意, 必有所在 蓋宮中有蓄財之地然後 可免人君浪費之患矣 人君若昧於撙節之義 濫用有司之財 則其害必及於民生也 今此內需司 一毫不借於民力 而國之所資者非細 亦可以防帝王之濫費矣."

는 입장이었다. 이에 인조 대 궁가의 불법적인 절수와 내노비에게 지급하는 복호의 문제는 신료들의 끊임없는 문제제기에도 불구하고 국왕의 비호 아래 17세기 내내 별다른 개선을 보이지 못하였다.[186] 다만 현종 3년(1662)에 대군과 공주, 왕자와 옹주에게 지급되는 면세결의 규모가 정해지고 이듬해 면세결 규모가 다시 한 번 감축되는 조치가 있었을 뿐이다.[187] 아래의 기사를 살펴보자.

> 국가가 옛제도를 그대로 따르면서 각전은 모두 사장(私藏)이 있었다. 국왕에게는 내수사가 있고 대왕대비·왕대비·중전은 각기 사유의 내탕이 하나씩 있었으니 수진궁·어의궁·명례궁 등속은 혹 후사가 없는 왕자의 집안재산이거나 혹은 대왕 잠저 때의 가재(家財)라 하여 별도로 1개의 궁호를 정하고 그것을 각전에 분속시켜 사재로 삼아 환관이 주관하였다. 친척들에 베푸는 은택이나 법외의 수용은 모두 거기에서 나온 것이다. 그 후 날로 증가하여 토지를 광활히 취하고 약탈하며 간악한 백성들을 모집하였으나 주현은 감히 물을 수 없었고 법관(法官)도 금할 수 없었다.[188]

위의 기사를 통해 현종 대까지 각 전·궁의 사재정이 국왕의 묵인 하에

---

[186] 『승정원일기』 6책, 효종 즉위년 11월 26일(신사), "答曰 內奴復戶之規 始自國初 曾在壬子之亂 亦不革罷 以至于今 斜付之役 則依諸上司勿論似當 陳告則諸各司國中同然之規 惟在公正辨別而已 何必獨於一司而專廢之乎 凡政 自有巨細之殊 內司公事之出納政院 尤未妥當矣 田地立案及免稅事 已諭勿煩."
『승정원일기』 316책, 숙종 12년 6월 19일(신미), "持平韓聖佑啓曰…今日欲爲變通之擧 實爲壬子以後廣占之弊 而旣許於對大臣之際 旋改於處燕安之時 則公私彼此 非但有乖於宮府一體之義 傳播遠近 實有一言興喪之幾 揆以義理利害 所關非細 請明禮壽進於義 龍洞明安公主房折受處 竝令 體直正 新除授執義李后沇 時在公洪道忠原地 請斯速乘馹上來事 下諭 答曰 不允."

[187] 박준성, 1984, 앞의 논문, 205쪽.

[188] 『현종개수실록』 권9, 현종 4년 9월 5일(기사).

용인되고 있었음을 짐작할 수 있다. 그러나 이러한 왕실사장에 대한 조치는 숙종 대 반포된 「을해정식(乙亥定式)」을 계기로 새로운 계기를 맞이하게 되었다.

숙종은 궁가에서 주인없는 땅이나 황무지를 개간해 절수하던 관행을 금지시키는 한편, 기존의 궁방이 지닌 절수지 규모도 200결 이하로 제한시켰다. 새로 궁방을 신설할 경우 정부에서 일정액을 지원해주어 토지를 매입하게 했으며, 현지 사정상 토지 매입이 여의치 않을 경우, 백성의 토지에 수세할 수 있는 권한을 부여해주었다. 이것이 「을해정식」의 핵심 내용이다.

「을해정식」은 '을병대기근(1695~1699)'이라는 초유의 재난 상황을 타개하기 위한 국가적 대응노력의 하나로 제정되었지만, 이후 왕실의 사재정을 통제하는 기준점으로 작용하였다.

3. 숙종 대 을해정식과 경자양전의 한계

숙종 21년(1695) 「을해정식」을 통해 궁방 절수지 등의 면세결을 제한하고[189] 삼남지역을 대상으로 양전[庚子量田]을 시행함으로써 숙종 46년(1720)에는 약 140만 결까지 전결수를 확보하였다. 그러나 전결총수가 늘어났다고 하더라도 이것이 곧바로 세입으로 연결되지는 않았다. 경자양전 후에도 갑술양전 때와 마찬가지로 늘어난 전결수 만큼 곧바로 과세할 수 없었다. 새로운 양안에 파악된 실결수가 불균하여 가난한 백성들의 원망을 사고 있으므로 당분간 옛 양안을 사용하고, 대신 경장양안에서 잘못 판정한 진결과 시기결을 이정해야 한다는 논의가 경종 대까지 이어졌다.[190] 여기에 17세기부터 누적돼 온 궁방절수의 문제는 을해정식(1695)이 제정된 이후에도 국왕의 보호 아래 줄어들지 않고 있었다. 물론 국왕과 왕실가족의 공상을 줄이고, 내탕을 진휼자금으로 내어놓는 조치가 간헐적으로 행해지기는 했다.

숙종은 대내에 보관된 구리와 은을 내어 진휼청 자금에 보태었으며, 양 대비전의 내탕인 명례와 수진궁, 그리고 중궁전의 내탕인 용동궁에도 진휼자금을 출연시켰다.[191] 숙종 9년(1683)에는 근래 진휼자금으로 내탕

---

189 박준성, 1984, 「17·18세기 宮房田의 확대외 所有形態의 변화」, 『韓國史論』11; 송양섭, 2008, 「숙종조의 재정·부세정책」, 『韓國人物史研究』9 참조.
190 염정섭, 2008, 「숙종대 후반 量田論의 주이와 庚子量田의 시행」, 『조선후기 경사양전 연구』, 혜안.
191 『숙종실록』권7, 숙종 4년 6월 23일(임진); 『숙종실록』권13, 숙종 8년 12월 19일(임진); 『숙종실록』권14, 숙종 9년 1월 21일(계해).

을 계속 내어주어 더 이상 획급해줄 것이 없다는 숙종의 볼멘 소리가 나올 지경이었다.[192] 그러나 왕실사재를 덜어서 진휼에 보태는 조치는 일시적인 것이었을 뿐, 궁방전의 경영과 내탕의 운용은 경외관료의 지속적인 견제에도 불구하고 19세기까지 일정 규모 이상 유지되었다.[193]

한편 숙종 대 말 경자양전을 통한 실결의 확보는 곧바로 중앙의 세수 증대로 이어지지 못하였다. 오히려 경자양전 이후 수세할 수 있는 시기결수는 영조 대 중반까지 62,000결 가량 줄어들었다.[194] 반면 선혜청과 호조 모두 지출규모는 늘어나는 추세였다. 이에 18세기 전반 공물가를 줄여주는 공가재감의 원칙이 유지되는 가운데, 공물가 지출방식에 있어서 변화가 나타났다.

영조 원년(1725) 삼남에 기근이 들자 중앙에서는 이듬해(병오, 1726)에 소용할 어공 및 각사 공물을 줄이되, 공물가 역시 1/10로 줄이는 조치를 취하였다.[195] 숙종 42년(1716)에 작성된 병신별단에 이어 영조 원년(1725)에 작성된 재감별단은 모두 흉년이 들어 왕실과 정부관서의 경비를 줄이기 위한 목적에서 작성되었지만, 공물의 종류와 수량을 줄이는 대신, 제반 공물가를 1/10로 줄임으로써 공물조달을 책임지는 공인들에게 경비의 부담을 전가하는 문제를 야기하였다. 아래의 기사를 살펴보자.

"금년의 삼남 재황(災荒)은 유달리 심하여 어공 이하 모든 물종을 경술·을해

---

192 『숙종실록』권14, 숙종 9년 1월 25일(정묘).
193 조영준, 2008, 『19世紀 王室財政의 運營實態와 變化樣相』, 서울대 박사학위논문.
194 경자양전의 결과 8도의 전결은 모두 139만 5,333결에 달하였으며, 이 수치는 갑술양전의 89만 5,489결보다 7만 6,482결이 늘어난 수치였다. 더욱이 稅收의 양이 가장 많은 삼남지방의 시기결수가 두 배 가까이 늘어났다. 그런데 경자양전으로 증가한 삼남의 시기결수는 영조 20년(1744) 무렵에는 62,000여 결(약 9%) 가량이 줄어들고 있었다. (오일주, 1992, 「조선후기 재정구조의 변동과 환곡의 부세화」, 『역사와 실학』3, 64~65쪽; 송찬섭, 2000, 「숙종대 재정 추이와 경자양전」, 『역사와 현실』36 134쪽 참조.)

두 등록을 참고하고 첨삭하여 별단으로 재가를 받기로 이미 결정을 보았습니다. 그 등록을 상고해보니 경술·을해 양년에는 각항 공물을 물종도 감하고 거기에다 또 분수(分數)도 감하였으나 병신년에는 물종은 감하지 않고 가미(價米)의 10분의 1만 감하였습니다. 근년 이래로는 나라의 역사가 겹쳐서 원공 외에 더 지출한 수량은 모두 호조에서 별도로 구입하였는데[別貿] 그 수량이 원공보다 더 많을 때가 있었습니다. 또 지금은 국휼의 3년 이내라서 물종의 수요가 전보다 방대합니다. 그러니 지금 만일 물종을 재감한다면 앞으로 진상할 각항 물종이 낭패를 볼 것이고 **호조의 경비도 생각지 않을 수 없습니다.** 그러므로 병신년의 예대로 다만 가미의 10분의 1만 감하고 각사 중에서 선혜청·호조·병조 및 호조 소속 각 아문의 용도를 모두 병신년의 예대로 재감하며, 병신년 이후에 복구되지 않은 것도 모두 종전대로 재감하는 것이 마땅하겠으므로 이에 준하여 별단에 써 올립니다…."196

---

195 『비변사등록』78책, 영조 원년 12월 27일, "各司貢物及用度 自丙午正月 至十二月 依丙申年例 裁減別單 宣惠廳貢物一年受價米都以上<u>二十萬七千一百六十九石三斗三升內</u> 各宮所納物膳價 各房需需價 以本米進排 以上不入減分中 兩醫司人蔘·鷹師·漁夫歸厚署廣板拘皮塵物 使臣求請價 站船格糧 以以以價廉 不入減分中 三名日皮物 今秋因特教姑減 京營三名日進上雉鮮等物 乙酉因禮曹別單 限明秋姑減事 付籤啓下 時未復舊 以上不入減分中 襦衣價 以本木 直送備局 鉛丸·火藥價 以米直送常平廳 以上不入減分中 皁隷料米 計日上下 故不入減分中 江原·京畿兩廳貢物中乙亥裁減時 不爲擧論者 今番不入減分中 以上不減米<u>四萬二千六百二十四石十三斗三升除</u> 實米十六萬四千五百四十四石五斗內 減十分之一米一萬六千四百五十四石六斗五升 司宰監外方直上納乾秀魚一百尾價米五十三石五斗 工曹山猪皮三張價米六石 禮賓寺大麥二價米二石 真荏二石價米八石 川椒二斤價米十斗 以上五種價米七十石 有元貢無進排 竝姑減 <u>都合減米一萬六千五百二十四石六斗五升</u>…(*밑줄 강조는 필자)"

196 『비변사등록』78책, 영조 원년 12월 27일, "司啓辭 今年三南 災荒特甚 御供以下百物 取考庚戌乙亥兩謄錄 添刪別單啓下事 旣已定奪矣 取考則庚戌乙亥兩年 各項貢物 旣減物種 又減分數 丙申年則不減物種 只減價米十分之一矣 近年以來 國役稠疊 元貢外加用之數 皆自地部別貿 而別貿之數 有加於元貢 且今方仕國恤三年之內 物種需用 比前浩多 今若裁減物種 則前頭應進排各種 又將狼狽 地部經費 亦不可不念 依丙申年例 只減價米十分之一 各司中宣惠廳戶兵曹及戶曹所屬各衙門用度 竝依丙申年例裁減 而丙申年後未復舊者 皆令仍減 宜當依此別單書入…"(*밑줄은 필자)

인용문에서 경술년과 을해년은 각각 대기근의 시작점인 현종 11년 (1670)과 숙종 21년(1695)에 해당한다. 경술년과 을해년에는 공물 물종과 공물가를 함께 감하였으나 병신년에는 공물가만 1/10을 줄였다는 것이다. 을사년 별단을 작성할 당시 중앙에서 추가로 지출할 공물·역가가 늘어나 선혜청의 원공수만으로 부족하기 때문에 병신년의 예대로 공물가 1/10만 재감하자는 비변사의 보고가 올라오고 있었다. 물종수를 재감할 경우 왕실공상이 제대로 진배되지 못할뿐더러 선혜청의 공물가를 줄이게 될 경우 직접적인 타격을 호조에서 입게 된다는 것이 주요 명분이었다. 이에 을사년 재감별단도 병신별단과 동일하게 공가 1/10을 분수재감하는 방식으로 작성되었다. 을사별단에 기재된 선혜청의 공물가 지출 총액과 재감 공물가액을 살펴보면 다음과 같다.

〈표 Ⅱ-1〉 을사년(1725) 재감별단 내 선혜청 공물가 및 재감공물가

재감 근거 항목	재감 수치 내역	해당 공물물종
선혜청공물 일년 지출 공물가 총액(ⓐ)	207,169석 3두 6승	
재감 예외 항목가(ⓑ)	−42,624석 13두 3승	※ 1. 각궁에 상납하는 물선가와 각방의 제수가는 본미로 지급하여 줄이지 않음. 2. 양의사 인삼, 응사, 어부 귀후서 광판, 구피전방물, 사신 구청가, 站船격군의 양미는 값이 적으므로 줄이지 않음. 3. 삼명일물품은 특교로 잠시 줄임. 4. 경기감영 삼명일진상 치선 등 물종은 을유년 예조별단에 의해 임시 줄인 것이 미복구됨 5. 수의가는 木으로 비변사에 상납함. 6. 연환, 화약가는 상평청에 상납함. 7. 조예의 료미는 날마다 계산해줌. 8. 강원·경기 양청 공물 중 을해년 재감할 때에도 언급하지 않은 물종은 줄이지 말 것.
차액가(ⓐ-ⓑ)	= 164,544석 5두	
공물재감가(ⓒ)	= 16,454석 6두 5승	(공물가 - 예외항목가)×1/10
원공에 있으나 진배하지 않는 물종(ⓓ) (有元貢無進排)	+ 70석	1. 사재감 외방상납 건수어 100마리 2. 공조 산돼지가죽 3장 3. 예빈시 대맥 2석 4. 참깨 2석 5. 초피나무(川椒) 2근
공물가 재감미 총액(ⓒ+ⓓ)	= 16,524석 6두 5승	

선혜청 공물가 지출총액에서 재감예외항목가를 제한 후 이를 1/10 분수재감한 금액에, 원공에 있으나 진배하지 않는 물종가를 더하면 재감 공물가액이 산출된다. 영조 2년(병오, 1726)에 지출될 선혜청 일년 공물가 총액은 207,169석 3두 5승이며, 이 중 공물가재감 총액은 16,524석 6두 5승으로 모두 병신년의 액수[공물가 지출 총액 180,782석 6두 3승 / 공물가 재감 총액 15,909석 3두 5승]보다 늘어나 있다. 여기에 재감 예외항목가의 경우에도 병신년[21,691석 1두 2승]에 비해 두 배 정도로 증가하였으며 [42,624석가량], 물종 또한 차이를 보인다.

병신별단에서 재감 예외 항목가 중 1. 각궁에 상납하는 물선가[各宮所納物膳價]는 을사년 별단에서 1. 각궁에 상납하는 물선가와 각방의 제수가[各宮所納物膳價各房祭需價]로 바뀌어 있으며, 5. 비변사에 상납하는 수의가나 6. 상평청에 상납하는 연환·화약가, 7. 조예의 요미와 8. 경기, 강원청 공물은 '반드시 (공물가를) 지급해야 하는' 물종으로 첨입되어 있다. 나머지 물종의 경우 값이 적거나 이미 줄인 항목이므로 재감 공물가액의 증가에 큰 영향을 미치지 않고 있지만, 앞서 말한 1, 5, 6, 7, 8 항목은 공물가를 지급하여 반드시 상납해야 하는 물종으로 을사별단에 첨입되어 있다. 특히 1의 항목은 선혜청의 쌀로 지출한다는 내용 외에 단서조항이 전혀 없다. 이는 공물재감 상황에서도 가장 안정적으로 확보해야 하는 물종이라 할 수 있는데, 두 별단 모두 왕실공상으로 범위를 좁혀 명시하고 있다. 이는 공물재감 정책 속에서 왕실경비의 중요성을 강조한 조치로 이해된다.

요컨대, 을사년 재감별단에는 선혜청의 공물가 지출 총액이 2만석 가량 증가하였으며 재감 예외 항목가 역시 4만 2천여 석으로 병신별단보나 약 두 배가량 증가하였다. 즉, 병신별단이 작성되고 10년 사이에 선혜청의 공물가 지출총액은 증가하였으며, 공가재감에 영향 받지 않고 예외 항목도 늘어나 있었다. 그러면 이러한 공물재감 정책의 변화가 선혜청의 지출에 어떻게 반영되고 있었을까? 선혜청의 지출양상을 시계열로 파악할 수 있는 자료가 없기 때문에, 두 별단의 정보와 19세기 재정자료를 바탕으로 숙종 대와 영조 대 선혜청의 지출 규모를 대략적으로 살펴보면 아래 〈표 Ⅱ-2〉와 같다.

〈표 Ⅱ-2〉 숙종 대, 영조 대 선혜청의 지출증가 양상

연도구분	숙종 대 지출액(A)	영조 대 지출액(B)	증감 액수(A<B)
숙종 43년	180,782석		
영조 2년		207,169석	+26,387석
최다년	255,675석	274,542석	+18,867석
중중년	199,797석	252,030석	+52,233석
최소년	162,816석	231,486석	+68,670석

* 출전 : 『경외요람』(국립중앙도서관 소장본, 14~15쪽), 『비변사등록』 병신·을사별단.
** 『경외요람』 상에 米·木·錢을 作米價로 환산해 놓았기에 그대로 기재하였다.

〈표 Ⅱ-2〉에서 숙종 대 선혜청의 지출액은 가장 적은 해에는 작미가 총액이 162,816석으로, 가장 많은 해에는 255,675석으로 나타난다. 이에 반해 영조 대 선혜청의 지출액은 작미가 총액이 가장 적은 해에는 231,486석으로, 가장 많은 해에는 274,542석에 달하였다. 평년을 기준으로 두 왕대의 지출규모를 살펴보면 영조 대에 52,233석 가량 증가하였다. 병신별단 상에 선혜청의 지출총액으로 집계된 180,782석 가량은 〈표 Ⅱ-2〉에 최소년과 중중년 사이에 드는 규모이다. 반면 을사별단에 집계된 선혜청의 지출총액은 최소년에도 못 미치는 207,169석 정도로 나타났다.

영조 대 선혜청의 세출이 이처럼 늘어난 상황에서 공물가 재감예외항목 또한 많아진 이유는 무엇일까? 이에 대해서는 을사별단의 내용에서 그 실마리를 찾을 수 있다. 병신별단에서는 흉년으로 각사의 공물이 조폐한 점만을 지적하였던 데 반해, 을사별단에서는 전반적으로 늘어난 중앙의 재정 수요를 충당하기 위해 공물 물종을 줄일 수 없다는 입장을 분

명히 하고 있다. 앞서 인용문에서 '호조의 경비도 생각지 않을 수 없다'고 한 지적이 이와 관련된다. 실제 을사별단에서 재감한 공물가는 호조의 경비로 활용되었다.

영조 8년(1732) 호조판서 김재로(1682~1759)는 강화에서 옮겨오기로 한 곡식이 경기 각 읍에 진휼곡으로 이전되자, 관서곡과 선혜청의 미곡을 이전해주기를 계속해서 요구하고 나섰다. 이때 우의정 서명균(1680~1745)이 호조에서 전부터 재정이 부족할 때마다 선혜청의 재원을 변통하여 썼는데, 금년에는 세입이 전과 같지 않아 지출이 부족할 듯 하다는 부정적인 견해를 표하였다. 김재로는 현재 선혜청에 보관된 1만여 석의 곡식은 관서곡의 가승조(加升條)이므로 원공물가라고 할 수 없기 때문에, '을사년 예'에 따라 호조로 이송해달라는 요청을 하였는데도 선혜청에서 이 말을 따르지 않고 있다고 반박하였다.[197] 여기서 을사년 예란 재감된 대동세의 이전을 의미한다. 호조의 경비가 늘어나면서 호조와 선혜청간의 재정마찰은 이후에도 계속되었다. '별무'는 이러한 호조의 경비증가와 재정마찰의 주된 요인이 되고 있었다.[198]

앞의 인용문에서 '근년 이래 역사가 겹치고, 국휼이 있은 지 3년 이내여서 중앙의 수요가 전보다 방대하고, 호조에서 별무하는 것이 원공보다 많을 때가 있다'고 지적한 것 역시 이러한 맥락에서 이해할 수 있다. 즉 선혜청의 원공가로 중앙의 소비물품을 감당할 수 없게 되자 호조에서 별무의 형태로 필요한 물품을 구매하는 관행이 확대된 것이다.

대동법이 시행되기 전에는 중앙에서 필요로 하는 현물과 노동력을 분

---

197 『비변사등록』 92책, 영조 8년 12월 10일.
198 오일수는 『승보분헌비고』와 『만기요람』을 분석하여 호조의 지출현황을 개관하면서 효종 대에서 숙종 대까지는 지출보다 수입이 많았던 반면, 영조 대에는 오히려 지출이 수입을 약 20% 초과하고 있어서 호조의 재정수지가 크게 악화된 것으로 보았다.(오일주, 앞의 논문, 68쪽 참조.)

정하여 그때그때 차출하면 되었지만, 이것이 대동세로 전환된 후에는 왕실, 각사에 진배하는 공물가와 역 동원의 비용을 선혜청에서 부담해야 했다. 그러나 선혜청에서는 사목에 정해진 각사 원공 외에는 사실상 지출원칙이 정해져 있지 않았고, 가정공물가에 대한 부담이 늘면서 사신행차나 국휼 시 발생하는 추가경비는 호조에서 감당할 수밖에 없었다. 이에 호조에서는 원공가보다 낮은 가격으로 시중에서 물품을 구입해 들이는 방식을 취하였다.[199] 만약 선혜청의 원공이 제대로 진배되지 않을 경우 부족한 공물수를 채워야 하는 호조의 부담은 더 커지게 되었다. 그렇기 때문에 물종수와 공물가를 함께 줄였던 경술·을해년의 등록 대신 공물가만 줄인[分數裁減] 병신별단을 전례로 하여 원공물수의 감소를 막은 것이다. 또한 안정적으로 공급받아야 하는 물종에 대해서는 재감 예외항목 내에 포함시켜 두었다.

경종 대 내내 흉년이 잇따라 각도 세입이 줄어든데다가, 잦은 사행 및 칙행에 따른 외교비용이 증가함으로써 호조의 경비부담은 몇 년 사이에 크게 증가하였다. 경종 즉위년에는 호조에 비축된 쌀과 포목이 크게 줄자, 사행역관에게 대여해주는 은자 1만 5천 냥을 만 냥으로 줄여 지급하였다.[200] 경종 2년(1722) 12월 청의 강희제가 죽고, 이듬해 초 옹정제가 즉위하면서 경종 3년(1723) 당해에만 칙행이 다섯 차례가 있었으며,[201] 경종 4년(1724)의 경우에도 칙행 5번과 사행 4번이 행해졌다. 이에 경종 3

---

199 호조는 이미 전 시기부터 공물아문의 관리하는 한편, 각사공물이 부족할 경우 시전을 통해 소요물품을 구입해들이는 역할을 하였다. 광해군 초반 각사가 조폐한 상태에서 分戶曹가 임시로 사신접대물품을 구입해들였으며,(1장 참조) 인조 대 이후 분호조가 폐지되고 대동법이 확대 시행되는 과정에서 호조 역시 공물조달 업무에 점차 개입하기 시작하면서 別貿가 호조의 공식 업무로 정착되기에 이른 것이다.
200 『비변사등록』 73책, 경종 즉위년, 7월 19일.
201 『비변사등록』 74책, 경종 3년 5월 2일, 3일. 이때 칙행이 반 년 동안 벌써 세 번에 있었다는 말이 나오고 있었다.; 9월 1일; 경종 4년 1월 2일.

년 정월, 호조에서는 칙사 방문을 앞두고 금위영과 어영청에서 은자 1만 5천 냥을, 어영청에서 2만 냥을 빌려 쓰고 있었다.[202] 호조 역시 외교비용의 과다한 지출로 호조소관 공물가를 공인들에게 제 때에 지급해주지 못하였고,[203] 이로 인해 각사 공물이 탕패해진다는 지적이 나오고 있었다.[204] 호조에서는 선혜청의 재원을 끌어 쓰고자 하였으나 경종 말년 선혜청의 재정 역시 호조에 비해 조금 나은 수준일 뿐 지탱하기 어려운 상황이었다.[205] 이러한 재정부족 상황은 영조 즉위 초에도 계속 이어지고 있었다.

영조 원년 공물재감 별단이 작성되고 난 이듬해 호조에서 계산한 전세의 수조 총계는 6만석으로 예상되었으며, 노비공목 역시 2천동에서 1천여 동으로 줄어든 상태였다.[206] 영조 4년(1728)에는 무신난을 진압하는 과정에서 국청과 군사비용의 지출이 늘어나 관원의 녹봉과 군사의 방료로 지급할 쌀마저 부족한 사태에 놓였다.[207] 그럼에도 영조 대 초반까지 호조와 선혜청 모두 경비지출 규모는 줄어들지 않고 있었다. 이처럼 세입부족이 매해 지속되는 상황에서 중앙정부는 늘어난 경비규모를 어떻게 유지하고 있었을까?

첫 번 째로, 정부에서 가장 많이 활용한 방식은 각 청간의 재원을 이획해 쓰는 것이었다. 숙종 대 후반부터 호조에서는 평안도의 비축 재원을 끌어 쓰기 시작하였다. 변방의 위기가 잦아든 상태에서 평안도에 회록한 전세·수미를 중앙 재원에 활용하기 시작한 것이다.[208] 한편 선혜청의 재

---

[202] 『비변사등록』74책, 경종 3년 1월 3일.
[203] 『비변사등록』74책, 경종 3년 4월 8일.
[204] 『비변사등록』74책, 경종 3년 12월 28일.
[205] 『비변사등록』76책, 경종 4년 7월 24일.
[206] 『비변사등록』79책, 영조 2년 2월 1일.
[207] 『비변사등록』84책, 영조 4년 10월 13일.

원을 진휼자금 조성과 군향의 보충, 호조의 추가경비로 활용하였다. 대동법 시행 이후부터는 선혜청에서 가장 많은 규모의 미·포를 관리하고 있었기 때문이다. 이에 영조 대 후반부터 '대동작지목'과 '이획대동미'를 호조 판적사에 가입(加入)하는 조항이 항식화 되었다.[209] 둘째는, 다음 해 예산을 끌어 쓰는 방식을 들 수 있다. 이는 호조와 선혜청에서 공물가 부족이 예상될 때 취하는 방법이었다. 그러나 재정 절감에 가장 손쉽고 효과적이었던 방식은 셋째, 공인에게 과외 별역을 부과하는 것이었다.

요컨대, 지금까지의 논의를 바탕으로 18세기 전반 중앙의 재정부담 요인을 세입과 세출면에서 정리하면 다음과 같다. 우선 세입면에서 살펴볼 때, 전세와 대동세를 늘리려면 출세 실결(세를 거둘 수 있는 토지 실결수)이 늘어나야 한다. 숙종 대 「을해정식」의 제정과 경자양전의 시행은 이러한 측면에서 사적으로 점유된 궁방의 면세결수를 제한하고, 은루결을 추가로 파악하여 출세 실결수를 늘이려는 조치였다. 그러나 연이은 기근과 전염병으로 전세수입을 안정적으로 확보하는데 곤란을 겪었으며,[210] 경자양전 이후 삼남의 시기결은 영조 대 전반 오히려 줄어들고 있었다. 또한 궁방의 면세지 역시『을해정식』이 제정된 이후에도 국왕의 비호 아래 일정 규모 이상을 유지해갔다. 이처럼 세입을 충분히 확보하기 어려운 상황에서 정부는 경외 관서 간의 재정 이획을 통해 재원 부족을 만회

---

[208] 실제로 18세기 초반 이후 대외정세가 안정화되면서 강도나 남한산성과 달리 평안도 재정에 대한 호조의 장악력이 강해지고, 재정 이획이 매년 항식화되는 경향을 보이고 있었다. 이때 호조에서 매년 끌어다 쓴 평안도 세곡양은 전체 3만석(田稅·收米) 중 최소 1/3에 달하는 양이었다. 이밖에도 호조는 감·병영에 요청하여 간헐적으로 軍布를 조달받고, 평안도내 銀點과 川流庫를 통해 포목과 은 수입을 추가로 얻고 있었다. 이에 대해서는 권내현의 글을 참고할 수 있다.(권내현, 2004『조선후기 평안도 재정 연구』, 지식산업사, 249~262쪽 참조.)

[209] 『만기요람』재용편 4, 戶曹各掌事例;『탁지전부고』賦摠 加入條.

[210] 『비변사등록』72책, 숙종 45년 4월 11일.

하는 관행을 유지하였으며, 선혜청의 재원은 이획의 주요 대상이 되었다.

지출면에서는 첫 번째, 재감한 공물을 복구하는 과정에서 신설 공물이 결과적으로 늘어난 점을 지적할 수 있다. 숙종 9년(1683) 계해별단 작성 시 공물가를 2만여 석 가량 줄여 놓았지만 이후 제향과 응사 등의 명목으로 각사공물이 신설되었고, 이 중 시가가 상승한 것은 공물가를 더 책정해주었기 때문에 본청의 지출은 늘어나게 되었다.[211] 여기서 제향과 응사는 모두 외방진상 일종으로 대동법이 확대 시행되면서 상당부분 공물에 편입된 물종들이다. 흉년 시 왕실에서 감선한 제향·응사진상이 복구될 무렵에는 선혜청의 공물에 포함되어 공물가가 지급되었던 것이다. 왕실 각 전·궁에 상납되는 진상물종도 선혜청에서 값을 지급하는 공상의 형태로 변화하였으며, 그 수량 또한 증가하고 있었다. 영조 4년(1728) 공인들이 관에 호소하는 내용을 살펴보면, 보통 공·옹주방에 진배하는 공상물자는 이들이 장성한 후에 임용(供上)을 진배하였는데, 근일에는 태어난 후 곧바로 공상물자를 진배하여 공물수가 늘어나게 되었는데도 정작 공물가는 낮게 지급하여 공인들이 감당할 수 없다고 하였다.[212]

두 번째로, 영조 즉위년(1724)에 영의정 이광좌(1674~1740)가 묘당에서 지적한 내용이 참고된다.[213] 이광좌는 각사 및 아문 소속 노비가 기근으로 흩어지자 관원들이 공물주인들에게 구종, 사령과 같은 하속의 응역을 대신 담당하게 하는 것을 문제 삼았다. 각사 관원이 수시로 공인들을 과외 역을 동원하고 있으며, 그밖에 교군, 견마, 숙수로 이들을 활용하면서 대가를 지급하지 않고 있다는 것이다. 특히 국청이나 과장(科場)에 소용

---

[211] 『비변사등록』72책, 숙종 45년 11월 12일.
[212] 『비변사등록』84책, 영조 4년 7월 28일.
[213] 『비변사등록』76책, 영조 즉위년 11월 1일.

되는 횃불용 소목을 기인들에게 조달하는 양이 많은데 이에 대한 대가를 지불하지 않는 것이 문제라고 지적하였다.

공물주인에게 과외로 물품과 역을 부담지우는 것은 공물가가 후하였을 때에는 어느 정도 감당할 수 있었으나, 공물재감 조치로 충분한 공물가를 지급받지 못하게 된 공인들로서는 추가지출의 부담을 안게 되는 것이었다. 이로 인해 공인들이 응역을 감당하지 못하여 도산할 경우, 이들이 받은 공물가는 유재(遺在)로 남아 결국 정부에서 탕감해줘야 하는 빚이 되었다. 그리고 이 유재의 증가가 선혜청의 재정결핍을 야기하는 요인이자 호조의 별무를 증가시키는 요인이 되었다. 유재는 선혜청에서 공물가를 지급한 후 해당 공인에게 진배받지 못한 물품을 가리킨다.

중앙에서는 각사에 새로 세운 공인을 통해 유재로 남겨진 공물을 조달받고자 했지만, 오래된 유재를 신설 공인층에게 아무런 보상없이 진배하도록 계속 요구할 수는 없었다. 결국 유재가 있는 공물에 대해서는 공가가 추가 지출되지 않도록 하는 선에서 각사의 유재 조사가 이루어졌지만, 부족한 물품을 보충하기 위해 다음해에 받을 물품을 끌어 쓰거나, 별무를 통해 그때그때 물품을 구입하여 쓸 수밖에 없는 상황이 계속 발생하였다.[214]

결국 선혜청의 원공가가 공인층에 대한 공물의 추가 징수, 과외 별역의 부담을 해소시켜주지 못하는 상황에서 공인층의 도산, 유재의 증가, 그리고 별무 관행이 서로 연동하여 중앙의 공물문제를 야기하였다. 기존 연구를 통해서도 이러한 공물정책의 변화상이 지적된 바 있다.[215] 그러나 이러한 변화의 근본 요인이 선혜청의 원공가 책정방식에서 비롯되었다는 점에 주목할 필요가 있다.

선혜청에 상납되는 대동세에는 애초에 공물주인의 역가가 별도로 책정되어 있지 않았다. 『대동사목』을 작성할 당시에는 시가보다 4~5배 이상 높게 공물가를 책정해줌으로써 과외 별역에 따른 공인층의 부담을 보전해주고자 했던 것이다. 그러나 선혜청의 원공가는 이후 고정가격으로 유지되었던 반해, 공물가에 의존하는 각사의 현물·노동력 수요는 대동법의 효과로 크게 늘어나고 있었다. 이 불균형이 호조의 별무 지급을 추동하고, 더 많은 도민을 공물·역가 체계에 포함시키게 되었다고 생각한다. 이는 단순히 호조의 경비지출을 늘이는 수준에서 그치지 않고 호조의 업무분장체계를 바꾸는 데에까지 영향을 미쳤다.

요컨대, 대동법의 확대 시행으로 왕실과 정부관서의 경비물자를 호조와 선혜청의 공물가 지출에 크게 의존하게 됨에 따라, 중앙정부는 공물가 지출을 관리, 통제해야 할 필요성을 깨닫게 되었다. 이에 영조 대 중반 일련의 정례서 간행은 대동법 체제 하에 중앙재정의 지출구조를 대대적으로 정비하는 신호탄이 되었다.

---

214 『비변사등록』 80책, 영조 2년 10월 25일, "今十月十八日常參入侍時 領敦寧府事魚有龜所啓 臣待罪濟用監提調之任 故事雖煩屑 關係民怨 敢此仰達 近來都民凋弊特甚之中 國家累經大事 用度浩繁 以濟用監言之 則小小弊端 姑置勿論 貢物人等貢物 恒定之外 年年加進排 合以計數 則正布多至一百二十餘同 非但 貢物人之呼冤日甚 以堂堂朝家 取用下民無償之物 至於如此 臣爲慮其歸怨於國家 取見文書 一一詳査後 與戶曹判書申思喆相議 則戶判亦知其可矜矣 以戶曹文書觀之 則遺在尙多之故 難於給價 而所謂遺在 則條貫各異 皆是五十年死亡書員及書員輩子孫 未収之物 指徵無處 便是虛錄 豈可諉以遺在之如, 而卽今應役人加納之價 全然不給乎 以正布計數還給 或以價本折定以給 恐合事宜 戶判 亦爲入侍 下詢而處之何如…申思喆曰, 各司貢物之有久遠遺在者 或上言 或擊鼓訴冤 自廟堂覆啓 分數蕩減 而勿論久遠 旣多遺在 則例不得加給別買價 而若無遺在而加用 則進排之數 亦一一上下矣 國家豈可公然取用於貢人 而不爲之給價乎 魚有龜曰 此則自戶曹 亦已査出 的知其加納之數 而有司之臣 今方親承卜敎 个必令廟堂商處 或盡數還給 或折半還給 或給以本布 或給以價錢然後 可以支保矣 上曰 加用數多 在國體甚爲苟簡 此則自該曹參酌給之 其他諸司之加用者 亦令廟堂變通宜矣."

215 오미일, 1986, 「18·19세기 貢物政策의 변화와 貢人層의 변동」, 『韓國史論』 14.

III

영조, 왕실의 경비를 줄여 백성을 이롭게 하다

1. 『탁지정례』의 간행과 10만 냥의 경비절감

1) 『탁지정례』의 간행배경

숙종 34년(1708)까지 전국에 대동법이 확대 시행되면서 선혜청은 호조를 능가하는 수준의 재원을 매년 확보하게 되었다. 그러나 미·포·전으로 구성된 대동세를 서울시장에 공급하여 왕실과 각사에 필요한 물품을 조달하는 시스템은 여러 문제점을 낳고 있었다. 중앙정부는 흉년 시 공물물종을 줄이거나, 공인층에게 공물가를 줄여 지급하는 정책을 자주 시행하였는데, 줄인 공물을 복구하거나 공물가를 원래대로 지급할 때 새로운 공물이 첨입되었다. 더욱이 18세기 들어 물종을 줄이기보다 공물가를 줄이는 정책이 선호되면서 공물가를 적게 지급받은 공인층이 도산하는 문제점이 발생하였다.

선혜청의 원공물가는 가정공물(加定貢物)로 인해 늘어나는 데 반해 공인들에게 지급하는 공물가는 올려주기는커녕 기근 때마다 깎아 지급하는 상황에서 공인층들은 값을 받지 못하는 과외별역을 감당해야 했다. 선혜청의 원공가를 분수재감하여 남은 금액은 다시 호조의 경비에 보태졌다. 선혜청의 원공을 무한정 늘일 수 없는 상황에서 호조는 왕실행사와 외교절차에 필요한 물품을 자체적으로 구입해 쓰고 있었다. 이때 선혜청은 원공가를 분수재감한 금액을 호조에 이획해주고 있었다. 그러나 호소에서는 이러한 소치를 달갑게 여기지만은 않았다. 애초에 공물가를 지급하는 기관은 선혜청인데도 불구하고 호조에서 지출하는 공물가가 늘어나는 것에 불만을 토로하고 나선 것이다. 영조는 호조의 입장을 두

둔하면서도 높은 가격을 지불하는 선혜청의 원공물이 가급적 늘어나는 것을 원치 않았다. 이 때문에 호조의 별무를 없애기보다 유지시켜 낮은 가격으로 물자를 조달받을 수 있도록 하였다. 한편 공물가로 지출할 수 있는 대동세입이 잇다른 흉년으로 인해 부족해지는 상황에서 조정의 신료들은 주전을 통해 공물가를 동전으로 지급하는 안을 표방하였으며, 영조는 신중론을 고수하는 가운데 24년 무렵에 이르러 중요한 결단을 내리게 된다. 바로 중앙경비를 대폭 이정하는『탁지정례』를 간행하기에 이른 것이다.『탁지정례』의 간행은 선혜청의 원공가와 호조의 별무가를 바탕으로 왕실과 중앙각사에 조달할 물품을 대폭 이정한 지출례이다. 지금부터는 영조 대『탁지정례』의 내용과 편찬체제를 분석하여 중앙재정의 전체적인 규모와 지출방식에 대해 살펴보기로 하겠다.

영조 24년(1748) 10월 박문수(朴文秀, 1691~1756), 호조에 정해진 례가 없어 판서가 일을 헤아리지 못하면 비용이 늘어나게 되는 폐단을 지적하고 호조의 정례를 마련할 것을 청하였다.[216] 그리고 한 달 후 대내(大內)로 진공(進供)하는 온갖 물품에 대해 호조에서 매년 지급한 비용을 조목별로 아뢰고 이중 함부로 늘린 것이 과반이나 되는 상황을 영조에게 아뢰었다. 이에 영조는 어필로 써서 그대로 둘 것은 두고 삭제시킬 것은 삭제시킨 후 '한 부(部)의 주례(周禮)를 이루었다'고 평가하였다.[217] 이 당시 승지 김상적(金相迪, 1708~1750)은 박문수가 거둔 절용의 성과가 무신년 역적을 토죄한 것보다 낫다고 평가할 정도였다. 이후 영조 25년(1749) 2월과 3월에『탁지정례』의 권수(卷首)와 윤음이 내려진 후『탁지정례』「각전각궁례」가 완성되었다.

「각전각궁례」를 시작으로 한 일련의 정례류들이 간행된 일차적인 배

---

[216]『영조실록』권68, 영조 24년 10월 14일(을미).
[217]『영조실록』권68, 영조 24년 11월 4일(갑인).

경은 중앙재정의 부족과 불필요한 비용의 증가를 들 수 있다. 실제 각전 각궁례의 간행을 통해 연간 10만 냥에 가까운 진배물량이 감손될 것으로 기대되었다.[218] 그런데 『탁지정례』 간행에 있어 각전·각궁의 진배물종부터 이정하기 시작한 데에는 나름의 이유가 있었다. 『탁지정례』의 간행을 앞둔 25년 1월 영조는 호조판서 박문수와 낭관들이 입시한 자리에서 각사의 등록을 살펴본 후 대내에 들어오는 것이 중간에 없어지고 남용되는 폐단을 바로잡도록 명하였다. 이때 영조는 대내 물종을 단자에 써서 올리면 직접 산삭하여 각사에 미치게 하는 것이 좋겠다는 의견을 냈다.[219]

대내에 들어오는 진배물종을 우선 정례화하게 되면 각사에서 대내 진배 시 남용하는 물종 또한 견제할 수 있기 때문에 우선 「각전각궁례」를 완성함으로써 각사의 경비지출에까지 영향을 미치게 하고자 했던 것이다. 실제로 『각사정례』의 범례를 살펴보면, 각사에서 진배하는 물종에 항식이 없는데다가 지출이 판서 및 당상의 결정에 따라 임의로 행해지고, 각사서리의 중간 농간에 좌우되는 폐단이 지적되고 있다.[220] 이에 「각전각궁례」를 통해 왕실재정을 일차적으로 감손하는 조치를 취한 후 『각사정례』를 작성하라는 지시가 내려지게 된 것이다. 그러나 「각전 각궁례」가 한 달여 만에 이정된 데 반해, 『각사정례』는 영조가 작업과정을 하문한 지 1년 반 정도의 시간이 지난 후에야 마무리될 수 있었다.

영조 25년(1749) 12월 호조판서 박문수는 『각사정례』의 이정 작업이

---

218 『영조실록』 권69, 영조 25년 2월 14일(임진).
219 『영조실록』 권69, 영조 25년 1월 17일(병인).
220 『각사정례』 범례, "各 殿各 宮內入定例 旣刊頒繼 有各司定例之 命 盖各司進排 曾無恒定 有古無而今有者 前少而俊多者 有當給而不給者 不當給而給者 其所闊狹專山於 時判堂之意 其所操縱又在於中間猾吏之手 以之該司之瞞報 貢人之浮費 殆不可勝言 自上深軫此弊 爰 命有司一倂釐整其進排實數 又令各司官員躬進本曹與本曹堂郎商確完結 爲此定例 而凡係變通者 必經 睿裁奉 旨施行 今皆條例于下."

지연될 수밖에 없는 이유에 대해서 아뢰었다. 그에 따르면, 각사의 정례가 이치에 지극히 합당하도록 상확하고자 하기 때문에 하루에 정해지는 것이 불과 1~2사(司)에 불과하여 지연될 수밖에 없다는 것이다.[221] 더욱이 『각사정례』의 이정이 마무리되지 않은 시점에서 박문수가 체직되고 이후 참판 홍봉한(洪鳳漢, 1713~1778)과 판서 김상성(金尙星, 1703~1755) 등으로 책임이 전이되면서 이정 작업이 순조롭게 진행되지 못하였다. 영조 27년(1751) 5월 호조판서 김상성은 『각사정례』를 마무리하기 위한 일단의 조치를 취하였다. 김상성은 당해 7월이 되면 『각사정례』의 이정 기한이 차게 되므로 6월 한 달 동안 누락된 것을 첨입한 후 그대로 간행할 것을 청하였다.[222] 이로써 『각사정례』는 박문수가 의도했던 바와 달리 꼭 들어맞게 상세히 검토하는 절차를 거치지 못한 채 27년 7월 이후에야 간행될 수 있었.

한편 『각사정례』의 이정 작업이 지난하게 진행되는 동안 『국혼정례』와 『상방정례』도 함께 간행되었다. 영조 25년(1749) 3월 각전·각궁례가 완성된 후, 같은 해 11월 영조는 호조판서 박문수에게 하교하여 국혼의 정례를 논하게 하고 혼수(婚需) 가운데 지분(脂粉)과 같이 사치한 물종을 없애도록 하였다.[223] 이미 당해 7월 영조는 영빈 이씨의 소생인 화완옹주가 정치달(鄭致達)에게 하가(下嫁)할 때 혼례에 쓰일 당주홍염촉(唐朱紅染

---

221 『승정원일기』 1051책, 영조 25년 12월 21일(을미), "上曰 各司定例 幾盡了當耶 文秀曰 各司定例 必欲商推歸於至當 故一日所定 不過一二司 且雖已定者 不無又改之弊 故自致遲延矣 上命承旨書之曰 東朝與各殿定例 予不憚靜攝 釐正刊行 則於百執事之道 其當奔走奉行之不暇 而各司定例 其他定例 尙不了當, 事體寒心 戶判 從重推考, 其令卽爲擧行 而各司尙不了當處, 其司郎官 躬詣度支 卽爲了當事 分付."

222 『승정원일기』 1068책, 영조 27년 5월 23일(기미), "尙星曰 各司定例 若至七月 則爲周年之限 定例中 或有應入見漏者 而此則不過若干條件矣 若非大段過越之類 則亦不必續續追改 過六月 則應入見漏者若干條 添入之後 仍卽刊行 何如 上曰 依爲之."

223 『영조실록』 권70, 영조 25년 11월 23일(무진).

燭)을 자초염촉(紫草染燭)으로 바꾸도록 하는 등 혼수를 절용케 한 바 있다.[224] 그러나 각전·각궁례를 간행할 당시만 해도 왕실 가례에 쓰이는 혼수 물종을 이정하는 작업은 진행되지 못하였고, 다만 별례로서 등록에 기재하도록 하라는 조치가 취해졌을 뿐이었다.

「각전각궁례」의 범례를 살펴보면, "대군, 왕자, 공·옹주 길례 시 배설방에서 지급하는 목(木), 포(布)는 때에 따라 많고 적어서 예를 정하기 어렵기 때문에 간행 책자(각전각궁례)에는 거론하지 않고 다만 별례등록에 기입하되, 간략한 쪽을 따라 베껴 본조에 올리고 이로써 뒷날에 대비케 하라는" 조항이 보인다.[225] 이후 별례등록에 첨입될 내용은 사실상 국혼정례를 간행하는 형태로 확대되었으며, 공·옹주 가례뿐 아니라 전례에 없던 세손과 세자의 중자적(衆子嫡), 중자서(衆子庶) 및 군현주례까지 정례화되었다. 이로써 각전·각궁례에 포함되지 않은 국혼 관련 경비지출안이 추가로 마련되었다.

『상방정례』의 경우 『상의원정례(尙衣院定例)』라고도 하는데, 영조 26년(1750) 12월에 상의원제조 김상로가 성교(聖敎)를 받들어 상의원등록과 전해오는 문서를 일일이 이정하여 항례 1권과 별례 2권으로 작성한 것이 당해에 거의 완성단계에 이르렀다. 상방정례 1권에는 대전과 세자궁의 법복(法服)을 정한 총목 외에도, 항례로서 대전, 대왕대비전, 중궁전, 세자궁, 빈궁, 현빈궁에 연례로 진배되는 물종이 나열되어 있다. 별례 2권에는 왕실의 의식, 행사에 따라 별도로 진배해야 하는 물종들을 상술해 두었다.

『상방정례』 항례 상에 각전·궁의 진배물종은 각전·각궁례의 진배물종

---

[224] 『영조실록』 권69, 영조 25년 5월 26일(계유).
[225] 『탁지정례』 「각전각궁례」, "凡例 大君王子公翁主吉禮時 排設房上下木布 隨時多寡勢難定例 故不爲擧論於刊行冊子 只入於別例謄錄 而從略繕寫曹上 以備後考事 下敎 今依此載錄."

과 일정부분 겹치고 있으며, 가례 때 사용하는 물종 역시 국혼정례에 기재된 내용과 중복되고 있다. 상방정례의 범례에는 대소 가례물종의 경우 호조에 보관된 『국혼정례』가 있기 때문에 이에 따라 권말에 기재해둠을 밝히고 있다.[226] 이밖에도 별례에는 왕 및 왕세자의 행행, 친림열무, 영칙거동, 진연 등의 행사에 쓰이는 의대(衣襨) 및 의물과 왕세자의 책례, 관례, 입학, 가례 등에 소용되는 물종도 함께 수록되어 있다. 그런데 특이한 점은 상방정례 내에 상례에 관련된 규정을 찾아볼 수 없다는 것이다. 물론 영조 28년(1752) 상제각양정례(喪祭各樣定例)를 상방정례에 합부하도록 한 조치가 있었으나, 현존하는 3권 내에 상례에 관한 내용은 찾아볼 수 없다.[227] 「각전각궁례」의 경우에도 왕실에 상납되는 연례진배 물종을 정비한 것이기 때문에 상례에 관련된 물종은 별도로 정례화하지 않았다. 물론 봉상시 등 『각사정례』 항목 내에 각종 국가제사와 제수물종이 기재되어 있기는 하지만, 왕실혼례에 대해 국혼정례가 마련된 것을 미루어볼 때 국휼의례에 대해서도 역시 정례작업이 요청되었을 것으로 보인다.

영조 28년(1752) 6월, 『상례수교(喪禮受敎)』를 개칭하여 간행된 『국조상례보편(國朝喪禮補編)』 역시 정례류 간행의 흐름 속에서 이해할 필요가 있다.[228] 효장세자의 부인인 효순현빈(孝純賢嬪)이 건극당에서 훙서한 후 한 달이 지난 27년 12월 15일 영조는 현빈의 장례 절차가 진행 중인 때에 명기(明器)와 복완(服玩) 중 내상(內喪)의 물품을 감하고, 이를 상례수교에 기

---

[226] 『상방정례』 천책, 범례, "擧動及有事時 微裹單子之臨時仰稟 待點下擧行者 作爲別例 下卷 大小嘉禮時物種 則旣有戶曹所藏國婚定例 故點依此書錄於卷末."
[227] 『승정원일기』 1084책, 영조 28년 7월 19일(정축) 기사에는 喪祭各樣定例를 합부하여 별도로 3책을 만들었다는 기사가 나오며, 이를 바탕으로 기존 해제에서도 상방정례의 간행연도를 영조 28년(1752)으로 보고 있는 듯하다. 그러나 현존하는 『상방정례』는 영조 26년(1750) 12월에 김상로에 의해 거의 완성된 항례 1권, 별례 2권의 체제를 띠고 있으며, 상제각양정례도 포함되어 있지 않다.

재하라고 하교하였다.²²⁹ 그리고 이어서 병조판서 홍계희로 하여금 현빈의 상례 절차를 진행하기 위해 권설된 삼도감의 의궤 내용 중 감하한 것을 정례라 하고, 이를 모아서 한 권의 『상례수교』 1권으로 편집하게 하였다.²³⁰ 이 과정에서 28년 3월 다시 왕세손이었던 의소세손이 훙서하자 이에 대한 상의(喪儀)를 포함하여²³¹ 총 7권(도설 포함)의 『국조상례보편』이 간행되었다.

『국조상례보편』은 기본적으로 영조 20년(1744)에 편찬된 『국조속오례의』 이후 상례에 관해 새로이 내려진 수교를 증보한 것으로서 국휼관련 예서로서 계통성을 지닌다. 그러나 상례수교의 간행이 삼도감 의궤의 상수(喪需) 물품을 줄이는 것에서 비롯되어 이를 정례화하는 것이 기본 취지였음을 고려할 때, 『국조상례보편』 역시 정례의 간행 흐름 속에서 편찬된 것으로 이해된다. 이는 김재로가 지어올린 어제국조상례보편 전서(前序)에서도 일면 확인된다.

    지난번 탁지에서 예를 정할 때 상례도 규례를 정하고자 하였으나 이루지 못

---

228 『국조상례보편』은 이후 영조 33년(1757)에 영조의 첫 번째 妃인 정성왕후와 숙종의 두 번째 계비 인원왕후가 한 달 간격으로 승하하자 국장을 치르는 과정에서 불거진 문제를 보완하기 위해 다음해(1758)에 증책하여 편찬되었다. 이에 대해서는 다음의 연구를 참고할 수 있다. 송지원, 2009, 「국왕 영조의 국장절차와 『國朝喪禮補編』」, 『朝鮮時代史學報』 51; 이현진, 2011, 「영조대 왕실 상장례의 정비와 『國朝喪禮補編』」, 『韓國思想史學』 37.
229 『영조실록』 권74, 영조 27년 12월 15일(정미).
230 『승정원일기』 1077책, 영조 27년 12월 27일(무오), "啓禧曰 各都監儀軌 付之下吏 雜亂無序 故倉卒之際 無所考據 今番則三都監擧行凡百 自各房項爲評錄 使都廳照管釐正 以便考閱 何如 上曰 今番儀軌 當作定例 依爲之 上又曰 今番三都監儀軌中 書下點下所減著 使是定例 令尸共判商確 集作一卷 名曰喪禮受敎 置諸度支事 分付."
231 『국조상례보편』은 도설과 본문 6권으로 구성되어 있는데 마지막 6권은 부편으로 懿昭世孫의 喪에 내린 수교를 정리한 것이다. 본고에서는 국립문화재연구소에서 간행한 『국역국조상례보편』(2008)의 해제 및 영인본(奎 3940)과 奎1855본을 참고하였다.

하였다. 겨울과 봄 이래로 제구 중에서 긴요하지 않고 바르지 않은 것은 모두 명하여 산거하게 하고, 의절에 어긋나고 그릇된 것과 앞뒤로 큰 차이가 나는 것 또한 이정하게 하였다. 중신, 재신에게 명하여 (이를) 편집하게 하고, 인하여 명명하기를, 『국조상례보편』이라고 하였다. 지금부터 나라의 대소상에는 장차 이것에 의거하여 행하라. …사왕(嗣王)된 자가 애통함 때문에 한 터럭이라도 이 예를 어긴다면 어찌 효성스럽다고 하겠는가. 이는 나를 저버리는 것이다. 특별히 책 앞머리에 그 뜻의 심오함을 쓴다.

첫 문장에서도 알 수 있듯이 국조상례보편은 『탁지정례』의 간행 이후 상례의 규정을 정비해야 하는 의례적, 재정적 필요성에 의해서 편찬되었다고 하겠다. 그러나 「각전각궁례」에서 상례보편에 이르는 정례류 간행의 흐름 속에서 보다 주목해야 할 것은 영조가 이러한 정례류들을 연이어 간행하고자 한 정치적 의도라고 할 것이다. 이에 대한 실마리는 앞서 제시한 인용문의 하단에서 찾을 수 있는데, 국조상례보편이 누구를 주요 독자로 상정하고 있는지를 가늠할 수 있는 부분이기도 하다.

「각전각궁례」를 시작으로 한 일련의 정례류는 사실상 사왕(嗣王)의 열람을 염두에 둔 것이었다. 이는 『탁지정례』가 처음 간행되었을 당시 「각전각궁례」에 실린 어제윤음(御製綸音)에서도 확인된다. 장문의 윤음을 단락별로 간략히 인용하면 다음과 같다.

ⓐ 대저 국가가 있으면 법례가 있는 것이 당연한 이치이다. 그러므로 주나라에는 주례(周禮)가 있었고, 우리나라에는 경국대전이 있다. 이것이 바로 전대의 성인과 후대의 성인이 그 헤아림이 하나와 같다는 것이다. 그러나 경국대전의 제도는 우공의 임토작공의 뜻이니 법이 오래되면 폐단이 생기는 것은 예나 지금이나 같아서, 충과 질과 문을 더하거나 더는 것은 삼대에도 또한 있는 일이었다. 과거에 삼남에 대동을 시행하여 향민이 이로써 어

깨를 쉴 수 있었고, 경민(京民)은 여기에 의뢰하여 생활하니 기여곡(猗歟曲)이 성하였다. 그런데 법이 바뀌었는데도 정례가 없기 때문에 나라의 저축이 날마다 새거나 씻겨 나가고, 공인도 또한 거꾸로 매달린 것과 같게 되었으니 이 어찌 민을 위해 제도를 정한 성대한 뜻이겠는가?

ⓑ 아! 내가 노쇠하여 지금 호조의 신하들이 아니면 만년에 어찌 이를 주관할 수 있겠는가? 그중에 지금 이름이 없는 것 또한 하나의 예로 정하는 것은 대개 대전(大典)과 오례의(五禮儀)의 뜻을 본뜬 것이며, 또한 훗날에 례를 늘리는 순법(舜法)의 폐단을 막으려는 것이다. 내가 어찌 이미 예를 정하여 마음에 여유가 있다고 말하겠는가?

ⓒ 아! 사왕이여! 이를 탁지의 등록에 불과하다고 말하지 말고 내가 심신을 조용히 양생하지 않고, 한 달 이상 군신이 하나의 당에서 이정한 뜻을 헤아리라. 내가 또 이에 신료들을 서로 면려함이 있었던 것은 ⓓ 금과옥조가 예부터 찬연하였는데도 제반 제도가 염세해지고, 국가의 기강이 날로 해이해져서인데 법문(文)이 부재해서가 아니라, 사람이 존재하지 않아서이다. 어찌 사군만 저버리는 것이겠는가? 이는 나 역시 저버리는 것이다.[232]

첫 단락 ⓐ에서 영조는 탁지정례를 간행하게 된 직접적인 배경을 밝히고 있다. 즉, 대동법 시행 이후 경비지출의 정례가 없어서 나라의 저축이 새어나가고, 공인들의 부담이 커지고 있다는 것이다. 한편 ⓑ 단락에서는 탁지정례가 『속대전』 및 『속오례의』의 연장선 상에서 진행된 정제(定制) 작업임을 확인케 한다. 그리고 마지막 ⓒ 단락에서는 한 달여 간의 고심 끝에 마련된 탁지정례의 뜻을 세자가 헤아리길 당부하는 내용으로 마무리 짓고 있다.

영조는 재위한 지 25년째가 되는 해 1월에 왕세자의 대리청정을 팔도에 반포하였다.[233] 사실 영조가 애초에 의도했던 것은 왕위를 선양하는 것이었으나 신료들의 반대에 부딪히면서 타협안으로 제기된 것이 대리청정 구도이다. 이때 영조는 "어린 세자로 하여금 국사를 모르는 상태로 두었다가 뒷날 노론과 소론에 의해 그르치게 된다면 내가 비록 이를 알더라도 어찌 일깨워줄 수 있겠는가?"라고 반문하면서 대리청정의 거조가 반드시 효험이 있을 것이라고 대신들에게 피력하였다.[234] 이를 통해 볼 때 당시 영조는 선양에 대한 의지가 그다지 크지 않았던 것으로 보인다.[235] 대리청정절목을 만들고 왕세자를 국정운영에 가담시켰으나 균역(均役), 공물이정(貢物釐整)과 같은 주요 정책은 이후 영조에 의해 계속 추진되었다. 다만 영조가 25년 당시 사위(嗣位)의 준비 단계로서 대리청정

[232] 『탁지정례』(BC古朝 31-66) 윤음, "ⓐ 夫有國 則有法例 卽當然之理也 故周有周禮 我朝有經國大典 此正前聖後聖其揆一也 然大典之制 卽禹貢任土作貢之意也 而法久弊生 古今同然 忠質文損益三代亦有 故昔年設大同於三南 鄕民因此息肩 京民因此賴活猶歉盛哉 而法更而無定例 故國儲日益滲泄 貢人又亦倒懸 此豈爲民定制之盛意哉 昔孔夫子以節用爲愛民之本 漢帝惜露臺費 宋宗不食燒羊 可謂得節用之義矣 故臨御以來 雖有前例者 知其一端之帛 一隻之魚 爲民弊 則無慮億計尋常審愼 而近聞用道比前倍蓰云 恒切訝之幸 因度支之提稟乃乎? 詳知近世之內 從中浮費者 比諸昔年 不啻百倍 噫 若無此票 深居九重 其何能知乎 一併刪正作爲定制 自此以後 度支之臣 自可開卷而瞭然 猾吏何能用奸 貢人復何稱寃 然舜之命 夔寬嚴相濟 諺亦云 水淸則無巨魚 定例之際 務從寬簡 ⓑ 噫 以予衰耗 非予度支之臣 何以辦此於晚年 其中令無號 而亦爲一例定制者 盖倣大典五禮儀之意 而亦杜他日增一例 舜法之弊也 然予於此豈不 旣定制可垂裕乎 心竊懍然者 常訓旣引昔年 御時中 金珠濫費誠難儲之句 噫 夏禹之菲衣服 殷湯之不殖貨利之時 豈料桀紂之有酒池肉林 瓊宮瑤臺 非特夏殷 漢之文景富庶之餘 武帝恃此 而窮兵黷武 四海派蕩 起栢梁之日 其能思惜露臺之時乎 以此觀之 不在於政 而在於人 噫 予則深慨 從中之浮費 若는 釐正而此後 爲嗣君者 不諒苦心 或效漢武之意 其不節用于今定例之意 焉在象箸爲玉杯 一或 放忽其流之弊 奚徒漢武與桀紂而同轍 ⓒ 嗚呼 嗣王 莫曰此不過度支之膽錄 諒予不顧靜攝閱月 君臣一堂釐正之意 予又於此 有交勉于臣僚者 噫 金科玉條 自古燦然而百度恬泄 國綱日解者 非文不在也 卽人不存也 此後或放忽于今定例之意 亦焉在哉 且後之嗣王 若不恤于此 雖無節於用也 有司之臣 拱手傍觀 其無覆難此非昏 則諂也 豈徒負于嗣君 是實負于予也 噫 臣雖直而覆難 爲其君而拒之 此其負在於何乎 思之及此 豈不悚然乎哉 呼 寫一通其命竝梓 嗚呼 嗣君其敢忽諸吾國興替吾民苦樂 專在於此 其宜銘于心 而惕于中也 夫 己巳 三月 日."
[233] 『영조실록』권69, 영조 25년 1월 27일(병자).
[234] 『영조실록』권69, 영조 25년 1월 23일(임신).
[235] 『영조실록』권69, 영조 25년 1월 29일(무인).

구도를 강하게 조성하였던 것은, 왕세자로 하여금 불안정한 탕평의 구도를 조율할 수 있는 감각을 지니도록 하려는 의도가 컸던 것으로 이해된다. 또한 사위 후에 겪게 될 당론의 갈등 속에서도 일관된 정책흐름을 유지해갈 수 있도록 법제, 의례, 각종 식례들을 정비하는 조치를 병행해갔던 것으로 사료된다.[236] 실제로 박문수가 정례화 작업을 주도하였던 초기에 큰 반발에 부딪혔던 점 역시 이러한 맥락에서 이해할 필요가 있다. 그러나 앞서 『탁지정례』의 윤음에서도 밝힌 바와 같이(ⓓ), 결국 '제도'의 문제가 아니라 '인사(人事)'의 문제였기에 일련의 정례화 작업은 그 자체로 완결된 성과를 수반하지는 못하였다. 모든 제도가 나름의 한계를 노정하듯 『탁지정례』 역시 그 간행단계부터 문제의 소지를 내포하고 있었던 것이다. 다음 소절에서는 「각전각궁례」를 중심으로 영조가 왕실재정을 어떠한 방식으로 긴축하고자 했는지 살펴보기로 하겠다.

2) 『탁지정례』의 구성과 특징

정례(定例)는 전례(前例) 및 정식(定式)으로 행해지던 궁중 및 관부의 행정절차를 왕의 재가(裁可)를 통해 항례화한 것이다. 현존하는 정례류들은 영조 대 중반 이후에 간행되었으며, 일부 19세기 자료를 제외하고는 대부분 중앙의 재정적 필요에 의해 작성되었다.[237] 정례가 행정 절차 상에서 준용되었던 것은 조선전기부터였으나, 국왕의 특명으로 윤음과 범례

---

236 『승정원일기』 1058책, 영조 26년 8월 4일(갑술), "夫禍亂 必生於久安之餘者 以其生長宴安 忽於鴆毒故也 思之凜然 繼體者可不念哉 予雖性燥 亦能轉回 而汝則簡默太過 諸臣皆將有齟齬之心 予甚悶慮矣 且苟非靈城一心爲國 則何能爲此 安知無他日 或引黨習小人讒毀靈城 竝與正例魚鱗而有付丙之慮也 予當書諸卷首 以防此弊 上親書於正例曰 所重旣正 況他乎 一依此例 遵凡各司來報."

를 두어 성책(成冊), 간행되기 시작한 것은 영조 대 중반 이후부터인 것으로 보인다. 그중 『탁지정례』는 현존하는 정례류 중에서도 가장 앞선 시기에, 가장 방대한 규모로 간행되었다.

영조 25년(1749) 영조의 특명으로 호조판서 박문수에 의해 작성되기 시작한 『탁지정례』는 ① 각전각궁례 6권과 ② 국혼정례(國婚定例) 2권, ③ 각사정례(各司定例) 12권, ④ 상방정례(尙方定例) 3권을 기본 구성으로 하고 있다. 각 정례는 조금씩 시간 차이를 두고 간행되었으며, 특히 ①과 ③은 왕실과 중앙각사의 연례적인 경상비를 기재해 놓았다. 이로써 제한적이나마 공물의 연례적인 수요를 알 수 있다. 『탁지정례』에는 포함되지 않지만, 『탁지정례』와 세트를 이루는 『선혜청정례』, 『공선정례』도 왕실에 진배되는 연례적인 물목을 정리해놓은 것이다. 다만 「각전각궁례」와 『선혜청정례』는 모두 선혜청에서 공물가를 지급하는 공상물종을 기재한데 반해, 정조 즉위년에 간행된 『공선정례』는 각도에서 여전히 현물로 진배하고 있는 진상물자를 수록해 놓았다. 따라서 「각전각궁례」와 『선혜청정례』, 그리고 『공선정례』는 모두 매년 왕실에 진배되는 공상, 진상물종을 포괄하고 있다.

『각사정례』는 27처의 공물아문에서 130처(27사 공물아문 포함)의 중앙각사에 진배하는 물품을 이정해 놓은 것이다. 따라서 제한적이기는 하지만, 각사공물의 전체 양과 수를 기준으로 중앙관서의 지출 규모를 대략 가늠할 수 있다.

한편 ② 『국혼정례』와 ④ 『상방정례』, 그리고 『국조상례보편』은 국혼, 국휼과 같이 비정기적으로 행해지는 왕실행사의 지출항목을 정비해놓았

---

237 현재 서울대학교 규장각의 경우 총 38건의 定例類를 소장하고 있으며, 그 종류도 가장 다양하다. 이 중 19세기에 편찬된 受教定例(奎12407), 教學定齬(奎5240) 2種 외에는 모두 재정지출을 항례화하기 위해 간행된 것이며, 『탁지정례』는 이들 가운데에서도 가장 앞선 시기에 간행되었음을 확인할 수 있다.

다. ④ 상방정례는 항례와 별례로 나뉘는데, 각 전·궁에 연례로 진배되는 법복과 장신구 등은 항례로서 일반경상비에 속하며, 왕실의 의식에 맞춰 진배되는 별례 물종은 특별경상비에 속한다.『국조상례보편』은 앞서 살펴본 것처럼『국조속오례의』연장선상에 있는 의례서이면서 한편으로 정례서의 성격을 지닌다. 따라서「각전각궁례」부터『각사정례』까지는 일반 경상비에 포함되며,『상방정례』의 별례 항목부터『국조상례보편』까지는 특별한 시기에만 지출되는 경상비에 해당한다고 하겠다. 일반경상비에 속하는 물종들은 선혜청의 원공으로 지출되는 비중이 높지만, 특별경상비는 호조의 별무로 지출되는 경향이 컸던 것으로 보인다. 특히 왕실공상은 철저히 높은 원공가를 적용하여 선혜청에서 값을 지불하였던데 반해『각사정례』는 선혜청 원공 외에 호조에서 수시로 진배하거나 감결을 받아 그때그때 진배하는 물종들이 포함되어 있다. 문제는 왕실행사가 주를 이루는 특별경상비에서 호조가 지출하는 별무가 많았다는 점이다. 선혜청에서도 도감이 설치될 때 필요한 금액을 이송해주기는 하였지만, 왕실행사에 비용을 치르는 주체는 호조였다. 따라서 정례를 간행하여 특별경상비에 대한 지출총액을 제한하려는 노력이 있었지만, 왕실의례 자체를 생략하지 않고서는 특별경상비를 근본적으로 줄이기는 어려웠다. 그럼에도 불구하고, 영조 대 중반 정례류의 간행은 횡간의 뒤를 잇는 지출례로서, 호조·선혜청의 재원으로 조달되는 왕실공상과 각사공물뿐 아니라 외방진상까지 포괄하는 측면에서 상당한 의미를 지닌다.

「각전각궁례」내의 공상은 ① 해마다 정기적으로 진배하는 정례공상과 ② 추가지출의 여지를 남겨놓은 별례공상, 그리고 ③ 각 전·궁 소속 궁인에게 지급하는 선반(宣飯) 및 의전(衣纏)으로 구성되어 있다. 정례공상은 왕실구성원이 의·식·주의 일상생활을 유지하는데 필요한 물복을 시기와 소용목적에 따라 나누어 기재해 놓았다. 이를 물목별로 정리하면 아래〈표 Ⅲ-1〉과 같다.

<표 III-1> 『탁지정례』「각전각궁례」의 항목

책	권	진배대상	진배항목		
			① 정례 공상	② 별례 공상	③ 궁인의 선반·의전(宮額)
1	1	대전 (大殿)	축일공상, 국기일일삼시매시공상, 축삭공상, 사맹삭일개, 탄일진상, 절일진상, 연례진상, 식년진상, 인년진상, 반사소입	별진하진상, 별조궁전진상, 연경별하, 서방색/배설방 별례	없음
	2	중궁전 (中宮殿)	축일공상, 국기일일삼시매시공상, 축삭공상, 사맹삭일개, 탄일진상, 절일진상, 연례진상	별진하진상, 사약방 별례	유모(1), 상궁(19), 시녀(25), 수사(14), 수모(19), 파지(5) 방자(23), 유모배비(1) **총 107명**
2	3	세자궁 (世子宮)	축일공상, 국기일일삼시매시공상, 축삭공상, 사맹삭일개, 생진진헌, 절일진헌, 연례진헌, 식년진헌, 인년진헌	사약방 별례	유모(1), 상궁(11), 시녀(15), 수사(5), 수모(15), 파지(2) 방자(16), 유모배비(1) **총 66명**
	4	빈궁 (嬪宮)	축일공상, 국기일일삼시매시공상, 축삭공상, 사맹삭일개, 생진진헌, 절일진헌, 연례진헌	사약방 별례	유모(1), 상궁(10), 시녀(12), 수사(5), 수모(8), 파지(2) 방자(15), 유모배비(1) **총 54명**
	5	원자궁 (元子宮)	축일공상, 국기일일삼시매시공상, 축삭공상, 사맹삭일개, 생진진헌, 절일진헌, 연례진헌		유모(1), 상궁(3), 시녀(5), 수사(2), 수모(5), 파지(2), 방자(3), 유모배비(1) **총 22명**
	6	원자빈궁 (元子嬪宮)	축일공상, 국기일일삼시매시공상, 축삭공상, 사맹삭일개, 생진진헌, 절일진헌, 연례진헌		유모(1), 상궁(3), 시녀(5), 수사(2), 수모(5), 파지(2), 방자(3), 유모배비(1) **총 22명**
3	7	세손궁 (世孫宮)	축일공상, 국기일일삼시매시공상, 축삭공상, 사맹삭일개, 생진진헌, 절일진헌, 연례진헌		유모(1), 상궁(10), 시녀(12), 수사(5), 수모(8), 파지(2), 방자(15), 유모배비(1) **총 54명**
	8	세손빈궁 (世孫嬪宮)	축일공상, 국기일일삼시매시공상, 축삭공상, 사맹삭일개, 생진진헌, 절일진헌, 연례진헌		유모(1), 상궁(10), 시녀(12), 수사(5), 수모(8), 파지(2) 방자(15), 유모배비(1) **총 54명**
	9	원손궁 (元孫宮)	축일진배, 국기일일삼시매시진배, 축삭진배, 사맹삭일개, 절일진배, 연례진배		유모(1), 수사(2), 각시(5) **총 8명**
	10	원손빈궁 (元孫嬪宮)	축일진배, 국기일일삼시매시진배, 축삭진배, 사맹삭일개, 절일진배, 연례진배		유모(1), 수사(2), 각시(5) **총 8명**

4	1	재궐대군왕자 (在闕大君王子)	축일진배, 국기일일삼시매시진배, 축삭진배, 사맹삭일개, 절일진배, 연례진배, 대군출합시, 왕자출합시		유모(1), 보모(1), 수사(3/2), 각시(5), 출합시 유모(1), 보모(1), 수사(3/2), 각시(5) **총 9/10명**
	12	대군왕자부인재궐 (大君王子夫人在闕)	축일진배, 국기일일삼시매시진배, 축삭진배, 사맹삭일개, 절일진배, 연례진배		유모(1), 보모(1), 각시(3) **총 5명**
	13	재궐공옹주 (在闕公翁主)	축일진배, 국기일일삼시매시진배, 축삭진배, 사맹삭일개, 절일진배, 연례진배, 공주출합시, 옹주출합시		유모(1), 보모(1), 수사(3/2), 각시(5), 공주·옹주출합시 유모(1), 보모(1), 수사(3/2), 각시(5) **총 9/10명**
	14	재궐군현주 (在闕郡縣主)	축일진배, 국기일일삼시매시진배, 축삭진배, 사맹삭일개, 절일진배, 연례진배, 군주출합시, 현주출합시		유모(1), 보모(1), 수사(1), 각시(4), 군주·현주출합시 유모(1), 보모(1), 수사(1), 각시(4) **총 7명**
	* 세자의 중자적(衆子嫡)과 부인, 중자서(衆子庶)와 부인은 재궐군현주례(在闕郡縣主)와 동일함				
	15	제빈방~숙원방 (諸嬪房至淑媛房)	축일진배, 국기일일삼시매시진배, 축삭진배, 춘등, 추등, 사맹삭일개, 절일진배, 연례진배		각시(5), 수모(1) **총 4명**
	16	양제방~소훈방 (良娣房至昭訓房)	축일진배, 국기일일삼시매시진배, 축삭진배, 춘등, 추등, 사맹삭일개, 절일진배, 연례진배		각시(3), 수모(1) **총 4명**
	17	봉보부인 (奉保夫人)	축일진배, 국기일일삼시매시진배, 축삭진배, 춘등, 추등, 사맹삭일개, 절일진배, 연례진배		방자(4) **총 4명**
*1	1	자전 (慈殿)	축일공상, 국기일일삼시매시공상, 축삭공상, 사삭일개, 탄일진상, 절일진상, 연례진상	별진하진상, 사약방 별례	아지(1), 상궁(19), 시녀(25), 수사(14), 수모(19), 파지(5), 방자(23), 유모배비(1) **총 107명**
*2	2	인수궁 (仁壽宮)	축일진배, 국기일일삼시매시진배, 축삭진배, 춘등, 추등, 시맹삭일개, 절일진배, 연례진배		각시(6), 수모(1) **총 7명**

* 국립중앙도서관본은 자전과 인수궁이 건(乾)·곤(坤) 2책으로 구분되어 있으나, 규장각 본은 1책으로 합본되어 있다.

정례공상 중 축일공상과 축삭공상은 날마다 혹은 달마다 진배되는 공상물로서 음식물류로 이루어져 있다. 공상아문에서 매일 혹은 매달 궐내로 진배하는 식재료를 바탕으로 각 전·궁 수라간에서 음식을 마련하여 올렸다.238 국기일일삼시매시공상은 국기일에 하루 세 번 소선(素膳)을 행할 때 진배하는 공상을 말하며, 이 역시 식물류가 주를 이룬다. 한편 사맹삭일개는 석 달에 한 번 물품을 갈거나 수리를 해야 하는 물품으로 유지(油紙), 말총체[馬尾篩], 대체[竹篩], 세겹바[三甲所], 외겹바[絛所], 표주박[瓢子], 솔[省]과 같은 일상소모품으로 구성되어 있다. 이외에 왕실구성원의 생일과 절기에 맞추어 진배하는 공상과 연례진상(年例進上), 식년진상(式年進上), 인년진상(寅年進上) 등은 각 전·궁의 위계에 따라 진배 횟수가 줄어들고 물종도 간략화되었다.

탄일진상과 생진진헌은 세손빈궁에게까지만 제공되었다. 자전은 생일날 대전, 중궁전, 세자궁과 백관, 의정부 6조, 내주방, 상의원, 장원서로부터 '생일선물'을 제공받았다. 대전은 중궁전과 세자궁, 백관, 의정부 6조, 내주방, 상의원, 장원서에서, 중궁전은 세자궁과 백관, 의정부 6조, 내주방, 상의원, 장원서에서 생일에 맞추어 선물을 제공받았다. 세자궁과 세자빈궁, 원자궁과 원자빈궁, 세손궁과 세손빈궁 역시 내주방과 상의원에서 각기 생일 명목으로 물품을 제공받았다.

절일진상은 대전(자전 포함)에서 세손빈궁까지는 정조, 입춘, 인일, 상원일, 2월1일, 한식, 3월3일, 4월8일, 단오, 유두, 칠석, 7월15일, 추석, 9월9일, 동지, 경신, 제야, 교년에 각기 물품이 진상되었으나, 원손궁 이하

---

238 『각사정례』 권12에는 대전, 대왕대비전, 중궁전, 세자궁, 빈궁의 수라간이 별도로 배설되어 있다. 이는 고종 대 궐내에 배설되었다고 전해지는 퇴선간을 의미한 것으로 보인다. 고종 대 국왕 및 대왕대비, 왕대비전 등의 침전에는 ①至密 ②針房 ③繡房 ④洗手間 ⑤生果房 ⑥燒廚房 ⑦洗踏房 등이 딸려 있었으며, 퇴선간은 수라를 짓고, 상을 차려 올리는 중간부엌의 기능을 담당하였다(김용숙, 앞의 책, 17쪽, 191쪽 참조).

는 단오, 유두, 칠석, 교년에, 원손빈궁 이하는 단오, 유두, 교년에, 봉보부인은 단오에만 절일진상이 행해졌다.

연례진상과 식년진상, 인년진상은 일 년에 한 차례 진배되는 공상물이다. 연례진상으로는 의복제작을 위한 가죽류, 산삼·길경가로 쓸 선혜청미, 식기류를 쌀 보자기류가 있다. 이밖에 1년에 한 번 납입하는 점에서 연례진상의 성격을 띠는 물품들이 있다. 장과 김치를 담글 때 필요한 식재료와 조리기구[沈醬·沈菹所入], 옷감을 염색하고[藍染所入], 어·육을 쪄서 건조시키는 데 쓰는 불[薰化所入], 궐내 화재를 단속할 때[禁火所入] 쓰는 물품, 눈 치우는 쓸개[掃雪所入], 궁중 보루각에서 시간[경·점]을 알리는 데 쓰이는 물품[座警所入]이 공상아문을 통해 해마다 제공되었으며, 대전에 한해서는 방포연(放砲宴) 시 등진유와 같은 물품도 진배되었다. 식년진상, 인년진상으로는 대전과 세자궁에 한해 내의원에서 의료용침[鍼子, 三寅鍼]을 진배하였다. 이밖에 대전의 경우 경외관료들에게 반사(頒賜)하는[頒賜所入] 귀마개류가 추가로 제공되었다.

별례공상은 대전, 자전, 중궁전, 세자궁, 세자빈궁에서만 확인된다. 특별히 각 전·궁에 경축해야 할 일이 있을 때 별진하진상이 행해졌으며, 내궁방에서는 특별히 활, 화살을 제작하여 대전에만 진배하였다. 또한 연경에 보내는 별진하 물품도 호조에서 상의원에 값을 지불하여 별도로 사들였다. 이밖에 대전에 속한 서방색, 배설방의 별례와 자전, 중궁전, 세자궁의 사약방 별례가 있다.

서방색은 액정서의 소속 관원으로 전좌(殿座)에 갖추는 벼루·붓·먹·풀·종이 등을 진배(進排)하는 일을 맡았다. 서방색이 1년 동안 배설(排設)하는 물품 중 대례[五禮]와 원릉에 행행할 때 쓰는 물품은 별례로 마련되었다. 배설방은 궁중에서 차일(遮日), 휘장(揮帳) 등을 설치하는 일을 맡았으며, 배설방 또한 가까운 릉에 행행하거나 풍덕, 여주에 위치한 능에 행행할 때, 그리고 영칙 시에 별례로서 막차(幕次)를 설치하였다. 사약방은 액정서 소속 잡직으로 궐내 각문의 열쇠를 관리하였는데, 자전, 중궁전, 세자궁, 세자빈궁에 대례 시 필요한 물품을 별례로서 마련하였다.

『탁지정례』를 제정할 당시의 의도를 생각한다면 이러한 별례의 첨입은 모순된 사안일 수 있다.[239] 그러나 별례로 제공되는 공상은 대전, 자전, 중궁전, 세자궁, 세자빈궁에 한정되었고 칭경시 별진하를 제외하고는 대례나 능행을 추가적으로 행할 때 발생하는 소요품으로 이루어져 있어 경상비의 성격이 강하다.

「각전각궁례」에서 보다 주목할 부분은 앞에서 지적한 대로 궁인의 선반 및 의전을 공상의 영역에 포함시키고 있는 점이다. 대전에서 인수궁에 이르기까지 아지, 상궁, 유모(보모), 시녀, 수사, 수모(파지 포함), 방자(유모 배비 포함) 등의 궁속이 위계에 따라 숫자를 달리하여 배치되었으며, 시기마다 소요물품 역시 차등 있게 진배되었다. 이들에게 지급된 공상은 유모를 제외하고는 대부분 일용 먹을거리에 해당하는 선반과 정포(正布), 정주(正紬)와 같은 의전류가 주를 이루었다. 「각전각궁례」가 간행되기 전인 영조 13년(1737) 호조판서 김동필은 '각 전의 공상 및 선반에 쓰이는 쌀과 콩, 생선과 소금의 원공이 정해진 지 백 년 가까이 지난 시점에서 궁호와 궁속이 점차 증가하여 元貢이 부족한 상태가 되었다'고 지적한 바 있다.[240] 실제 영조 13년(1737) 영조가 산실청을 설치하면서 600명의 궁호도 부족하다고 말한 것이 문제가 되기도 하였다.[241] 그러면 『탁지정례』상의 궁인의 규모는 얼마나 되었을까?

---

[239] 최주희, 2011, 앞의 논문, 273~274쪽 참조.
[240] 『비변사등록』 100책, 영조 12년 12월 26일(을유), "同日入侍時 戶曹判書金東弼所啓 各殿供上及宣飯所用米太則司䆃寺進排 魚鹽則司宰監進排 兩司元貢大同 酌定時以其時進排時磨鍊 故元無不足之事 大同創設 今近百年 宮號及宮屬漸次增加之後 致此元貢之不足…"
[241] 『영조실록』 권43, 영조 13년 3월 26일(갑인).

「각전각궁례」 내 궁속의 규모를 살펴보면, 총 560여명에 달한다. 4책에 편제된 재궐대군왕자와 공·옹주, 군·현주, 국왕 및 세자의 후궁은 복수로 늘어날 수 있기 때문에 이들에 배속된 궁인 45~47명은 인원이 더 늘어날 소지가 있다. 이들은 공식적으로 선혜청을 통해 공상물이 지급되는 인원수이다. 내명부 상에 포함되어 있는 정 5품 상궁 외에는 유모에서 방자에 이르기까지 순수한 궐내 부역자의 성격을 띠었다. 유모와 보모는 각 전·궁의 보육을 담당하였으며 특히 유모에게는 시중드는 유모배비가 따로 존재했다. 상궁은 각 전·궁의 행정수발과 의전, 궁속을 관리하는 역할을 담당하였으며, 대전(자전 포함)에서 세손빈궁까지만 배속되었다. 수사는 보통 '수사이', '무수리'라 불리는 궁속으로 각 처소에 물긷기, 불때기 등의 잡역을 담당하였으며, 궐내에는 이들이 거주하는 수라간[水賜間]을 따로 두었다. 수모는 '물어미'라 하여 세수 등의 시중을 드는 궁속을 말하며, 파지는 궐내 청소를 담당하는 남자아이[童男] 혹은 계집종을 일컬었다. 방자는 '각심이'라 불리는 비자[婢子]의 일종으로 상궁이 머무는 처소의 살림을 맡아보았다.[242]

상궁 이하 궁인들은 원칙상 자신이 모시는 전·궁이 사망하기 전까지 공상의 영역에 포함되었으나 각 전·궁의 사망 후에도 예우 차원에서 일정 기간 공상이 유지되기도 하였다. 대군, 왕자와 공·옹주, 군·현주의 궁속들은 각자 모시는 궁방이 출합할 경우 궐이 아닌 사가에서 생활하게 되었는데, 이때에도 공상물을 지급받았다. 대군, 왕자와 그 부인, 그리고 공주·옹주, 군주·현주는 궐내에 있을 때에는 다른 전·궁과 마찬가지로 정례 공상을 제공받았으나 출합과 동시에 정기 공상은 공식적으로 중지되고 대신 출합을 위한 순비물품이 한꺼번에 진배되었다. 반면 이들에게 배속

---

[242] 김용숙, 1987, 앞의 책, 14~15쪽 참조.

된 궁인들은 출합 후에도 여전히 축일, 국기일삼시매시공상, 춘·추등공상이 행해졌다. 일단 궐 밖으로 거처를 옮기는 왕실구성원은 진배대상에서 제외되었으나, 소속 궁인들은 여전히 공상물을 제공받았던 것이다.[243]

이러한 각 전·궁의 궁속 인원을 살펴보면, ① 자전=중궁전(107명) 〉 ② 세자궁(66명) 〉 ③ 세자빈궁=세손궁=세손빈궁(54명) 〉 ④ 원자궁=원자빈궁(22명) 〉 ⑤ 재궐대군왕자=재궐공옹주(10명) 〉 ⑥ 원손궁=원손빈궁(8명) 〉 ⑦ 재궐군현주=세자의 중자적·서와 그 부인=인수궁(7명) 〉 ⑧ 재궐대군왕자부인(5명) 〉 ⑨ 제빈방~숙원방=양제방~소훈방=봉보부인(4명) 순으로 차이를 보인다.

그런데 각 전·궁 중에서 대전의 궁속만이 정례 내에 유일하게 빠져 있다. 조선전기 성종 대 궁속을 정비하는 과정에서 대전에 49명의 궁인이 배속되었던 전례를 고려한다면[244] 대전 소속 궁인이 애초에 없었던 것은 아니다. 1722년(경종 2) 임인옥사가 일어났을 당시까지도 대전의 궁인으로 백열이와 묵세가 공초를 받다가 물고된 일이 있었다.[245] 이후 중앙에서는 각전의 궁인들을 사출하여 궐 밖으로 내보냄으로써 정치적인 우환을 예방하고자 했다.[246] 이때 대전의 궁속이 모두 혁파되었는지에 대해서

---

[243] 이에 대한 내용은 만기요람을 통해서도 확인된다.『만기요람』재용편 4, 戶曹各掌事例. "大君王子公主翁主君主県主在闕 則依定例供上 出閤則 不爲擧行 只給乳母保姆宣飯衣纏水賜各氏衣纏."

[244] 『성종실록』권3, 성종 1년 2월 6일(을묘).

[245] 『경종실록』권8, 경종 2년 5월 3일(정해); 권8, 경종 2년 5월 20일(갑진).

[246] 『승정원일기』543책, 경종 2년 8월 22일(을해), "且人心 固自不一 宮人之數多 元非好事 嗣服之初 亦豈不有所建白耶 唐太宗揀出宮女三千 史稱其美 卽今各殿使令磨鍊有裕之外 其餘不緊宮人 使之揀出 則人心可以悦服 而亦可爲防患之道矣… 明彦曰 大臣縷縷陳達而無發落 待大臣之道 固合卽賜發落 況查出一宮人 誠至易之事 而未知聖意 何爲而如是持難乎 向來四凶中 頤集挐籍 似非時急之事 健栄竄逐絶島 視諸宮人隱伏至近至密之地 不可同日語 而三司伏閣 大臣 率諸宰請對 至於準請 今此么麼宮人事之持難 臣實未曉也 又曰 大臣如是屢達 從違間 聖意所在 敢請得聞矣 泰耉曰 小臣得承下教後 當退出矣 上曰 依爲之."

는 정확히 알 수 없다. 다만 공상을 지급받는 대전의 궁인은 정식으로 배속되지 않았던 것으로 보인다. 이와 관련하여 정조 초반의 기사를 살펴볼 필요가 있다.

정조는 즉위와 동시에 「병신정식」을 작성하여 궁방의 면세결을 호조로 귀속시키는 등 왕실재정 개혁을 대대적으로 추진하였다.[247] 그러나 정조가 이보다 앞서 취한 왕실재정 개혁은 '공상(供上)의 혁파'였다. 즉 궁인의 요찬과 의전을 대폭 줄이고 세손 시절 제공받았던 공상을 일절 없애는 것이었다. 정조는 대전에 진공하는 시탄과 각 전·궁의 배설방에 진배하는 물품을 이정하는 한편 대전 소속 궁인에게 지급되는 선반·의전을 모두 혁파하는 조치를 취하였다.[248] 그리고 이에 앞서 교서를 통해, '궁인의 요미, 찬과 의전(衣纏)은 본래 대전에는 마련되지 않았으니 지금부터 진배할 때에는 대전 궁인의 명색을 띤 자들을 모두 혁파하라는 명을 내렸다. 그리고 이 중 나이든 궁인은 각 전에 나누어 배속시키게 하였다. 영조 대 대전 궁인의 선반·의전 역시 별도로 존재했던 것은 아니었다. 사망한 왕대비전[인원왕후·선의왕후·정성왕후]과 세자빈궁[효순현빈], 세손궁[의소세손]에 속했던 궁인들이 귀속처가 없어지자 특별히 대전 궁인으로 삼아 늠료의 형태로 지급하였던 것이다.[249] 정조는 즉위 후 이마저도 모두 삭감하여 사실상 대전의 궁속에게 지급되었던 선반·의전을 모두 혁파하는 조치를 취했다.[250] 각 전·궁에 속한 궁인들의 요찬·의전을 대폭 줄인 조치는 정조 2년(1778) 1천여 가호의 재산 규모에 달하는 재원절약의 효과를 낳았다고 한다. 이는 선반·의전의 절감 효과를 수사적으로 표현한

---

247 송양섭, 2011, 앞의 논문 참조.
248 『일성록』징조 즉위년 3월 15일(병술), "革減宮人料饌進排 教曰 宮人料饌衣纏古例元無 磨鍊於大殿者 從今進排時大殿宮人之名色進排草[革의 오자인 듯 *필자 주] 罷只 以中宮殿宮人一遵定例擧行 世孫宮時進排一幷除減俾無如前混淆之弊."
249 『정조실록』권1, 정조 즉위년 3월 21일(임진).

것이지만, 왕실재정의 개혁을 자신으로부터 시작하고자 한 정조 초반의 정책지향을 잘 보여준다. 정조는 즉위 초 동궁의 내탕이었던 명례궁 소속 면세결을 호조에 귀속시킴으로써 다른 궁방전에도 출세할 수 있는 명분을 만들어냈다.251 정조가 궁속의 유지 비용을 줄이고자 한 조치 역시 명분은 재정 긴축에 있었으나 이것만으로 설명하기에는 부족한 점이 있다.

경종 대 임인옥사를 계기로 궁인의 단속과 감축은 정치적 사안으로 작용하였다.252 정조 역시 세손시절 영조가 국정 이양의 뜻을 내비치자 왕실 척족들로부터 갖은 수난을 겪었고, 이러한 정치적 압박과 견제에 궁속들이 활용되고 있음을 감지하고 있었다.253 이에 즉위하자마자 궁위의 단속에 박차를 가하면서, '궁녀가 버젓이 줄 서 있는 관원 앞을 지나가고 지체 있는 관리가 여항에서 소란을 피우고 있으니 궁궐의 기강이 어떻다는 것을 알 만하다. 게다가 환관, 시종들이 사대부인양 행세를 하고 궁방 관속들이 지방 고을에서 나쁜 짓을 하고 있는 것은 더더욱 변괴가 아닐 수 없다'고 지적하고 이들의 폐단을 낱낱이 고하게 하였다.254

---

250 『정조실록』권6, 정조 2년 10월 5일(신유), "教曰 予以爲節用 先自宮闈始 節用之道 無出於節其無用之費 雖在大官飱人之供 若係無用 則尙加節省 況且宮闈無用之費乎 ㉠ 大抵宮人供億 所費甚多 豈特無用之費 抑亦不急之需也 御極之初 首先釐正者 此也 今則大殿 無宮人之名目 雖欲查櫛 更無省弊之事 而累朝流來宮人之供億 則屬於慈殿 古例然也 非不知尾閭太廣, 而尙不蘇革其弊矣 聞宮人老故既多 而新充絶無之 故供億有贏餘云 以此稟于慈殿 慈敎許可 當此歲歉 民窮之時 宜有別般節省之道 ㉡ 以今所欲減省名色之費 昨夜問于度支 則料饌 衣紬之需 可代中人千餘家之産 然則 此是節省之實政 豈不益哉 宮人供億名色中 癸酉移屬條 自今朔永爲省罷 以補經用"
251 『정조실록』행장.
252 임인옥사 때 物故된 대전수라간 나인 묵세는 1779년(정조 3)에 旌表되었다(『정조실록』권7, 정조 3년 3월 15일(기해)).
253 1778년(정조 2) 정치달의 처[화완옹주]를 처리하는 과정에서 그의 심복인 궁인 徐聘喜를 정배보내는 조치를 취하였다(『정조실록』권5, 정조 2년 윤6월 23일(신사)).
254 『정조실록』행장.

요컨대,「각전각궁례」내 대전 소속 궁인이 빠져 있는 것은 영조 대 이후 대전에는 공식적으로 선반·의전을 지급하는 궁인을 배속시키지 않은 상황을 반영한 것이며, 임시로 대전에 이속되었던 궁인 역시 정조 초에 이르러 모두 혁파되었다. 순조 초에 작성된 『만기요람』(1808) 각 전·궁 공상조에서도 대전 궁인에 대한 선반·의전 비용이 빠져 있으며, 1826년(순조 26) 정례의 폐를 개선하기 위해 작성된 『예식통고』[255]에도 대전 궁인에게 지급된 물목은 찾아볼 수 없다. 이를 통해 볼 때 『탁지정례』「각전각궁례」의 규정은 적어도 19세기 전반까지 유지되었던 것으로 보인다. 이에 대전에 속한 궁인을 제외하고서도 정례 내에서 선반·의전을 지급 받는 궁인의 공식적인 규모는 18세기 중반 무렵에 560여 명에 달하였다. 다음 장에서는 각 전·궁과 이들에게 속해 있던 궁인들에게 어느 정도의 공상 물자가 지급되었는지 살펴보기로 하겠다.

『탁지정례』「각전각궁례」의 총 물목수는 5,760여 개의 달한다. 이 중 자전이 551개로 가장 많고 그 다음으로 중궁전 〉대전 〉세자궁 〉세손궁 〉세자빈궁 〉세손빈궁 〉원자궁=재궐대군왕자=재궐공옹주 〉재궐군현주=세자중자재궐=세자중자부인재궐 〉원자빈궁 〉원손궁 〉원손빈궁 〉제빈방지숙원방=인수궁 〉대군왕자부인재궐 〉양제방~소훈방 〉봉보부인의 순서로 물목수가 줄어든다. 대전이 중궁전보다 물목수가 적은 것은 소속 궁인이 없기 때문이다. 한편 대군왕자와 공·옹주, 군·현주, 세자의 중자(衆子)와 그 부인은 출합 시 지급되는 물품이 전체 공상물목의 절반 이상을 차지한다. 궐내에 거주하는 세자 중자와 그 부인은 본래 독립 항목으로 편제되어 있지 않고, 재궐군현주례 아래 '세자 중자적과 부인,

---

[255] 『예식통고』품목(奎19327)은 현재 규장각본만 확인된다. 『예식통고』에 나타난 왕실 유모의 경제적 처우문제는 박미선의 논문을 참고할 수 있다(박미선, 2011, 「18, 19세기 왕실유모의 범위와 위상-『度支定例』와 『例式通攷』를 중심으로」, 『史叢』73).

중자서와 부인은 예를 같이한다'는 주가 달려 있다. 이를 감안하여 물목 수를 책정하면 아래 표와 같다. 그러면 이 5,760여 개의 물목에 해당하는 「각전각궁례」의 공상가는 얼마나 될까?

『탁지정례』상에는 공물가가 기재되어 있지 않기 때문에 「각전각궁례」 만으로 전체 공가액을 산출하기는 어렵다. 이를 위해 『선혜청정례』를 참고할 필요가 있다. 『선혜청정례』는 『탁지정례』 「각전각궁례」가 완성된 다음 해인 영조 26년(1750) 1월 선혜청정례를 수정하라는 영조의 명이 내려진 후 1년여에 걸친 수정작업을 거쳐 영조 27년(1751) 총 7책으로 간행되었다. 당시 영조의 하교 내용에서 공상의 전체 규모를 산출하는데『탁지정례』와『선혜청정례』를 함께 검토해야 하는 이유를 확인할 수 있다.

> 선혜청의 정례(定例)를 수정하라고 명하였다. 하교하기를, "공자가 말하기를, '아껴서 쓰고 백성을 사랑하라.'고 하였다. 지금 탁지는 조례를 정하여 빠져나가는 염려를 막고 나오고 들어가는 곳을 알도록 하였다. 진배하는 모든 물건은 대동법이 실시된 이후에는 오로지 공물에 의지하고 있는데, 공물의 근본은 선혜청에 있으니 선혜청과 탁지는 서로 표리의 관계가 있다 하겠다. 탁지에는 정례가 있는데 선혜청에 유독 정례가 없을 수 없으니, 탁지의 예에 의거하여 정례를 수정하도록 하라." 하였다.[256]

대동법이 시행된 이후 궐내 진배를 담당하는 공상아문들은 공인들이 납품한 공물을 바탕으로 공상물자를 마련하였으며, 선혜청은 각사 공인들에게 공물가를 지급하는 역할을 하였다. 따라서 선혜청에서 중앙각사

---

[256] 『영조실록』권71, 영조 26년 1월 6일(경술), "命修正宣惠廳定例 教曰 孔聖云 節用而愛人 今者度支定例 杜滲漏之患 知出入之門 凡進排之物 自大同以後 專由貢物 貢物之本 在於惠廳 惠廳度支可相表裏也 度支有定例 惠廳不可獨無定例 依度支例 修正定例"

와 호조를 거쳐 왕실 각 전·궁으로 이어지는 공상물 조달루트에서 선혜청은 공물이 마련되는 가장 기초단위이자 핵심 재무기관으로 역할하였다.[257] 다만 중앙각사에서 궐내에 들이는 물품은 반드시 호조를 관유(關由: 관문을 보내 행정절차를 거침)해야 했다. 호조의 전례방은 본래 제향과 공상, 사행의 예물, 예장 등 경비소용과 관련된 제반 업무를 관장하였다. 이에 각 전·궁의 공상과 상궁, 시녀 등의 선반미 지급 역시 호조 전례방을 경유해야 했다. 공상물을 담당하는 각사의 보고가 오면 전례방에서는 정례와 삭도를 상고하여 회감하는 절차를 밟았다.[258]

요컨대, 선혜청이 공인에게 공가를 지급해주고, 공인이 이를 각사에 정확히 납품했는지까지를 관리하였다면, 호조는 각사에서 마련한 공상물을 궐내에 진배하는 과정을 관리하였다. 이 때문에 공상에 있어서 호조와 선혜청은 상보관계에 있었으며, 영조가 '호조와 선혜청을 표리관계에 있다'고 한 것 역시 이러한 맥락에서 이해할 수 있다. 다만 호조 역시 양서조[관서·해서] 및 전세조공물을 독자적으로 운영하였고, 수시로 물종을 구입하는 별무(別貿)의 경우 호조가 전담하고 있었기 때문에 공가 운영에 있어서 선혜청과 종종 갈등을 빚기도 하였다. 그런데 탁지정례에 의거하여 『선혜청정례』를 수정하라는 영조의 하교와는 달리 『선혜청정례』의 편제방식은 『탁지정례』와 조금 차이를 보인다. 『탁지정례』 「각전각궁례」가 각 전·궁 공상물목만을 순서대로 기록해 놓은데 반해, 『선혜청정례』는 물목 하단부에 추가로 공물가를 기재해 놓았다. 이를 설명하기 위해 다음의 『선혜청정례』 범례를 살펴보기로 하겠다.

---

257 공상아문은 신혜청에서 공가를 지급받는 외에도 소속 屯田에서 세를 받거나 본색 상납물로서 공상물을 마련하기도 하였다(『비변사등록』 82책, 영조 3년 12월 2일(계미); 영조 13년 윤9월 25일(경진)).
258 『만기요람』 재용편 4, 戶曹各掌事例, 前例房.

ⓐ 각전 각궁의 진배 물종 공가는 양서조와 별무 외에는 모두 본청에서 마련하여 차하하되 내입물종 가운데 본청에서 어린한 것에 실려 있으면서 탁지정례에 들어있지 않은 것이 있으니 지금 어린한 것에 실린 물종은 탁지정례와 동일하게 열서하되, 본청은 급가(給價)를 구관하기 때문에 정례규식이 부득이 탁지와 조금 다르다. 그 물종의 아래 각각 가미의 수효를 주(註)로 달아 예람에 대비한다.259

ⓑ 탁지정례에 실린 물종의 공가는 비록 본청에서 나누어 지급하되, 이미 탁지정례가 있기 때문에 물종은 다시 열서하지 않고 다만 각전, 각궁 진배의 1년 공가 지급의 수는 본청정례의 하단에 나누어 쓴다.260

ⓐ의 범례 내용을 통해 각전각궁에 진배되는 공상물의 값은 양서조[관서·해서] 공물과 별무를 제외하고 모두 선혜청에서 지급하는 것이 원칙이며, 『선혜청정례』에는 탁지정례에 빠져 있는 물종이 실려 있음을 알 수 있다. 또한 선혜청은 공가 지급을 전담하는 관청이기 때문에 『탁지정례』와 달리 공가를 현주하였다는 언급이 보인다. ⓑ에서는 이렇게 따로 구분하여 실은 탁지정례 상의 물종 역시 선혜청에서 공가를 분등하여 지급하며, 『탁지정례』에 기재된 물목은 『선혜청정례』 내에 중복 기재하지 않고 단지 1년 공가액만 기재한다는 것이다.

이에 『선혜청정례』의 각 전·궁 물목 하단부에는 『선혜청정례』에 실린 각 전·궁의 공상액(〈표 Ⅲ-2〉 ⓑ)뿐 아니라 『탁지정례』 「각전각궁례」에 실

---

259 『선혜청정례』 범례, "各殿各宮進排物種貢價 則兩西條及別貿外 皆自本廳磨鍊上下 而內入物種中有載于本廳魚鱗不入于度支定例者 今以魚鱗所載物種列書一如度支定例 而本廳則句管給價 故定例規式不得不稍異度支 各其物種下懸價米數爻以備睿覽."

260 『선혜청정례』 범례, "度支定例所載物種貢價 雖自本廳分等上下 而旣有度支定例 故物種不復列書 只以各殿各宮進排一年貢價上下之數分書于本廳定例下端."

<표 III-2> 「각전각궁례」의 전체 공상물목수와 공상가 총액

번호	왕실 상납처	각전각궁례 공상물목수 (출합시)	『선혜청정례』 내 「각전각궁례」 공상액(ⓐ)	『선혜청정례』 내 각 전·궁 공상액 (ⓑ)	각 전·궁 공가액 (ⓐ+ⓑ)
1	대전(大殿)	457	3,610-4-3-6-5	2,456-13-5-2-8 / 무명 25-32(≒427석)	6,494석
2	중궁전(中宮殿)	475	5,362-6-0-3-2	3,449-5-6-5-3 / 무명 2(≒33석)	8,844석
3	인수궁(仁壽宮)	116	335-7-0-8	637-11-5-0-2	973석
4	자전(慈殿)	551	5,963-13-0-8-9	5,373-1-8-3-3	11,336석
5	세자궁(世子宮)	386	3,895-11-3-9-3	5,353-6-2-8-8	9,249석
6	빈궁(嬪宮)	328	3,159-0-8-5-4	2,371-12-0-9	5,530석
7	원자궁(元子宮)	311	2,597-2-5-9-5	2,722-1-9-6	5,319석
8	원자빈궁(元子嬪宮)	299	3,159-0-8-5-4	1,866-1-7-4-6	5,025석
9	세손궁(世孫宮)	332	3,895-11-3-9-3	2,585-11-6-3	6,481석
10	세손빈궁(世孫嬪宮)	319	3,159-0-8-5-4	2,142-3-5-2-9	5,301석
11	원손궁(元孫宮)	132	430-11-8-0-7	511-4-1-9-7	942석
12	원손빈궁(元孫嬪宮)	122	430-11-8-0-7	496-5-6-9-7	927석
13	현빈궁(賢嬪宮)	-	3,179-13-1-9-2	2,371-12-0-9	5,551석
14	재궐대군왕자방례(在闕大君王子房例)	311(189)	430-11-8-0-7	496-5-6-9-7	927석
14	대군왕자부인재궐(大君王子婦人在闕)	108	430-11-8-0-7	496-5-6-9-7	927석
15	재궐공옹주(在闕公翁主)	311(189)	430-11-8-0-7	496-5-6-9-7	927석
16	재궐군현주례(在闕郡縣主例)	303(181)	430-11-8-0-7	504-5-6-9-7	935석
16	세자중자재궐례(世子衆子在闕例)***	303(181)	430-11-8-0-7	504-5-6-9-7	935석
16	세자중자부인재궐(世子衆子婦人在闕)	303(181)	430-11-8-0-7	504-5-6-9-7	935석
17	제빈방지숙원방(諸嬪房至淑媛房)	116	335-7-0-8	489-10-8-6-2	825석
18	양제방지소훈방례(良娣房至昭訓房例)	105	335-7-0-8	493-3-0-6-5	828석
19	봉보부인(奉保夫人)	75	-	-	
	계(ⓐ,ⓑ)	5,763	42,003석	36,282석	ⓐ+ⓑ
	총계(ⓐ+ⓑ)		79,212석		

* 환전식 : 1석=3필=6냥(전거:『宣惠廳定例』凡例)
** 공가 단위 : 石·斗·升·合·夕, 단 공상액 산출 시 카이하는 버림하였으며, 이로 인한 석 단위 오차가 발생할 수 있음.
*** 세자중자 및 부인재궐례는 재궐군현주례 하단에 례를 같이한다는 세주가 달려 있음.

린 공상액(〈표 Ⅲ-2〉 ⓐ)이 나란히 제시되어 있다. 두 공상액 모두 선혜청의 재원으로 지급되었다. 앞의 〈표 Ⅲ-2〉는 이러한 방식으로『선혜청정례』에 기재된 각 전·궁의 공상액을 정리해 놓은 것이다.

『탁지정례』「각전각궁례」의 공상액은 42,003석 정도에 달한다. 한편 『선혜청정례』상의 각 전·궁 공상액은 36,282석 가량이다. 이를 대략 합산하면 선혜청에서 지급하는 각 전·궁 공상가 총액이 나온다. 그러나 여기서 몇 가지 누락된 정보를 고려할 필요가 있다.

우선『선혜청정례』상에는 세자빈궁 외에도 현빈궁이 추가되어 있다. 현빈궁은 효장세자의 부인인 효순현빈을 가리킨다.『탁지정례』내에 현빈궁을 별도 항목으로 정해두지 않았는데도『선혜청정례』상에는『탁지정례』소재 공상액과『선혜청정례』상의 공상액을 모두 기재해 놓았다. 현재로서 이에 대한 정확한 의도는 알 수 없다. 다만 현빈궁에 대한 영조의 배려가 각별했던 점은 짐작할 수 있다. 효순현빈은 본래 효장세자의 빈궁이었으나 세자가 사망한 후 영조 11년(1735)에 다시 원자가 태어나자 현빈에 책봉되었다.[261] 이후에도 영조의 극진한 보살핌 아래 궐내에서 생활하다가 영조 27년(1751) 11월 건극당에서 훙서하였다.[262] 영조는 효장세자에 대한 그리움을 효순현빈을 통해 달래었으며, 세자빈궁을 다시 책봉한 후에도 현빈궁을 대동하고 육상묘와 효장세자묘에 친림하곤 했다.[263] 실제 앞의 〈표 Ⅲ-2〉에서 현빈궁에 지급되는 공가는 세자빈궁보다 200석이 많게 책정되어 있다.『선혜청정례』가『탁지정례』에 이어 각 전·궁의 공상물종을 추가로 이정하기 위해 작성되었다는 점을 고려할 때, 현빈궁의 공상내역이『선혜청정례』에서야 비로소 확인되는 점은 공

---

261 『영조실록』권40, 영조 11년 3월 16일(병술).
262 『영조실록』권74, 영조 27년 11월 14일(병자).
263 『영조실록』권66, 영조 23년 11월 7일(계사).

상물종을 줄이고 삭감하는 대상에서 현빈궁이 일차적인 고려대상이 아니었음을 의미한다.

한편 『탁지정례』 「각전각궁례」 상의 봉보부인례는 『선혜청정례』 상에 빠져 있다. 이밖에도 제작하여 납입하는 물종의 경우 공상액이 포함되어 있지 않다.[264] 이 점 또한 전체 공상액을 산출하는데 감안해야 할 부분이다.

요컨대, 『선혜청정례』 상에 기재된 공상액은 선혜청에서 값을 지불하여 각 전·궁에 곧바로 진배되는 물종에 한한 액수이다. 이러한 점을 감안하여 두 정례 상에서 제한적으로 확인되는 공상액의 전체 규모는 79,212석가량이다. 이 중 〈표 Ⅲ-2〉의 14. 재궐대군왕자방례에서 18. 양제방~소훈방례까지는 해당 전·궁이 늘어나는 만큼 공상가 역시 늘어날 수 있다는 점도 상기해야 한다. 다만 『만기요람』이 작성되기 이전 왕실의 공상액의 전체규모를 파악하기 어려운 상황에서 선혜청에서 값을 지급하여 왕실에 진배되는 공상액은 『탁지정례』를 통해서만이 그 규정 수치를 확인할 수 있다.

그러면 정례 상에 기재된 공상액은 선혜청의 전체 지출 중 어느 정도 규모에 해당하는 수치일까? 영조 대 선혜청의 연 평균 지출액을 가늠하기 위해 『만기요람』의 선혜청 일 년 경용 중 중간 규모에 해당하는 영조 45년(1769)의 선혜청 용하액을 살펴보면 미 135,687석, 전미 2,780석, 소두 39석, 태 11,468석, 목면 2,297동, 마포 94동 14필, 전 294,430냥으로 집계된다. 소량에 불과한 소두(小豆)를 제외하고 『만기요람』 상의 작전식을 활용하여 미가로 환산한 총액은 250,098석 가량이다.[265] 『선혜청정

---

264 『선혜청정례』 범례, "度支定例所載元物種外造釀及各樣製作所入物種貢價 自本廳亦有上下者 而此與本物種直進排有異不爲計數."

265 『만기요람』 재용편 3, 大同作貢의 作木布錢과 免稅結의 作錢式을 활용하였다.(*田米 1석=3냥 5전, 太 1석= 2냥 5전, 大同木 1필=2냥, 大同布 1석=2냥, 米 1석=5냥)

례』에 기재된 공가 총액 79,212석 가량은 이 중 약 31.7%에 달한다. 즉 정례 상에 제시된 공상액은 중간 해 수준의 선혜청 지출 중 약 1/3 규모에 달하는 것이었다.266

그런데 여기서 한 가지 드는 의문이 있다. 『탁지정례』「각전각궁례」를 통해 왕실공상을 대폭 정비하였음에도 불구하고 영조는 왜 『선혜청정례』를 추가로 작성해 공상을 한 차례 더 삭감한 것일까? 다음 절에서는 『선혜청정례』를 중심으로 영조 대 일련의 정례서 편찬이 갖는 정치적 의도에 대해 살펴보기로 하겠다.

---

266 『만기요람』에 제시된 진배대상과 공상액은 정례와 일정한 차이를 보인다. 우선 진배 대상은 대전을 포함하여, 중궁전, 왕대비전, 혜경궁, 가순궁으로 한정된다. 이때 3전 2궁에 지출된 공상액은 370,140.37냥(≒74,028石零, *1石=5兩)으로 집계된다. 미환산가를 고려하면 정례와 비슷한 규모를 보이지만, 이 안에는 호조에서 지급하는 공가가 상당 부분 포함되어 있다. 다만 정례와『만기요람』에서 공통으로 확인되는 부분은 첫째, 대전의 궁인이 빠져 있는 점, 둘째, 각 전·궁 공상액 가운데 상당량이 선반·의전용으로 왕실에 진배되고 있는 점이다. 『만기요람』상에 3전 2궁의 궁인에게 지급된 공상액은 140,109.15냥(=米 28,021石零)으로 산출되며, 이는 공상가 총액[370,140.37兩=米 740,028石零] 의 37.8%에 해당하는 수치이다. 여기에는 궁속이 빠져 있는 대전의 공상액도 포함되어 있다. 이에 대전을 제외한 다른 전·궁의 경우, 공상액의 평균 50% 이상을 선반·의전용으로 소비하고 있다. 특히 궁속이 가장 많은 중궁전의 경우 선반·의전 비용은 중궁전 공상액[60,453.59兩]의 58.3%[35,240.88兩]에 달한다.

2. 균역법의 시행과 또 한 번의 재정긴축

『탁지정례』「각전각궁례」가 영조 24년(1748)을 시작으로 이듬해 이미 간행되었음에도 불구하고[267] 『선혜청정례』라는 또 다른 공상정례가 영조 26년(1750)을 시작으로 이듬해에 추가로 간행되었다.[268] 앞 절에서 지적한 것처럼 두 정례는 하나의 짝을 이루는 공상정례라 할 수 있다. 『탁지정례』「각전각궁례」의 공상물종가 역시 선혜청에서 지급하기 때문에 선혜청정례에 탁지정례의 공상물종가를 함께 기재해 놓았다는 것이다. 실제로 『선혜청정례』에는 각 전·궁에 진배되는 공상물종의 말미에 도이상 조로 탁지정례 상의 공상가 총액과 선혜청정례 상의 공상가 총액을 함께 기재해 놓았다.[269] 요컨대, 『탁지정례』「각전각궁례」와 『선혜청정례』는 동일한 편제방식으로 간행되었으며, 두 정례에 실린 공상물종은 모두 선혜청의 재원으로 마련되었다. 그럼에도 불구하고 『선혜청정례』를 굳이 따로 간행하게 된 배경은 무엇일까? 이를 해명하기 위해서는 우선 재무기관인 호조와 선혜청의 특성을 살펴볼 필요가 있다. 선혜청은 권설아문(임시기구)으로서 '정해진 공물가를 지출하는' 관청이지, 공물 지출에 있어서 전체적인 권한을 지닌 기관은 아니었다.[270] 반면 호조는 왕실 각 전·

---

267 『영조실록』권68, 영조 24년 11월 4일(갑인);『영조실록』권69, 영조 25년 2월 14일(임진).
268 『영조실록』권71, 영조 26년 1월 6일(경술);『승정원일기』1069책, 영조 27년 윤 5월 1일(병인).
269 최주희, 2012, 「18세기 중반 定例類에 나타난 王室供上의 범위와 성격」, 『藏書閣』27, 62쪽 〈표 3〉 참조.

궁과 정부 각사의 경비 지출을 일차적으로 감독하는 권한을 지녔다.

실제 공상아문의 다수는 앞서 살펴본 것처럼 호조의 구관아문이었으며, 공상을 궐내에 진배할 때에는 호조의 승인을 받아야 했다. 정례 제정 이후에는 공상아문에서 이에 의거하여 각 전·궁에 물품을 진배하였는데, 이때에도 반드시 호조 전례방을 관유하는 절차를 거쳤다.[271] 다시 말해 정례에 수록된 공상물종가는 기본적으로 선혜청에서 지급하지만, 공상을 궐내에 진배하는 과정에서 호조 전례방을 반드시 경유해야 했다. 조선후기 호조는 3사 14방의 업무분장 체제로 운영되었으며, 중앙의 행정업무와 한성부 살림을 관장하는 구관아문을 두고 경비지출 전반을 관리하였다. 호조판서는 경비지출과 밀접히 관련된 다른 아문도 예겸하고 있었는데, 선혜청은 호조판서가 예겸하는 주요 권설아문이었다.[272]

이에 『탁지정례』를 이정하는 작업도 애초에 선혜청당상이 아닌 호조판서 박문수(朴文秀, 1691~1756)에 의해 추진되었다.[273] 따라서 『탁지정례』 「각전각궁례」는 선혜청에서 공물가를 지급받기는 하지만, 기본적으로 호조의 속사인 공상아문의 진배 물종을 이정한 정례로 볼 수 있다. 반면 『선혜청정례』는 공상물종이나 조달처에 있어서 『탁지정례』와는 다른 특성을 보인다. 다시 말해 나중에 간행된 『선혜청정례』는 공상의 성격이 다른 물종들을 추가로 이정한 것이라 하겠다. 그러나 『선혜청정례』를 추가로 간행하게 된 보다 직접적인 요인은 다음의 권제 내용을 통해 설명이 가능할 것으로 보인다.

---

270 『비변사등록』 85책, 영조 5년 2월 20일.
271 『만기요람』 재용편 4, 戶曹各掌事例, 前例房.
272 『호서대동사목』 2조.
273 『영조실록』 권68, 영조 24년 10월 14일(을미).

ⓐ 탁지정례의 (제정) 후에 거듭 혜청에 명하여 정례를 삼게 한 애초의 뜻은 삼루(滲漏)한 폐를 없애고자 함이었는데, 정례를 예람함에 미쳐서 탁지와 다름이 있기 때문에 그대로 두었다. 지금 조금 취고(取考)한 후 다시 살펴보니 곧 경비가 많음을 깨달았다. 당초 대동 설립 시 만약 고 상신 문정공이 나라를 위함이 깊어 그 후 몇 차례 새로운 예를 계획하지 않았다면 금일에 축저할 수 있었겠는가?

ⓑ 아! 오늘날 백성을 위해 감포한 후 한 척의 포와 한 되의 곡식을 절용한 후에야 국가가 명맥을 이을 수 있고, 신뢰가 이루어질 수 있다. 아! 균역의 청을 설립한 후에 한결같이 모두 말하기를 구차하다고 하나 나는 그렇게 여기지 않는다. 왜인가 하면 이것은 도신, 수신의 사물(私物)에서 취하는 것이 아니라 곧 공물(公物)이어서이다.

ⓒ 그러나 그렇다고 해서 군왕이 절용하지 않고서 단지 아래에 행하라고만 하기 때문에 만약 이와 같으면 균역청에서 일마다 절감하는 것(뜻)이 아닐 뿐 아니라 과거를 돌이켜 보건대 자성께서 몸소 전일에 쌓으신 성덕도 아니다. 대저 공헌을 줄인 것 중에 부고의 재화가 많은데 모두 국가의 재원이니 어찌 그 명분에 구애받겠는가. 탁지는 여유가 있으니 스스로 감포를 대신할 재원을 보충할 수 있고, 혜청도 여유가 있으니 감포를 대신할 재원을 보충할 수 있다…여러 물종 중 자성에게 진헌하는 것 외에 긴밀하지 않은 것은 모두 감하고, 수가 많은 것은 (수를) 감하되 그중 ⓓ 삭일진헌물선으로 바치는 것은 또한 그대로 두어서 예를 아끼는 뜻을 보이고, 거듭 이 뜻으로 책 앞머리에 제를 넣어 후손들이 넉넉하게 하라.[274]

---

274 『선혜청정례』어제선혜청정례 권제, "度支定例之後 仍命惠廳 又爲定例 初意欲除滲漏之弊 及覽定例 與度支異 故捧置而已 今因些少取考 而更覽乃覺經費之黟然 當初大同設立時 若非故相臣文貞爲國深 畫其後幾次新例 其能蓄儲於今日 噫 于今爲民減布之後 尺布斗粟 節用然後 國可以繼信可以行 噫 一自均役設廳之後 人皆曰苟且而予 則不然 何則此非取於道臣帥臣私物也 卽公物也 而然君不節用 只行於下故 若此非徒爲均役

영조는 『선혜청정례』를 간행하게 된 배경과 소회를 어제로 내려 권제에 싣게 하였다. 『탁지정례』를 간행할 당시에도 영조는 어제윤음을 내린 바 있는데,275 그 내용을 살펴보면 같은 정례임에도 불구하고 편찬 배경이 조금 다르다는 것을 알 수 있다. 우선 ⓐ문단에서 『탁지정례』의 제정 후 선혜청에도 정례를 작성할 것을 명하였다는 점으로 미루어, 애초에 호조와 선혜청의 정례는 따로 기획되었으며 두 기관에서 주관하는 공상의 성격이 달랐던 것으로 이해된다. 영조는 『선혜청정례』의 초본을 예람한 후 이를 곧바로 간행하지 않고 그대로 두었다가, 후에 경비가 많음을 깨닫고 추가적인 정례 간행을 결심한 것으로 보인다.

영조가 고심 끝에 『선혜청정례』를 간행하기로 마음먹은 것은 이 무렵 양역변통 논의가 일단락되고 균역법 시행이 가시화되고 있던 상황과 관련이 있다. 이는 권제 ⓑ문단에서 확인된다. 『선혜청정례』의 권제윤음에서 영조는 갑자기 균역법 시행에 대한 자신의 입장을 밝히고 있다. 중앙의 신료들이 균역법을 구차하게 여기는 데 대해 자신은 그렇게 생각하지 않으며 그 이유는 균역법의 급대재원이 도신과 수신의 사유물에서 취한 것이 아닌 공물(公物)에서 확보한 것이기 때문이라는 것이다.

주지하다시피 균역법은 양인이 납부할 군포를 1필로 감해주는 대신 지방의 은여결과 해세(海稅) 등을 균역청에 귀속시켜 각 군문과 아문에 부족한 재원을 보충해 주는 조치였다. 은여결은 중앙의 수세대상이 되는

廳 隨事節減 昔年仰覸且我慈聖體前日之盛德 凡諸貢獻節省者 多府庫之財 皆國之財也 何拘於其名哉 度支有餘自可補減布之代 惠廳有餘亦爲補減布之代 奚曰 度支惠廳節用儲蓄 今日先務 以定例觀之 惠廳一年之費 過於數萬斛之多 而其不近口之魚 所不食之菜 其費甚多 此正述編 所謂一尾之魚一握之菜等說 幾乎近之 而宋神宗之不食燒羊 知節用之道矣 凡物種中進獻慈聖者外 不緊者全減 數多者減之 而其中**朔日進獻物膳所封竝存之** 以示愛禮之意 仍將此意 特題卷首 以裕後昆焉 歲重光協洽仲夏題 崇政大夫判敦寧府事兼 知經筵春秋館事 世孫傅 臣 申晩 奉教謹書."

275 『탁지정례』윤음.

원장부 결수에 누락된 토지로 보통은 지방 재원으로 활용되었다. 어염선세는 지방 연읍에서 포작민이나 선상들에게 부과된 지방세의 일종으로 이들은 왕실궁방이나 군현에서 관리하는 어전이나 어기, 선박을 활용하여 어업활동을 행하면서 해세를 납부하고 있었다. 균역법이 시행되면서 이러한 해세 역시 균역청에 귀속되었다. 암묵적으로 지방에 할당했던 은여결과 해세를 중앙재정으로 귀속시킨 조치는 '익하지정(益下之政)'에 어긋나는 것이었다. 영조는 이 때문에 구차하다는 여론을 의식한 변론을 펼치고 있다. 즉 은여결과 해세 등의 지방재원은 도신과 수신의 사유물이 아닌 공물 즉, 공적 재원이라는 것이다.

영조는 은결을 조사하여 결전(미)을 납부케 한 조치를 두고 지방 수령이 응당 써야할 재원을 균역청에 귀속시키는 것으로 인식하는데 대해 불편한 내색을 보였다. 호조판서 김상성은 은여결은 본래 천포락된 토지로서 수조안에 등록되어 있는데, 다시 기경하게 되어도 수정하지 않고 그대로 남겨둔 땅이기 때문에 원장부결과 다를 게 없다는 말로 영조의 뜻을 옹호하였다. 균역청에서 수세하는 은결 역시 원결에 속한 것이기 때문에, 수령의 사재(私財)가 될 수 없다는 것이다.[276] 영조는 김상성의 말을 받아 균역청의 은결 역시 원결로서 파악하고 호조에서 관리하도록 하였다. 어염세의 경우 8도 군현에서 해세를 수취하였으며, 해세 수취읍은 대개 포구에 인접한 연읍이었다. 균역법 시행 당시 어염세는 총 13만 냥으로 추산되었으며 이 중 3~4만냥을 줄여 8~9만냥을 균역청의 급대재원으로 활용하였다.[277]

18세기 중엽 이후 전결세가 비총제의 형태로 수취되면서[278] 이후 해세 역시 적용되어 도 단위로 세액이 책정되었다. 이때 감사는 전결세와 해

---

[276] 『승정원일기』 1068책, 영조 27년 5월 24일(경신).

세의 상납액을 결정하고 이를 지방 군현에 분정하는 권한을 쥐고 있었기 때문에 중앙에서 은여결을 파악하고 여기에 결전을 부과한 조치는 감사의 입장에서 부담이 되는 일이었다. 한편 해세 수입은 지방 군현뿐 아니라 병영, 수영 등의 주요 수입원이기도 했기 때문에 이를 균역청에 귀속시키고 그 대신 균역청에서 급대재원을 지급받도록 한 조치는 수사의 재량권을 축소시키는 효과를 낳았다.

영조는 은여결과 어염선세가 중앙으로 귀속되어야할 공적 재원임을 강조하면서도 지방민들에게만 부담을 전가시키는 것은 균역의 취지에 어긋나는 것으로 여기고 부고(府庫)에 보관된 공상물을 줄이는 조치를 취하였다. 이것이 『선혜청정례』를 간행한 직접적인 배경이다. ⓒ문단에서 탁지(호조)와 선혜청은 재정적으로 여유가 있어서 감포에 따른 급대분을 스스로 보충할 수 있다고 언급한 것은 실제 이 두 기관에서 주로 급대재원이 출연되었음을 의미한다. 이 때문에 영조는 호조와 선혜청의 재정 절용을 급선무로 삼고 『탁지정례』와 『선혜청정례』를 잇달아 간행하였던 것이다.

물론 『탁지정례』의 경우 18세기 전반 중앙의 공물정책의 흐름 속에서 경비지출을 이정할 필요성이 지속적으로 환기되었던 것이 사실이지만, 영조 26년(1750)을 전후로 한 시기에 정례류 간행이 급물살을 타게 된 직접적인 요인은 균역법에 있었다. 영조는 균필의 제도[均一疋之制]와 대동

---

277 『승정원일기』 1068책, 영조 27년 5월 26일(임술). 조영준은 『여지도서』의 도별 해세 항목을 집계하여 균역법 시행으로 중앙에서 거둬들인 해세의 총액을 7만 8천냥으로 산출하였다.(조영준, 2010, 「영조대 均役海稅의 수취와 상납」, 『韓國文化』 51) 단, 『여지도서』에는 8도의 군현이 모두 포함되어 있지 않고, 이 중 일부는 보유편으로 19세기에 작성된 점을 감안할 필요가 있다.

278 이철성, 1993, 「18세기 田稅 比摠制의 實施와 그 성격」, 『韓國史研究』 81; 권기중, 2011, 「조선후기 부세의 운영과 감사의 역할」, 『역사와 현실』 81.

의 정사[大同之政]는 다를 것이 없다고 보고,[279] 감필에 따른 급대재원의 마련과 정례류 편찬에 따른 공물이정정책을 함께 추진하였다. 초기 『탁지정례』의 간행을 주도한 호조판서 박문수는 영조와 마찬가지로 호포론의 입장에 서 있던 양역변통론자였다. 지돈녕 조재호(趙載浩, 1702~1762)와의 갈등이 불거졌을 때에도 조재호는 박문수를 '양역을 주관하는 중신[良役主事之重臣]'으로 언급하였다.[280] 이 일로 인해 박문수는 호조판서직을 면하고 충주목사에 제수되었는데, 이 또한 국왕 영조의 정치적인 판단이 작용한 것이었다.

영조는 호조판서로서 박문수의 재능을 높이 사고 그가 좌천되는 것을 애석히 여겼으나 조재호와의 갈등으로 유배에 처할 수밖에 없는 상황에서 그를 충주목사에 제수하였다. 이때 박문수는 『탁지정례』 「각전각궁례」에 이어 『각사정례』의 간행을 추진하고 있었기 때문에 자신이 외관직에 나가게 될 경우 몇 년간의 계획이 수포로 돌아갈 것을 염려하고 있었다. 영조는 『각사정례』의 남은 작업 일수를 확인하도록 당부하는 한편, 충주목사로 부임한 이후 박문수가 해야 할 업무에 대해서도 명확히 하였다. 영조는 박문수를 충주목사뿐 아니라 어염사(魚鹽使)에 임명하여 삼남의 어염을 관장하도록 하였으며, 어염세로 실제 거둘 수 있는 양을 하문하기까지 하였다. 이때 박문수는 곧바로 10만 냥 이하로 내려가지 않을 것이라고 장담하였다.[281] 박문수가 맡은 어염사라는 직책은 이후 균세사(均稅使)로 명칭이 바뀌었는데, 그가 담당한 업무는 균역청에 귀속시킬 삼남 연읍의 어염선세를 파악하는 것이었다.[282]

---

[279] 『승정원일기』 1058책, 영조 26년 7월 9일(기유).
[280] 『영조실록』 권72, 영조 26년 8월 11일(신사).
[281] 『승정원일기』 1058책, 영조 26년 7월 9일(기유).
[282] 『영조실록』 권72, 영조 26년 8월 5일(을해).

영조 26(1750)부터 실제 중앙 군문에 급대가 시행되면서 급대재원의 부족이 현실화되자, 영조는 '1필에 대한 급대를 충당하지 못하면 나라를 다스릴 수 없게 될 것'이라 하면서, 급대재원의 부족을 채울 수 있는 방도를 박문수에게 하문하였다. 이미 균세사로 부임하여 연읍의 해세 수취 상황을 파악하고 돌아온 박문수는 선무군관포를 제하더라도 결세와 은여결로 급대재원을 충족시킬 수 있다는 자신감을 표현하였다. 균역사목을 작성한 홍계희 역시 급대재원의 확보에 현실적인 방안을 마련한 박문수의 성과를 인정하고 있었다.[283]

요컨대, 양역변통논의가 균역법으로 일단락되는 시점에서 중앙의 경비지출이정안으로『탁지정례』와『선혜청정례』가 간행되고 있었으며, '감필(減疋)'과 '대동(大同)'의 정사(政事)는 재정 절용과 '익하지정(益下之政)'이라는 재정이념 하에서 별개의 정책이 아닌 하나의 정책으로 추진되고 있었다.

그러면 실제『선혜청정례』의 간행을 통해 영조가 감액하고자 한 경비항목은 무엇이었을까? 이에 대한 실마리는 앞의 인용문 ⓓ에서 찾을 수 있다. 영조는 선혜청에서 담당하는 공상물종을 줄이는 과정에서 자전에게 진헌하는 물종과 각 전·궁의 삭일진헌물선은 그대로 두어 애례(愛禮)의 뜻을 보이게 하였다. 이는『선혜청정례』의 공상물종이 애초에 외방진상의 형태로 봉진되던 물종이었음을 시사한다. 영조가 공헌(공물)을 줄인 것 중에 부고의 재화가 많은데 이 또한 국가의 재용이므로 명분에 구애되어서는 안 된다고 한 것 역시,『선혜청정례』가 왕실공상을 이정한 것이었기 때문에 이와 같은 언급이 있었던 것이다. 더욱이『선혜청정례』는『탁지정례』와도 구별되게 외방진상의 성격이 강한 물종들로 구성되

---

[283]『영조실록』권78, 영조 28년 1월 14일(병자).

어 있었다. 그럼에도 불구하고 영조는 외방진상의 표본이라 할 수 있는 삭일진헌물선은 그대로 유지하게 하였다.

    조선전기 진상은 기본적으로 각도의 관찰사와 병사, 수사가 매달 정기적으로 중앙에 현물로 봉진하는 '의례화된 선물'이었다.[284] 삭일에 봉진되는 진헌물선은 외방진상의 전통을 가장 잘 체현하고 있는 물종이라 할 수 있다. 그렇기 때문에 자성에게 진배되는 공상물과 다른 전·궁의 삭일진헌물선은 그대로 두어 '애례(愛禮)'의 이념을 유지시키고자 하였다. 문제는 대동법 시행 이후 이러한 외방진상의 일부가 경공화 되어 선혜청의 재원으로 마련되었다는 점이다. 이로 인해 명목은 진상이지만, 실상은 공인을 통해 진배되는 공상물종이 『선혜청정례』에 수록되었다.

〈표 III-3〉「각전각궁례」·『선혜청정례』 공상물종 구분

진배 대상	물종구분	탁지정례내 공상물목수 (A)	선혜청정례 내공상물목수 (B)	계
자전 (慈殿)	가구목재류	15(2.7%)		15
	금은류	1(0.2%)		1
	생활집기류	81(14.7%)	24(11.0%)	105
	식물류	**312(56.6%)**	**154(70.6%)**	466
	악기류	1(0.2%)		1
	약재류	5(0.9%)		5
	의복직물류	**128(23.2%)**	11(5.0%)	139
	종이서책류	6(1.1%)	8(3.7%)	14
	소목시탄류	2(0.4%)	**21(9.6%)**	23
	소계	551(100%)	218(99.9%)	769
	공상액(석)	5,963석	5,373석	11,336석

*강조한 부분은 두 정례 중 어느 하나에 물목수가 많은 항목임.

    위의 〈표 III-3〉에서 자전에 진배된 공상물종 중 음식물류가 두 정례에서 가장 높은 비중을 차지하고 있다. 식물류는 조리하지 않은 곡물류

---

284 田川孝三, 1964, 앞의 책 참조.

와 어물류, 해조류, 채소버섯류, 육류, 과일류, 기름·꿀·가루, 식초류, 염장류, 주류 등으로 구성된다.『탁지정례』의 경우, 과일류가 가장 많고 그다음 곡물류 〉 염장류 〉 주류 〉 기름·꿀류 〉 어물류 〉 해조류=육류 〉 채소버섯류 〉 식초류 순으로 나타난다. 반면『선혜청정례』에는 어물류가 가장 많고 그다음 육류 〉 과일류 〉 곡류 〉 채소버섯류 〉 곡물류 〉 염장류의 순을 보인다. 물목수만으로는『탁지정례』가『선혜청정례』에 비해 두 배 이상 많게 나타나지만, 물종마다 실제 진배하는 수량을 살펴보면,『선혜청정례』상의 물종별 진배수량이 더 높게 나타나는 경우가 많다. 특히『선혜청정례』에서 가장 많은 물목수를 차지하는 어물류의 경우, 건수어 120미, 진어 150미, 생합 450개, 생해 500개, 황석수어 750미를 한 번에 진배하고 있다. 식물류를 진배하는 아문은『탁지정례』의 경우 호조의 속사(내자시·내섬시·사도시·군자감·제용감·사재감·의영고·장흥고·사포서 등)가 다수를 차지하는 반면, 선혜청정례는 물종에 관계없이 경기감영에서 진배하는 경우가 대부분이다.

다음으로는 의복직물류의 수가 높게 나타난다. 의복직물류는 포목류[正布, 苧布, 白細木]와 비단류[鼎紬, 上紬, 水紬, 吐紬], 솜·보자기류[綿花, 綿子, 襦袱], 가죽신발류[鞋兒, 溫鞋, 豚皮]로 구성되어 있다. 이 중 비단류의 물목수가 가장 많으며 다음으로 포목류 〉 가죽신발류 〉 솜·보자기류 순으로 나타난다.『선혜청정례』의 경우, 11개의 물목 중 솜류[中綿子, 紬絲中綿子]가 6항을 차지하며 나머지 5항은 포목류와 가죽신발류이다. 의복직물류는 두 정례 모두 상의원과 제용감에서 진배하였으며, 신발의 경우 상의원 외에 공조에서도 진배하였다.

생활집기류는 궐내에서 생활하는 데 필요한 일상소모품으로 구성되어 있으며, 목기류[木柳器類], 새끼줄류[索綯類], 부채류, 방석류, 등촉류, 조화류 등이 이에 해당한다. 물목수가 가장 많은 목기류는『탁지정례』의 경우, 솔[省], 표주박[瓢子], 말총체[馬尾篩], 대체[竹篩], 버들키[柳箕], 구유[木

把槽], 대방전(大方甄), 유목기명[柳木器皿]과 같은 가사도구부터 달발[薘簾], 버들고리[柳筥], 소함[梳函]과 같은 실내 소모품 등으로 구성되어 있다. 반면, 『선혜청정례』에는 『탁지정례』에 기재되지 않은 횃불[柧炬], 빗자루용 싸리나무[柧木]가 포함되어 있다. 생활집기류를 진배하는 공상아문 역시 호조의 속사[자문감, 의령고, 사도시, 선공감, 내자시, 공조, 장흥고]가 대부분이지만, 『선혜청정례』에서만 보이는 싸리나무의 경우 기인(其人)이, 곡초(穀草)와 생초(生草)는 사복시에서 진배하였다.

앞의 〈표 Ⅲ-3〉에서 한 가지 더 주목할 점은 『선혜청정례』상에만 유독 기인(其人)이 진배하는 소목시탄류의 비중이 높다는 것이다. 자전의 경우 한 해 동안 기인이 진배하는 땔감[燒木]은 『선혜청정례』에 20,520근, 탄은 132석, 추목 6,000속, 추목 6,000병으로 집계되고 있다. 소목시탄은 다른 물목과 달리 근이나 속, 병을 단위로 하여 값을 매기는 것이 아니라, 소목, 탄, 뉴목, 뉴거에 기인 1명씩을 세우고(총 4명), 기인에게 역가를 지급하는 형태로 공가를 지출하였다. 이에 기인이 삼남지역에서 소목시탄을 진배할 경우 110석의 역가[1명의 가미(價米)]를, 강원 혹은 경기지역에서 진배할 경우 102석의 역가를 지급하였다. 따라서 소목시탄가는 최대 408~440석 이내에서 연례적으로 소비되었던 것으로 보인다. 그러나 기인을 항시적으로 고용할 수 없을 경우, 시간 단위로 기인을 고용하여 땔감비용을 지불했던 정황도 엿보인다. 이 때문에 기인 한 명당 지급하는 단가 외에도 매삭가미, 매일가미, 매시가미가 소주(小註)에 함께 기재되어 있다.[285] 요컨대, 한 해 동안 자전에서 연료비용으로 지출할 수 있는 440석 규모의 쌀은 『선혜청정례』 내 자전에 진배되는 공상액의 중 8.2%에 해당한다.

---

[285] 『선혜청정례』 3책, 慈殿 年例 其人進排條.

『탁지정례』「각전각궁례」와 『선혜청정례』에 기재된 물종이 확연한 차이를 보이지 않는 상태에서 『선혜청정례』의 공상액이 상대적으로 높게 책정되어 있는 또 하나의 이유는 매년 선혜청에서 직납하는 가미에서 찾을 수 있다.

　선혜청에서는 삭선가미 1,077석 4두와 산삼길경가미 85석을 매년 자전에 진배하였는데, 이를 궐내 자전의 처소에 보내는 것이 아니라 명례궁으로 수송하게 하였다.[286] 조선후기 명례궁은 시기별로 자전, 중궁전, 대왕대비전, 동궁의 내탕으로 활용되었다.[287] 『선혜청정례』를 간행할 당시 명례궁은 자전의 속궁으로 존재하였고, 선혜청에서 직납하는 삭선가미와 산삼길경가미를 매년 이곳으로 수송하여 자전의 내탕으로 활용하도록 한 것으로 보인다. 즉, 1,162석 4두(1077석 4두+85석) 규모의 가미가 자전의 공상이라는 명분으로 선혜청에서 명례궁으로 직납되었으며, 이는 선혜청정례에 기재된 자전의 공상액 중 21.6%를 차지하는 규모였다. 물론 이러한 특징은 자전의 공상에서만 확인되는 것은 사항은 아니다. 선혜청직납미는 대전과 중궁전, 세자궁, 세자빈궁, 세손궁, 세손빈궁, 현빈궁에게서도 확인되기 때문이다.

〈표 Ⅲ-4〉『선혜청정례』상의 선혜청직납미

각 전·궁	『선혜청정례』 상 선혜청직납미					『선혜청정례』 내 공상액 (ⓔ)	비율 (ⓓ/ⓔ)
	삭선가미	산삼길경가미	건수어가미	계 (ⓓ)	수송처		
대전	556-12-4	85	124-6	766-3	내수사	2,456-13-5	31.2%
중궁전	264-14-7	85	119-3	469-2	어의궁	3,449-5-5	13.6%
자전	1077-4-9	85		1,162-4	명례궁	5,373-1-8	21.6%
세자궁	271-6-7	14	36-12	322-3	용동궁	5,353-6-2	6.0%
세자빈궁		60	70-12	130-12	용동궁	2,371-12-0	5.5%
세손궁	271-6-7	14	36-12	322-3	용동궁	2,585-11-6	12.5%
세손빈궁		30	70-12	100-12		2,142-3-5	4.7%
현빈궁		60	70-12	130-12	창의궁	2,371-12-0	5.5%

＊ 단위：石-斗-升

위의 〈표 Ⅲ-4〉에서 보이듯이 선혜청은 위의 여덟 전·궁에 특별히 삭선가, 산삼길경가, 건수어가 명목으로 매년 선혜청 쌀을 직접 수송해주었으며, 진배처는 각 전·궁이 거주하는 궐내가 아닌 궐 밖 소속 궁방으로 지정되어 있었다. 그중 자전에 수송하는 선혜청직납미의 양이 가장 많았으며, 선혜청정례에 기재된 전체 공상액 중 선혜청직납미가 차지하는 비중은 대전이 가장 크게 나타났다. 선혜청 재원이 각 전·궁의 내탕으로 귀속되는 비중은 대전 〉 자전 〉 중궁전 〉 세손궁 〉 세자궁 〉 세자빈궁=현빈궁 〉 세손빈궁 순으로 차이를 보였다.

지금까지 『탁지정례』와 『선혜청정례』의 공상내역을 살펴본 결과, 두 정례 상의 물종은 확연히 구분되지 않으며, 진배시기가 동일한 때에도 물종이 겹치는 경우가 다수 확인되었다. 다만 『탁지정례』의 물목수가 『선혜청정례』의 4배 수준(5,760여 개 〉 1,550개)으로 많기 때문에, 『탁지정례』의 물종이 『선혜청정례』에 비해 더 다양하게 나타난다. 물종을 범주화하여 살펴보면, 두 정례에서 식품류가 가장 큰 비중을 차지하고, 그 다음으로 의복직물류와 생활집기류의 비중이 높게 나타난다. 다만 『선혜청정례』에서만 확인되는 특징이 있는데 첫째, 『탁지정례』에 기재되어 있지 않은 소목시탄류가 연례진상으로서 각 전·궁에 포함되어 있다는 점이다. 이때의 소목시탄은 기인이 진배하도록 조달처를 지정해놓았으며, 이에 대한 공가는 소목시탄가가 아닌 기인 개개인에 대한 역가의 형태로 지급되었다. 둘째, 『선혜청정례』에는 '선혜청직납미'라 하여 왕실 각전궁에 선혜청의 쌀을 곧바로 이송하도록 하는 항목이 설정되어 있다. 원래는 삭선가, 산삼길경가, 건수어가로 공인에게 지급해야 할 선혜청 쌀을 해당 전·궁에 곧바로 진배하게 하였는데, 이때 진배처는 궐 밖에 위치

---

286 『선혜청정례』 3책, 慈殿 年例 宣惠廳直納條.
287 조영준, 2008, 앞의 논문, 36쪽 참조.

<표 III-5> 『탁지정례』·『선혜청정례』의 공상아문

진배대상	공상종류	진배시기(횟수)	『탁지정례』「각전각궁례」		『선혜청정례』	
			공상종류	조달처	공상종류	조달처
자전	정기공상	매일	축일공상	내섬시, 내자시, 예빈시, 내주방, 사도시, 사재감, 사포서, 의령고, 장원서	축일진상	어부공인, 응사공인
		국기일	국기일일삼시매시공상	내섬시, 내자시, 예빈시, 사도시, 의령고		
		매달	축삭공상	내섬시, 내자시, 사도시, 선공감, 의령고, 장흥고, 제용감	월령진상, 축삭진상	**경기감영**, 선혜청, 호조, 해서공인, 사복시, 선공감, 상의원
		3개월	사맹삭일개	사도시, 선공감, 장흥고		
		생일	탄일진상	내주방, 제용감, 상의원, 제용감, 내자시, 사재감, 사포서, 장원서	탄일진상	**경기감영**, 상의원
		절일	절일진상(정조, 입춘, 원월해자일, 상원일, 2월 1일, 한식, 3월 3일, 4월 8일, 단오, 유두, 칠석, 7월 5일, 추석, 9월 9일, 동지, 경신, 교년)	내주방, 상의원, 의령고 내섬시, 자문감, 공조, 내자시, 사재감, 장원서, 제용감, 사포서, 사도시	절일진상(정조, 단오, 추석, 동지, 납월회일, 입춘)	관상감, **경기감영**, 상의원
		매년	연례진상(침장, 침저, 남염, 금화, 좌경, 소설소입, 시탄고, 사약방)	상의원, 선혜청, 호조, 제용감, 공조, 사도시, 선공감, 자문감, 내섬시, 내자시, 사재감, 와서, 의령고, 장흥고	연례(경기감사 도계진상, 침장, 남염, 동삼삭, 기인진배)	기인, **경기감영**, 선공감, 사복시, 선혜청
	비정기공상	비정기	별진하진상(자전, 대전, 중궁전, 세자궁, 원자궁, 세손궁), 사약방 별례	내자시, 사재감, 사포서, 장원서, 제용감	칭경시별진하물선	**경기감영**
궁인		선반·의전	아지, 상궁, 시녀, 수사, 수모, 파지, 방자, 유모배비 (총 107명)	의령고, 공조, 제용감, 내자시, 사도시, 사재감, 자문감, 와서, 호조, 선혜청		기인진배 내 소목류
계		계 (물종수)	551개	19처(총 22처)	218개	11처(총 12처)
		계 (공상액)	5,963석		5,373석	
			11,336석(총 공상액 대비 14.5%)			

한 소속 궁방으로 지정되어 있었다. 소목시탄은 궁중의 난방과 조리용 연료로 번다하게 쓰였기 때문에 추가지출이 항시적으로 발생하는 항목이었다. 이 때문에 『선혜청정례』에는 각 전·궁뿐 아니라 환관의 집무실과 궁인들의 생활공간에 지급되는 소목시탄의 수량까지 명시해놓았다. 그러나 『탁지정례』와 『선혜청정례』의 보다 근본적인 차이는 조달처에서 드러난다.

두 정례에 기재된 공상물종은 기본적으로 선혜청에서 지급한 공물가로 마련되지만, 일단 공상아문에 조달된 이후에는 왕실 및 각사에 물품을 진배하는 데 있어서 호조의 승인이 요구되었다. 조달처의 대부분이 앞서 살펴본 대로 호조의 구관아문이기 때문이다. 반면 『선혜청정례』에 기재된 조달처는 성격이 좀 다르다. 호조와 선혜청, 선공감을 제외한 나머지 아문의 경우, 『탁지정례』「각전각궁례」의 조달처와 겹치지 않는다. 즉, 경기감영과 사복시, 관상감 그리고 기인, 어부공인, 응사공인, 해서공인, 내궁방 공인은 『선혜청정례』에만 나타나는 조달처이다.

두 정례 상에 나타나는 조달처의 특성은 비단 자전에 국한된 것은 아니다. 두 정례서에서 공물조달처는 『탁지정례』의 경우 22처, 『선혜청정례』는 12처로 나타난다. 다만 〈표 Ⅲ-5〉에서 자전의 경우 『선혜청정례』 내의 조달처가 11처로 집계된 것은 조달처로 내궁방공인이 빠져 있기 때문인데, 내궁방공인은 대전에만 공상물을 진배하고 있었다. 『선혜청정례』상에는 경기감영이 가장 많은 물목을 조달하고 있으며, 그 다음으로 기인 〉 선공감 〉 상의원 〉 선혜청(내궁방공인·해서공인 공동진배 포함) 〉 관상감 〉 사복시 〉 구피계공인 〉 어부공인=응사공인 〉 내궁방공인 〉 군기시 순으로 나타난다.

『탁지정례』의 경우에는 총 22처(자전: 19처)의 소날처 중 제용감이 가장 많은 물종을 진배하고 있으며, 그 다음으로 사재감 〉 사도시 〉 선공감 〉 내섬시 〉 의령고 〉 공조 〉 상의원 〉 장원서 〉 내자시 〉 내주방 〉 자문감

〉장흥고 〉사포서 〉와서 〉호조 〉군자감 〉선혜청 〉내궁방 〉내의원 〉 군기시 〉사축서순으로 차등을 보인다. 공상아문의 성격을 살펴보면, 상의원, 내주방, 내궁방, 내의원은 궐내각사에 해당하며 다른 아문은 궐외각사로 궁궐 밖에 위치해 있다.[288] 제용감과 상의원은 옷감이나 솜의 궐내 진배를 담당하였다. 한편 공조와 선공감의 경우 왕실행사에 필요한 의막, 궁궐수리에 관련된 자재들을 진배하는 업무를 맡았다.

요컨대, 『탁지정례』상의 공상아문은 제용감·상의원과 같이 의생활 관련 물자를 조달하는 아문과 식생활에 관련된 물선을 진배하는 아문들이 다수를 차지하고 있다. 『선혜청정례』의 경우, 의복직물류는 상의원에서 진배하고 있지만, 음식물류는 호조의 속사가 아닌 경기감영에서 대부분 진배하고 있다. 이는 경기감영에서 현물로 진상하는 물종이 대동법 시행 이후 경공화된 특성을 반영한다.

조선전기 이래 각 도의 감영에서는 매달 정기적으로 왕실에 진상물을 봉진하고 있었다. 대동법이 시행된 이후로는 감영에서 마련하는 진상의 일부분이 공물화되어 공인을 통해 중앙에 진배되는 경향을 보였다. 실제로 경기감영에서 진배하는 물종 중 월령진상이 가장 많은 부분을 차지하며, 경기감사과만체귀후시감사도계진상(京畿監司瓜滿遞歸後新監司到界進上)과 같이 신임 관찰사의 부임과정에서 중앙에 봉진하는 물선진상이 그대로 『선혜청정례』에 포함되어 있다. 월령진상은 『선혜청정례』에만 기재되어 있으며, 정례 내에 가장 많은 물목수를 차지하고 있다. 전체 1,550항의 물목 중 327항이 월령진상에 해당한다. 이는 전체 항목의 21.1%에 달한다. 월령진상 중에서도 가장 많은 물목을 차지하는 것은 어물·젓갈류였으며, 이는 전체 327항 중 109항으로 33.3%에 해당한다.

---

[288] 『궁궐지』(서울사료총서 3 영인본).

경기감영은 월령진상을 봉진하는 책임을 전적으로 맡고 있었다. 월령진상은 본래 월 단위 정기진상으로서 왕실에 진배되는 물선진상이나 종묘의 제향천신으로 봉진되는 계절산물을 일컫는다. 18세기 중반에 간행된 『여지도서』를 살펴보면, 강원도 감영에서는 월령진상을 여전히 현물로 상납하고 있었다. 요컨대, 『선혜청정례』에 기재된 물종의 상당 부분은 대동법이 시행되기 이전부터 현물로 봉진되던 물종들이 공상물로 편입된 것이라 할 수 있다. 그런데 유독 경기감영의 진상물종이 공상에 편입된 데에는 '경기'라는 지정학적 요인이 크게 작용하였다고 볼 수 있다.

경기감영은 조선전기부터 돈의문 밖에 위치해 있었으며, 성종 대 심선이 매일 일차진상(日次進上)을 시행한 이후에는 경영고에서 매일 돈의문을 통해 궐내로 진상 물자를 봉진하였다. 이로 인해 조선후기 들어 경기관찰사를 경관직으로 전환해야 한다는 논의가 일어나기도 하였다.[289] 경기감영에서 정기적으로 진배하는 진상물종이 조선후기 경공화되어 선혜청 재원으로 마련되었으며, 이 중 다수는 월령진상이 차지하고 있었다. 앞서 『선혜청정례』 권제의 내용 중에 ⓓ삭일진헌물선은 바로 이 월령진상을 일컫는다.

영조 27년(1751) 5월, 세손궁의 공상을 세자궁이 아닌 빈궁례로 조정하는 논의에서 영조는 호조와 선혜청의 비축이 감포(減布)의 대신으로 쓸 만하니 제반 물종을 줄이되 월령은 그대로 두라[月令仍存]는 전교를 내렸다.[290] 따라서 『승정원일기』상의 월령은 선혜청정례의 권제의 '삭일물

---

[289] 이선희, 2011, 「조선후기 한성부 내 京畿監營 입지연구」, 『서울학연구』 45.
[290] 『승정원일기』 1068책, 영조 27년 5월 24일(경신), "有釐定于定例者 特召戶判 而昨日酬應 氣又憊焉 竟夕困臥 而困憊之中 爲民自慨 不覺蹶然 何以蹶然 爲今之道 節用先務 尺布斗粟 節約然後 國可以繼 信可以行定例中些少差等 其亦第二件事 隨事節減 昔年仰覩進獻減省 我慈聖體盛德而己行 以惠廳定例觀之 一年之下 至於數萬斛之多 而其中恒不近口之魚 不識其味之菜果 所費則夥然 此正述編所云一尾之魚·一握之菜者也 度支

선'이 '월령'에 해당한다고 볼 수 있다. 월령진상은 『선혜청정례』가 간행되는 과정에서 일정량이 감액되었으며, 자전에게 진배되는 제도의 공헌도 다수가 줄어들었다. 이에 영조는 『선혜청정례』가 마무리되는 시점에서, '혜청에서 감한 것이 많은데, 1년을 줄여 얻은 수가 수십백 석에 이른다고 하였다.[291]

18세기 이후 선혜청은 정기적으로 균역청과 호조에 재원을 이획하고 있었으며, 균역청의 경우 설립 초부터 감필에 따른 급대재원을 마련하기 위해 선혜청 미곡을 끌어오고 있었다.[292] 이에 18세기 후반부터 남부 주자동에 위치한 균역청 창고에서 병조와 중앙군문으로 급대재원이 정기적으로 지출되었다. 선혜청은 균역법이 시행될 당시 초기 급대재원을 보용해주었을 뿐 아니라, 균역청의 운영이 안정화된 이후에도 중앙 군문에 지급할 쌀이 부족할 경우[米條給代], 선혜청의 미곡을 옮겨주기도 하였다. 균역청에서는 이를 대신하여 공인에게 지급할 공가를 균역청의 결전으로 지급해 주었다.[293] 이처럼 정부에서는 균역청을 선혜청에 합속시켜 고사를 함께 운영하고, 경비 지출에 있어서도 양 청의 쌀과 동전을 융통

有餘 惠廳蓄儲 自可補減布之代 府庫之財 皆國之財也 宜先節約於此 <u>故凡物種中進獻慈聖者外 不緊者全減其數 多者減之 而月令外仍存</u> 以示愛禮之意 作氣酬接 漏鼓已下 昔之無睡 近則昏睡 呼寫于此 不覺其懣 心猶憧憧 憧憧者何耶 一則體昔年 一則欲恤元元."(*밑줄은 필자)

291 『승정원일기』 1068책, 영조 27년 5월 24일(경신), "辛未五月二十四日戌時 上御熙政堂 戶判入侍時 戶曹判書金尙星 同副承旨金陽澤 事變假注書金時黙 記事官金光砺李致彦 進伏訖 上下度支定例二卷 因下教曰 靈城於定例 多費心力而爲之 猶有疏漏處 <u>惠廳定例 慈殿亦多減諸道供獻 多有釐定之處</u> 今日召卿 而氣候茶然 不能振作 今乃引見矣。定例中付黃籤者 細補以入 可也 尙星曰 世孫宮供上凡節 依嬪宮 元孫宮依王子宮例爲之事 細補 而以小註添入乎 上曰 然矣 卽今多有不用之名色重毛·涼坐倚等物, 姑無用處矣 尙星曰 此亦世子宮二件 而世孫宮則三件矣 上曰 只以一件定之 可也 <u>上曰 惠廳則其所減得爲多 一年減得之數 至數十百石矣</u>…"(*밑줄은 필자)

292 『균역청사목』 移劃條.

293 『영조실록』 권79, 영조 29년 2월 21일(정미).

시킴으로써 군문과 공인층의 필요를 해소시켜나갔다.

　요컨대, 영조 대 중반 『탁지정례』와 『선혜청정례』의 간행은 18세기 공물정책의 흐름 속에서 중앙의 경비를 감수, 정액화한 조치로 평가할 수 있다. 그러나 '공물변통론-대동법-탁지정례'로 이어지는 중앙의 공물정책은 '양역변통론-균역법-균역청사목'으로 이어지는 양역정책과 별개로 추진된 것이 아니라 재정의 중앙집권화라는 큰 틀 속에서 상호보완관계를 형성해갔다. 균역청은 이 과정에서 선혜청의 부속기구로서 19세기까지 중앙의 3대 재정아문으로 성장해갔다. 다음 절에서는 왕실 공상 외에 중앙각사의 경비지출이정안에 해당하는 『각사정례』의 항목 구성을 통해 호조-선혜청 간 지출방식이 어떻게 정비되는지 보다 구체적으로 살펴보기로 하겠다.

3. 『각사정례』를 통해 본 18세기 중앙재정구조

「각전각궁례」와 『선혜청정례』가 왕실공상례로서 왕실공상물자를 망라해놓은 것이라고 한다면, 『각사정례』는 중앙각사의 소비물품을 이정해놓은 지출례라 할 수 있다. 다만 「각전각궁례」와 마찬가지로 『각사정례』 역시 가격정보가 없기 때문에 공물가 총액을 산출하기는 어렵다. 다만 『각사정례』의 항목 구성을 통해, 중앙관서에서 매년 소비하는 물품이 어떠한 경로로 조달되는지, 그리고 호조와 선혜청에서 어떠한 방식으로 물품가를 지원하고 있었는지 대략적인 파악이 가능하다.

뒤에서 볼 〈표 Ⅲ-6〉은 『각사정례』 12권에 기재된 125처의 중앙관서를 나열해놓은 것이다. 본래 『각사정례』가 제정될 때의 원칙은 27사의 공물아문에서 130처의 중앙관서에 조달하는 물품을 정비하는 것이었다.[294] 그러나 중앙각사의 물품을 일일이 이정하는 작업은 생각보다 시간이 많이 소요되는 일이었으며, 각사에서도 협조적이지 않았다. 그럼에도 영조 27년(1751) 7월 이후 각사정례가 마무리되었을 때, 정례 내에 포함된 중앙각사는 125처에 달하였다. 이 중 1권과 5권과 8권에는 조선후기에 신설된 아문이 많은데, 대체로 제향과 군사시설로서의 성격을 띤

---

[294] 『승정원일기』1059책, 영조 26년 8월 4일(갑술), "上曰 此冊子 將欲入梓乎 文秀曰 上下經用者 每年不同 不可永刊 可以每年修正 而大綱則不外乎此矣 上曰 與洪憲輔同爲乎 文秀曰 修正後 以示洪憲輔而書其名耳 魚鱗則 團束貢人 可以依此上下 <u>正例(*定例)則百三十處酬應 自二十七司爲之</u> 今此參的 必無緯繡之慮矣 上敎元良曰 有朝鮮然後國可繼也 予不濟良民 則將爲不善之君 故幾次臨門臨殿 乃行減定之政 若無臨詢之擧 深處九重 予何知戶錢之不可行也 度支正例 裁減得宜 允爲金石之典."(*밑줄, 괄호는 필자)

다.

　1권에 가장 먼저 기재되어 있는 사직, 종묘(영녕전), 영희전, 황단, 성균관, 소현묘, 효장묘, 독소, 동관왕묘, 선무사는 모두 제향공간에 해당한다. 국가의 정통성을 상징하는 사직, 종묘(영녕전) 외에 임진왜란을 계기로 도성에 묘, 사, 궁이 다수 세워졌다.[295] 공자를 배향한 문묘가 중건되고, 임진왜란 당시 공을 세운 자들을 배향하는 선무사와 명나라 병사를 위로하는 남관왕묘와 동관왕묘가 숭례문 안팎과 동대문 밖에 각기 설립되었다. 남부 훈도방에 위치한 영희전은 광해군 대 공빈묘로 활용되다가, 이후 선대왕들의 어진을 봉안하면서 남별전으로 불리게 되었다. 숙종 30년(1704) 명나라가 망한 지 60주년이 되는 해에 명의 신종, 의종황제를 제사지내는 황단이 설립되었다.[296] 이처럼 조선후기 도성 안팎에 제향공간이 늘어나면서 묘, 사, 단에 제수품이 정기적으로 진배되었다. 이밖에 사위하지 못하고 돌아간 소현묘와 효장묘 등에도 사중삭제(四仲朔祭)와 별제(別祭) 때 쓰이는 제수품과 수복(守僕) 2인이 착용하는 옷가지 등이 제공되었다.

　2권과 3권의 절반은 봉상시의 정례물종으로 채워져 있다. 봉상시에서 주관하는 제사는 각제도(祭圖) 상에 '종묘십이실 오향대제'부터 '온천제'에 이르기까지 총 91종에 달한다. 봉상시는 국초부터 서부 인달방에 위치하여 국가제사에 필요한 제수물품을 조달해왔으며, 동·서적전을 경작하여 나는 생산물을 제수물자로 활용하였다. 그러나 대동법 시행 이후 동·서적전에서 나는 산물보다 선혜청에서 지급받는 원공가에 더 의존하게 되었으며, 선혜청에서 원공가를 받아 각 제도에 기재된 제수물품을

---

[295] 최주희, 2012, 「조선후기 왕실·정부기구의 재편과 서울의 공간구조」, 『서울학연구』 49, 부표 1, 2, 3 참조.
[296] 『숙종실록』 권40, 숙종 30년 10월 14일(신사).

때에 맞게 봉진하는 역할을 하였다. 따라서 1권에 수록된 묘, 사, 단의 제수물품은 기본적으로 봉상시에서 제공하였다.

〈표 III-6〉『각사정례』에 편재된 중앙각사의 종류와 성격[297]

권	기재항목	관서수	성격
1	어제어필(御製御筆), 범례, 사직, 종묘(영녕전), 영희전, **황단**, 성균관(문묘, 계성사, **숭절사**), **소현묘, 효장묘**, 독소, **동관왕묘(남관왕묘도 동일함)**, 선무사	15	제향
2	봉상시 상(元貢, 各祭圖)	1	제향
3	봉상시 하(각방·묘, 각제향소용, 동적전, 서적전) 종부시(종학청, 선원록청)	3	제향·왕실
4	종친부, 의정부, 중추부, 충훈부, 의빈부, 돈녕부	6	왕실·공훈
5	**비변사(빈청)**, 기로소, **훈련도감, 금위영, 어영청, 탁지성역정례, 호위청**, 의금부	7	정치·군사·형률
6	승문원, 사옹원, 내의원, 내주방, 향실	5	외교·왕실·제향
7	승정원, 도총부(중일청) 홍문관, 예문관(춘추관), 상서원, 시강원, 익위사	10	정치·군사
8	이조, 호조, 예조(각묘·각릉, 장령전, 만령전), 장생전, 숭의전, 문시소, 병조, 선전관청(**충장충익위청, 별군직청, 팔처수문장청, 무겸청, 숙위장사청, 사소위장청, 국출신청, 좌우순청**) 무시소, 형조, 공조, 한성부, 사헌부, 사간원	26	정치·제향·재정·의례·공사·형률
9	사복시, 군기시, 장악원, 교서관, 내자시, 내섬시, 사도시, 예빈시, 제용감, 사재감, 선공감(외선공감), 자문감	12	정치·공물·서적·의례
10	관상감, 금루, 전설사, 의영고(촉정례), 장흥고, 내빙고, 양현고, 장원서, 사포서, 전생서, 사축서, 조지서, 와서, 사학, 내농포, 전연사	16	정치·공물·교육
11	내반원(대전, 대왕대비전, 중궁전, 세자궁소원, 학청, 빈궁 등) 내수사, 내궁방, 액정서	9	왕실
12	대전수라간(주다방, 등촉방, 수사간), 대왕대비전수라간(주다방, 등촉방, 수사간), 중궁전수라간(주다방, 등촉방, 수사간), 세자궁수라간(주다방, 등촉방, 수사간), 빈궁수라간(주다방, 등촉방, 수사간)	15	왕실
계		125	

* 볼드체는 조선후기에 신설된 아문임.

3권의 종부시부터 4권의 종친부, 의정부, 중추부, 충훈부, 의빈부, 돈

령부는 종친과 공신, 삼정승이 속해 있는 관서이다. 종부시는 선원보첩을 간행하고 종실을 규찰하는 정 3품아문이다. 종부시 산하 권설아문이라 할 수 있는 종학청은 종친 자손을 대상으로 강학을 담당하였다. 종학청의 관원은 본래 성균관 사성 이하 전직이 겸직하였다가, 효종 대부터 종부시 관원이 종학청에서 종친 자손을 가르치는 일을 겸하였다.[298] 선원록청은 종친을 포폄하여 어첩과 선원록을 개수하고 이를 보관하는 업무를 맡아보았다. 종학청에는 강학 시 필요한 집기와 방한용 온돌소목 그리고 관청 보수를 위한 도배용지 등이 정기적으로 진배되었다. 선원록청에는 선원록의 개수와 보관에 필요한 종이, 집기, 가구 등이 제공되었다.

한편 돈녕부는 국왕의 친인척을, 종친부는 종실과 군(대군)을, 의빈부는 공·옹주의 부마를 관리하는 아문이다. 중추부는 문무 당상관 중 실직이 없는 자를 대우하기 위해 만든 부서이며, 충훈부는 국가 공신을 관리하던 곳이다. 의정부는 삼정승이 속해있는 관서로서 정종 2년(1400)에 설립되어 조선후기 비변사체제로 전환되기 이전까지 국정을 논의하던 최고기구이다. 각 부에는 문서행정에 필요한 문구류[종이·붓·먹]를 매달 지급하고, 관원의 포폄과 그 밖의 회의로 개좌할 때 필요한 물품이 정기적으로 제공되었다.

5권에 편재된 비변사(빈청)와 훈련도감, 금위영, 어영청, 호위청은 모두 조선후기에 신설된 중앙군문들이다. 비변사는 명종 10년(1555) 권설아문으로 설치되었으나, 임진왜란을 거치면서 상설 기구화되어 군국기

---

297 규장각 소장본 각사정례의 해제에는 각권의 목록이 다르게 제시되어 있다. 이에 현재 열람이 가능한 각사징례(奎1856 v.1-12)를 바탕으로 목록을 확인하여 수정한 내용을 표로 제시한 것이다. 괄호( )는 편제방식과 물목수를 검토하여 독립항목으로 보기 어려운 경우 앞 항목의 부속항목으로 처리한 것이다.

298 『효종실록』 권15, 효종 6년 7월 14일(병신).

무 외에 재정, 외교, 진휼 등 국정 전반에 걸친 정책의결기구로서 기능하였다. 따라서 비변사 회의 시 필요한 문구류[종이·붓·먹]들과 방한용 땔감과 횃불용 소목 등이 매달 진배되었다. 훈련도감은 선조 27년(1594)에 설립되어 삼수병을 양성하는 군문으로 조선후기 상설화되었다. 군병의 양료(養料)는 호조와 양향청에서 지급하였지만, 별도의 호궤와 기제(旗祭)에 쓰이는 물품 그리고 도감 건물을 수리하는 드는 물력은 공물아문에서 진배하였다.

반면 어영청은 인조 2년(1624)에, 금위영은 숙종 8년(1682)에 각각 설립되어 도성방어체제의 주축을 이루는 군사시설로 역할 하였다. 각 군문에서는 번상병의 보인에게서 지급받는 군포 외에도 주전(鑄錢)과 작은(作銀)을 통해 자체재원을 늘려가고 있었다. 따라서 호조의 승인 하에 어영청과 금위영에 제공되는 물자는 두 군문의 장교 말콩과 기제에 소비되는 제수물품으로 한정되어 있다. 호위청은 인조 원년(1623) 궁중 숙위를 담당하는 군사기구로 설립되었으며, 정례 상에는 매달 진배하는 문구류[종이·붓·먹] 외에 군관을 선발하기 위한 별시의 소요물품이 자세히 기재되어 있다. 기로소는 나이든 기신(耆臣)을 우대하기 위해 태조 3년(1394)에 중부 등청방에 설립한 관서로, 기신들에게 제호탕, 전약, 납약, 타락죽 등을 제공하는데 필요한 탕기와 가재도구들이 자세히 기재되어 있다. 한 가지 특징적인 것은 국왕도 나이가 들면 기로소에 들어갈 수 있었는데, 영조가 갑자년(1744)에 기로소에 들어가면서 별도로 진배하게 된 물목이 절반 이상 늘어나 있는 점이다. 의금부는 국왕의 전교에 따라 추국을 관장하는 관서로 태종 14년(1414)에 중부 견평방에 세워졌다. 정례에는 관청에서 행정업무 상 매달 소비하는 문구류와 관원의 포폄, 그리고 추국 등록을 만드는 데 필요한 물품이 기재되어 있다. 한편 왕이 주관하는 친국과 그 밖의 추국에서 죄인들의 공초내용을 기록하는데 쓰이는 문구류와 횃불, 그리고 구금한 죄인들에게 제공하는 먹을거리, 구료용품 등도 함께 수록해 놓았다. 5권에서 특지정적인 점은 중앙관서가 아닌 성역(城役)에 소비되는 물품을 '탁지성역정례(度支城役定例)'로 별도 삽입해 놓았다는 점이다. 각 군문에서 성역을 행할 때, 공장이나 모군의 군료는 호조에서 지급하고 있었다. 그러나 이것이 기준이 없어서 호조에서 군량으로 지급하는 비용이 많았기 때문에 성역을 시작할 때 칸수의 다과에 따라 석수를 정액으로 제공해주는 원칙이 정해졌다.[299]

6권과 7권은 모두 궐내각사에 해당한다. 승문원은 사행시 중국에 바치는 표·전·자문과 왜에 보내는 서계를 작성하던 관서이다. 외교문서에 쓰이는 종이는 물론, 이를 각국에 보낼 때 예에 맞게 포장하고 안전하게 보관하는 데 쓰이는 물품들도 함께 조달받았다. 사옹원은 궐내에서 생활하는 왕실가족의 식사를 제공하고, 외방에서 올라오는 물선진상과 광주분원에서 제작하는 그릇을 관리하던 곳이다. 정례에는 매달 공문서 작성 시 사용되는 단자저주지와 매년 자기를 구울 때 필요한 물품가지, 그리고 번조장인들에게 지급하는 료미를 적어 두었다. 의아한 것은 궐내에 진배되는 정기적인 공상물자와 각도의 외방진상물이 사옹원 물목에 하나도 기재되어 있지 않은 점이다. 아마도 각 전·궁에 진배되는 물선은 이미 「각전각궁례」에 상세히 기재되어 있기 때문에 중복을 피한 것으로 생각된다. 12권의 각 전·궁 수라간에도 마찬가지로 물선은 모두 빠져 있다. 내의원은 국왕에게 약재를 공상하던 궐내기구로 정례에는 국왕을 진료하고 처방할 때 문서 작성에 필요한 문구류 외에 약재와 탕약을 제조할 때 필요한 가재도구와 땔감 등이 자세히 기재되어 있다. 내주방은 궐내 각 전,궁에 술을 빚어 진배하는 일을 맡고 있었으며, 술을 빚을 때 필요한 쌀과 땔감, 누룩을 거르는 체, 술 담는 항아리 등등의 물품을 조달받았다.

---

[299] 『승정원일기』 1073책, 영조 27년 8월 28일(신유).

국왕은 국정을 논의하거나 왕실행사가 있을 때 관료와 군인, 왕실 가족들에게 어주(御酒)를 정기, 비정기적으로 내려주었는데 이는 대부분 내주방에서 대령한 것이었다. 향실은 제향 시 봉향을 주관하던 곳으로, 향실에는 문서행정에 쓰이는 문구류와 청소용 싸리나무, 땔감용 소목이 매달 진배되었다. 또 축문으로 쓸 종이와 향, 그리고 향을 예에 맞게 싸서 보내기 위한 향통과 궤자도 납입되었다.

7권에 수록된 승정원은 왕명을 출납하는 기구로 당상, 육방승지, 주서 등이 문서를 출납하고, 승정원일기를 작성할 때 쓰는 문구류가 매달 원내로 진배되었다. 또한 경외관료들의 포폄과 (성균관)유생의 전강과 제술, 문반관료의 중시, 삼정승의 복상, 죄인의 친국 등에 쓰이는 문구류도 사안마다 별도로 진배되었다. 본원 건물에 두고 사용하는 다양한 가구와 집기, 도구들은 1년에 한 번 조달받았으며, 관원들이 사용하는 방석과 건물도배에 쓰이는 창호, 겨울에 쓰는 방한용 곡초 등이 등도 별도로 진배되었다. 도총부는 오위의 군무를 관장하는 기구이며, 중일청은 무과의 일종인 중일제를 치르는 아문이다. 둘 다 군사기구이기는 하지만, 정례에 기재된 물품은 문서행정과 시재에 소용되는 물품이 주를 이루었다. 홍문관은 국정에 참고할 수 있는 서적들을 관리하고, 문한(文翰)에 힘써 국왕의 자문에 대비하는 역할을 하였다. 관원은 모두 경연관을 겸직하였기 때문에, 진강책자에 현토를 달거나 경연 시 사용되는 물품이 홍문관에만 별도로 진배되었다. 예문관은 국왕의 명령을 글로 찬술하는 업무를 담당하였으며, 본관 한림은 상·하번으로 춘추관에서 역사편찬을 담당하였다. 이 때문에 정례 상에도 예문관 항목에 춘추관을 부기해놓고 강화 정족산사고의 실록 포쇄 시 필요한 물품을 기재해두었다. 단, 무주적상산과 봉화태백산, 강릉오대산의 사고 포쇄 비용은 해당 도에서 부담하게 하였다.

상서원은 국왕의 도장인 새보, 병부와 마패에 해당하는 부패(符牌), 군사책임자에게 국왕이 내리는 신표로서의 절월(節鉞) 등을 관리하던 관서이다. 이에 도목정사와 과거 답안, 그리고 홍패에 도장 찍는 데 쓰이는 당주홍, 당황단 외에 순패, 절월이 1년에 한 번 진배되었다. (세자)시강원은 세자에게 경사(經史)를 강학하는 관서이며, 익위사는 왕세자를 배종하고 호위하는 일을 담당한다. 시강원에 들이는 물품도 대부분 문서행정에 필요한 문구류가 매달 진배되고 원내에서 쓰는 가재도구와 집기류 등이 1년에 한 번 진배되었다. 그밖에 왕세자 서연 시 현토를 달거나 문답을 써서 들일 때, 문구류가 별도로 납입되었다. 익위사에는 세자의 재가를 받아야 할 때나 세자가 대리청정할 때 도장을 찍는 과정에서 필요한 제반 물품도 진배되었다.

8권에는 6조(이·호·예·병·형·공)와 한성부, 사헌부, 사간원이 포함되어 있다. 이조는 문반관료의 인사행정을 담당하는 2품아문으로서, 문반 경외관직자의 도목정사와 과거 시 방패(放牌)에 쓰이는 종이, 합격자에게 내리는 홍패, 쌀 등이 별도로 납입되었다. 또한 대군·왕자와 공·옹주부마를 봉작하고, 시호를 내릴 때 필요한 물품도 공물아문으로부터 조달받았다.

중앙재정 전반을 관장하는 호조에는 문서행정에 필요한 문구류가 매달 진배되고 포폄시 진배되는 물품도 다른 관서와 마찬가지로 납입되고 있었다. 다만 호조에는 3개월에 한 번씩 국왕이 직접 회계문서를 열람하고 이를 수정하는 데 필요한 종이와 기타 물품이 별도로 진배되었다. 그밖에 노인세찬으로 지급하는 물품 외에 호조에 들이는 대부분의 물종은 청에 바치는 세폐, 방물과 왜인에게 지급하는 예단으로 구성되어 있다.

예조에는 능묘에 파손된 곳을 봉심하고, 각 처에 제사지낼 때 드는 물품과 도과(道科), 잡과(雜科) 복시를 치를 때 필요한 물품이 때마다 진배되었다. 한편 예조에서는 사액을 내릴 때 문서작성에 필요한 물품을 별도로 진배 받는가 하면, 각 능과 묘에서 사용하는 제기와 각종 잡물도 예조의 물목으로 관리되고 있었다. 특히 강화도에 자리한 장녕전과 만녕전은 숙종과 영조의 어진을 각기 봉안하고 있었는데,[300] 양 전을 수리할 때 들이는 물품은 예조의 관문을 통해 허락이 떨어진 후에 납입되었다. 장생전은 공신의 도상을 봉안하고, 궐내에서 사용할 관곽을 보관하던 곳으로 내외재궁을 제작할 때 필요한 부수적인 물품들이 진배되었다. 고려의 태조와 7왕의 위패를 모신 숭의전에 납입되는 방석과 잡다한 물품은 예조의 관문이 내려진 후에 진배되었다. 한편 예조에서는 과장인 문시소에서 응판(應辦)하는 물품도 관리하였다.

병조에는 다섯 절일에 새로 불 피울 때[改火] 쓰는 물품과 무반관료의 도목정사와 과거, 취재시 필요한 물품이 진배되었다. 또한 성내 거동하거나 능행 시 차비인들이 입는 옷가지를 조달받았으며, 군인 호궤 시 음식을 조리할 때 쓰는 조리기구도 공물아문으로부터 조달받았다. 선전관청은 표신을 관리하고 군무를 호령하는 기관으로, 군사행렬 시 필요한 깃발과 나각, 대평소, 금고, 대쟁 등 군악기류가 일 년에 한 번 진배되었다. 또한 충장충익위청, 별군직청, 팔처수문장청, 무겸청, 숙위장사청 사소위장청, 국출신청, 좌우순청의 도배물품도 국왕이 행차하거나 수리가 필요할 때 지급되었다. 무시소에는 식년무과와 모화관 전시, 친림춘당대 정알성시, 관무재 등이 행해질 때마다 제반 물품이 무시소로 조달되었다. 식년무과의 초복시와 증광, 알성, 정시는 궐내에 관사를 빌려 시험장으로 사용하였는데, 정례에는 측간을 포함한 가가(假家)의 수도 일일이 기재해놓았다.

형조에 진배하는 물품은 8종 밖에 되지 않으며, 죄인을 심문하는 형구와 심리내용을 작성하는 형판, 죄인이 옥안에서 쓰는 담통, 자물쇠 등이 포함되었다. 한 가지 특이한 점은 형조에 빙패 5개를 지급하였는데, 그중 한 개는 죄인에게 지급하는 것이라는 점이다. 공조는 6조 중 유일하게 선

---

300 『영조실록』 권61, 영조 21년 1월 9일(신사).

혜청으로부터 공물가를 지급받는 공물아문이다. 위의 표에서 원공을 보유한 관서는 22개에 해당하는데 공조도 이 중에 포함된다. 공조는 원공물을 바탕으로 사행시 가지고 갈 물품, 대제와 예장 시 진배할 물품 등을 진배하였다. 이때 궐내외 각사에 진배할 물품이 항식으로 마련되어 있으면 다행이지만, 무시로 호조에서 감결(甘結) 받아 요청해오는 물품도 정례에 포함되어 있었다. 이것이 선혜청 원공만으로 왕실과 각사의 물품을 모두 조달할 수 없게 만드는 요인이 되었다. 이에 대해서는 다음 소절에서 상술하도록 하겠다. 한성부에는 서원 40인과 차지서리, 사령 각 1명에게 제공하는 료미와 그밖의 필요 물품을 공물아문으로부터 조달받았다. 사헌부와 사간원은 다른 아문과 마찬가지로 문서행정에 필요한 문구류와 집기류, 건물도배와 창호에 쓸 물품이 진배되었다. 다만 사간원의 경우 도목정사 외에 감·병사, 수령, 변장을 천거하고, 서경을 행하는 등에 필요한 물품이 별도로 납입되었다. 또한 관원이 쓸 우산, 수건, 요강, 타

<표 Ⅲ-7> 『각사정례』의 편제방식

관청유지를 위한 지출 (ⓓ)	고유업무와 관련된 지출 (ⓒ)	공통 (ⓑ)	관서명 (ⓐ)	구분
物種 塗褙秩 物種 守僕捌人所着紅衣次每人 物種 外井代封時圍排所入 物種 禁火所用 物種 都下秩 物種 修改告祭時進排 物種 省牲時進排 物種 親臨大祭時進排 物種 春秋大祭 ⋮ 以조달처 ⋮ 以조달처 ⋮ 以조달처 ⋮ 以조달처○隨毀修補 ⋮ 以조달처○春秋半分上下 ⋮ 以조달처 ⋮ 以조달처 ⋮ 以조달처○用還 ⋮ 以조달처 每祭進排─臘享祭·祈穀祭도 동일함		每朔恒式 ⋮ 以조달처	社稷	물종 조달처 조달방식
ⓓ	ⓒ	ⓑ	ⓐ	

구 등 다양한 물품이 매년 제공되고 있었다.

요컨대, 1권에서 8권에 해당하는 각 관서의 물목이 정례에 표기되는 방식을 정리하면 다음 〈표 Ⅲ-7〉과 같다.

위의 〈표 Ⅲ-7〉은 『각사정례』 1권 첫 항인 사직의 정례물종을 정리한 것이다. 『각사정례』에는 ⓐ 관서명 뒤에, 거의 대부분의 관서에 ⓑ 매삭 항식이 따라오고, 그다음 ⓒ 각사의 고유 업무와 관련된 지출항목이 시기별, 사안별로 제시되어 있으며, ⓓ 그밖에 관청유지를 위한 다양한 집기들과 노복에게 제공하는 물품, 그리고 관청 보수에 필요한 물품이 자세히 기재되어 있다. 각 지출항목 말미에 물종별로 조달처가 병기되어 있다. 물품을 조달하는 방식은 시기별, 사안별로 용도가 정해져 있는 경우를 제외하고는 모두 한 꺼번에 진배되었다. 이때 진배하는 방식은 봄, 가을로 나눠 지급하는 방법[春秋分半上下] 외에도 연단위로 한꺼번에 진배할[都下] 경우 1년, 2년, 3년, 5년 단위로 도하 기간을 명시해놓았다. 만약 새로 진배하지 않고 수리해서 쓰는 경우에는 '수훼수보질'로, 한 번 쓰고 조달처에 도로 돌려주는 것은 '용환질(用還秩)'로 표기해두었다.

예를 들어, 사직(서)에는 장흥고에서 매달 공사업무에 쓸 백지 1권을 조달하고, 호조에서 자유채현목(紫油債玄木) 1필, 그리고 기인이 싸리빗자루[箒杻木]로 쓸 나무 6속을 납입하고 있다. 한편 춘추대제에는 행로에 불 밝힐 초[行路燭]와 대용지(大龍脂), 가지회[茄子灰], 축문 쓸 붓[填祝黃筆], 상다리를 싸는 저주지[床足楮注紙], 상위 양쪽 술잔 받치는 기름종이[兩樽所床座面油紙], 홀기도련지, 황필과 진묵, 기름종이와 복주 담는 술병[福酒瓶], 줄 바[條所], 작은 새끼줄[小索], 풀가루[膠末], 사기잔, 병계뉴목[餠階杻木], 제기 닦는 공석[祭器修浄空石] 등이 진배되었다. 각 물종은 의영고, 사포서, 공조, 장흥고, 내섬시, 선공감, 예빈시, 사기계, 기인, 군자감, 광흥창에서 각기 진배하고 있었는데, 이 중 사기잔은 사기계에게 쓰고 난 후 돌려주었다. 국왕이 친림하는 사직 대제에는 재계를 위한 목욕 물품이 조달되었으며 이는 대제 후 조달처[제용감, 장흥고, 사도시, 선공감]로 반환해야 하는 것들이었다. 희생을 살필 때 쓰는 희생방목[牲牓木]과 붉은 끈[紅小索]은 모두 선공감에서 진배하였다. 한편 도하질과 금화소용, 외정대봉시 위배에서 쓸 것, 수복 8인과 숙수 3명이 입을 옷, 본서에서 쓸 방석과 그릇, 도배에 쓸 물품은 모두 관청을 유지하는 데 필요한 물품들이다. 관청에 항상 비치해두어야 할 물품 외에도 본서에서 일하는 수복과 숙수의 의복, 관서의 수리물품이 정기적으로 지급되었다.

　9권과 10권에 포함된 관서는 상당수가 공물아문에 속한다. 공물아문이 보유한 원공(元貢)은 왕실과 각사에 진배되는 물종이다. 따라서『각전각궁례』나『각사정례』에 수록된 물종들은 기본적으로 9권과 10권에 수록된 22처의 공물아문을 통해 진배되었다고 할 수 있다. 이에 대해서는 다음 장에서 상술하기로 하겠다.

　11권과 12권은 내시와 궁속들의 관서에 진배되는 물종들이다. 11권의 내반원은 내시부를 일컫는 것으로, 각 전·궁에 반입되는 음식물을 감독하고, 국왕의 명령을 전달하며, 궁문(宮門)의 수직(守直)과 청소 업무 등을 맡았다. 왕실 각 전·궁의 수발을 드는 승전색내관, 출입내관, 장무내관, 수라설리내관, 주다방설리내관 등에게 지급되는 물품뿐 아니라, 선원전, 황단, 후원, 건극당, 창경궁, 광명전, 소현묘, 효장묘 등에서 수직하는 내관들에게도 물품이 제공되었다. 내시는 조선전기에는 140인이 돌아가며 번을 섰으며, 대부분 체아직으로 운영되었다. 그런데『대전통편』이 간행되는 시점에서는 장번은 정원이 없어지고, 출입번 하는 자와 상직하는 자들이 172인으로 늘어났다.[301] 이는 각처에 수직하는 내관들이 많아진 것이 하나의 요인으로 작용한 것으로 보인다. 한편 액정서에도

---

[301]『대전통편』권1, 이전 내시부.

내관이 대전공사청에서 쓰는 물품과 자물쇠를 관리하는 사약방에서 필요로 하는 물품이 진배되었다.

내수사와 내궁방의 경우, 물목수는 적지만 조달되는 수량은 상당히 컸다. 아래의 표는 『각사정례』상의 내수사 항목을 정리한 것이다.

<표 III-8> 『각사정례』의 내수사(內需司) 항목

구분	물목	수량	조달처
연례	점미(粘米)	5석	내섬시
	목맥(木麥)	5석	내섬시
	적두(赤豆)	5석	내섬시
	녹두(菉豆)	5석	내섬시
	진임자(眞荏子)	5석	내섬시
	점미(粘米)	5석	내섬시
	목맥미(木麥米)	5석	내섬시
	적두(赤豆)	5석	내섬시
	양호전세조미(兩湖田稅條米)	155석	군자감, 광흥창
	태두(太豆)	120석	군자감, 광흥창
	북관노비신공전미(北關奴婢身貢田米)	2,408석	군자감, 광흥창
	역가대미(役價大米)	409석 1두	호조
	연례수송포(年例輸送布)	6동	호조
	전(錢)	300냥	호조
	미(米)	400석	군자감,광흥창
용성대군방 (龍城大君房) 숙신공주방제수 (淑愼公主房祭需)	목(木)	4동	호조
	전(錢)	600냥	호조
	미(米)	160석	군자감,광흥창
내입기명소용 (內入器皿所用)	유철, 주철, 동철, 납철, 두석, 함석, 정철		내수사에서 호조에서 첩보하면 참작하여 수송해줌.

위의 표에서 내수사가 연례로 진배받는 물량은 미 3,532석 1두, 포 6동, 전 300냥 수준이었다. 이를 선혜청정례의 1석=3필=6냥의 기준으로 환산하면, 3,682석이 된다. 이는 대전에 진배되는 공상액 6,494석의 절반을 넘는 수치이다. 대전의 공상액과 내수사의 연례항목을 합하면 10,176

석이 되며, 이것이 호조와 선혜청에서 국왕에게 공식적으로 제공할 수 있는 사비에 해당하였다. 그런데 내수사의 지출항목은 다른 관서와 비교하면 좀 특이하다. 이를테면, 북관노비신공과 역가대미, 연례수송포와 전, 미는 내수사의 업무와 관련된 지출항목이 아니다. 다시 말해 이 항목들은 물품구입가가 아니라 순전히 내수사에 이송해주기 위해 설정된 항목들이다. 호조에서는 내수사의 업무와 상관없이 매년 3,682석의 쌀을 국왕의 내탕고에 조달하고 있었다. 이는 『선혜청정례』에서 각 궁방에 직납하는 쌀[宣惠廳直納米]과 성격이 동일하다.[302]

내궁방의 경우에도 원공으로 꿩깃[雉羽] 70,000개, 정근 330근 15냥 5전, 어교 520근, 궁삭목 500개, 진사 35근, 궁현사 5근으로 진배수량이 많게 나타난다. 내궁방에서는 원공을 가지고 궐 안에서 쓸 활과 화살을 제작하였지만, 이것은 사실상 국왕에게 진상하는 것 외에 다른 아문에 진배되지는 않았다.

12권은 각 전·궁에 속한 수라간, 주다방, 등촉방, 무수리간[水賜間]에 진배되는 물종으로 이루어져 있다. 수라간은 각 전·궁의 개별 부엌에 해당하며, 주다방은 술과 차를 내는 일을 맡고, 등촉방은 등불과 화로, 금화용 물품들을 관리하였다. 수사간은 세숫물을 긷고 수건 등을 마련해 두는 곳으로 이와 관련된 물품이 각 처에 조달되었다. 한 가지 특이한 점은 각 전·궁의 수라간에는 식물류가 포함되어 있지 않고 그릇과 솥, 조리도구들이 포함되어 있을 뿐이다. 일반적으로 사옹원에서 궐내 어공을 모두 담당한 것으로 생각하지만, 각 전·궁에 때마다 음식과 술, 차 등을 진배한

---

302 그러나 이때까지만 해도 내수사가 호조와 선혜청에서 수송해주는 재원에 그다지 의존했던 것 같지는 않다. 주지하다시피 내수사는 국왕의 내탕고로서 절수지를 통해 자체재원을 확보하고 있었기 때문이다. 이러한 상황은 19세기에 들어서면 사정이 달라진다. 이에 대해서는 5장에서 서술하기로 하겠다.

것은 수라간, 주다방 등이었던 것으로 보인다.「각전각궁례」를 통해 보더라도 매일, 축일, 축삭공상, 연례진상 등 먹을거리가 각 전·궁에 개별적으로 진배되고 있기 때문이다. 사옹원의 경우 외방진상으로 올라오는 현물과 소속 어부들이 진배하는 물종을 관리하였기는 하지만, 궐내에서 음식을 일제히 조리하는 역할을 하였을 지에 대해서는 의문이 든다. 사옹원과 각 전·궁 수라간에서 어떻게 음식을 조리하고 왕실가족에게 바쳤는지는 좀더 상세히 살펴보아야 할 점이다.

지금까지『각사정례』에 수록된 125처의 관서와 각 관서에 조달되는 물품의 성격에 대해 개괄적으로 살펴보았다. 12권의 정례는 균일하지는 않지만, 나름 각사의 중요도를 감안하여 편제하였다. 사직과 종묘를 시작으로 묘·사·단과 제향기구(1~3권)가 가장 먼저 오고, 그 뒤에 왕실·종친·공신(4권)→군문(5권)→궐내각사(6~7권)→궐외각사(8~10권)→내시와 궁속(11~12권) 순으로 이어진다. 이렇게 각사정례에 실린 125처의 물목수는 총 12,458개에 달한다. 각 관서 중 가장 많은 물목수를 보유하고 있던 곳은 '봉상시'이며 그다음이 '내의원'이다.

16세기 말부터 17세기 전반까지 두 차례의 큰 전란을 겪은 조선왕조는 전쟁에 희생된 자들을 위로하고, 변화된 외교질서 하에서 국가적 의리, 명분을 확보할 수 있는 방편으로 '제사'를 적극 활용하였다. 한편 왕위계승의 정당성을 확보하기 위해 조선후기 국왕들은 사친 추숭에 열을 올렸는데, 영조의 경우 숙빈 최씨의 '육상묘'를 '육상궁'으로 격상시키는 조치를 취하였다. 이후 궁원제가 시행되면서 도성 안에 사친을 모신 제사궁들이 늘어나게 되었다.

전란 이후 북벌과 수도방어에 대한 인식이 고조되면서 도성 내 비변사를 비롯한 군문들이 다수 들어서고, 공신 자손을 우대하기 위한 군사기구도 궐내에 신설되었다. 그리고 이러한 변화는 고스란히『각사정례』에 반영되었다. 다만 영조는 이미 늘어난 관서를 폐지하지 않고, 관서에 조달되는 물종을 대폭 삭감하는 정책을 펼쳤다. 문제는 이 지점에서 발생한다. 영조는 『각사정례』상의 물품을 선혜청에서 지급하는 원공가로 사서 쓰게 하는 원칙을 분명히 하였다. 그러나 이미 선혜청 원공의 유재(遺在: 이미 공물가를 지불했으나 조달받지 못한 공물)가 누적된 상태에서 원공물수에만 의존하여 물품을 조달할 수 없는 상황이라는 점도 잘 알고 있었다. 영조는 이러한 문제를 어떻게 해결하고자 했을까.

　12권의 『각사정례』에서 선혜청 원공을 보유한 공물아문은, 봉상시, 공조, 군기시, 교서관, 내자시, 내섬시, 사도시, 예빈시, 제용감, 사재감, 선공감, 전설사, 의영고, 장흥고, 양현고, 장원서, 사포서, 전생서, 사축서, 조지서, 와서, 내궁방 등 총 22처뿐이다. 원공(元貢)을 가지고 있다는 것은 곧 선혜청에서 원공물에 해당하는 공물가를 지급받는다는 뜻이 된다. 원공을 지닌 공물아문은 선혜청에서 공물가를 지급받아 소속 공인에게 물품을 제작하거나 시중에서 구입하게 한 뒤 이를 가지고 궐내 각 전·궁과 다른 관서에 진배하였다. 따라서 정례 상에 드러나지는 않지만, 각사에 조달되는 물품의 실질적인 조달주체는 공물아문에 속해 있는 소속 공인들이었다. 『각사정례』는 각사에서 공인들에게 추가로 요구하는 물품과 과중한 역을 방지하기 위해 마련한 것이었지만, 정례의 제정 이후, 이러한 문제들이 곧바로 해소되지는 않았다. 공조와 제용감에 속한 공인의 사례를 살펴보자.

　공조는 대동법 시행 이후 선혜청에서 원공가를 지급받는 공물아문으로 기능하였다. 이에 원공물을 궐내에 진배하는 한편 다른 관서에도 조달하고 있었다. 공조 소속 공인은 기인, 우피계, 칠공인, 필계공인과 같은 순수 공인층과, 옹기색, 영조사, 공야사와 같은 역인, 장인층으로 구성되어 있었다. 공조기인은 본래 공조의 역인과 장인에 해당하던 자들로 영조 29년(1753) 당시 이들이 고립하던 일꾼이 1,000여명에 이를 정도였다.[303] 이들은 궐내에 진배하는 공상물자 외에도 제향 소목과 무과시험장에서 쓰이는 조궁탄, 각사의 횃불, 궁성과 제처 수리 시 쓰이는 싸리나무[椏木] 등을 진배하였다.

우피계와 칠공인, 필계공인들은 『탁지정례』에 정해진 원공가를 받아서 우피, 칠, 필묵 등을 해당 처에 진배하였는데, 이 과정에서 정례보다 많은 양을 진배토록 하는 문제가 발생하였다. 옹기색은 도장(陶匠)을 두고 제향시 제주를 담는 동이[陶長盆]를 제조하였지만, 침장, 침저옹기는 장인이 아닌 공인에게서 조달받았다. 이들이 봉상시에 진배하는 침장, 침저옹기는 사용 후 『탁지정례』에 따르면 공인에게 다시 돌려줘야 하는 [用後還下] 하는 물품이었으나 봉상시에서 이를 돌려주지 않아 공인이 손해를 보는 일이 발생하기도 하였다.[304]

한편 제용감은 국초 설립 시 진헌포물, 인삼, 사여의복, 사라, 능단, 포화, 채색입염, 직조 등을 담당하는 아문이었으나[305] 조선후기에 이르러서는 인삼, 포화 등의 업무는 사라지고 직물, 염색, 의복 제작과 조달에 관한 사무만을 담당하였다. 제용감에서는 제용감공인과 도련주인을 두어 각종 공물을 마련하는 한편, 역인을 두어 국역을 담당하도록 하였다.

제용감 역인의 경우 국가의 길흉대례에 관한 제반 역을 졌음에도 불구하고 특별히 주어지는 급료가 없었을뿐더러, 공인들처럼 공물이 할당되어 있지도 않았다. 그렇기 때문에 역인들은 제용감에서 호조의 별무가로 추가 진배하는 물종을 마련하고 이와 관련된 역을 지는데서 이득을 얻고 있었다. 그런데 정례 제정 이후 제용감 원공이 25,000냥 가량 줄어들고, 역인에게 떨어지는 것[受食]이 줄어들게 되자, 호조에서 제용감 원역에게 호조의 정포(正布)로 작공(作貢)하여 생계를 보전해주도록 하는 조

---

303 『공폐』, 공조기인.
304 『공폐』, 옹기색소장.
305 『한경지략』, 궐외각사, 제용감.

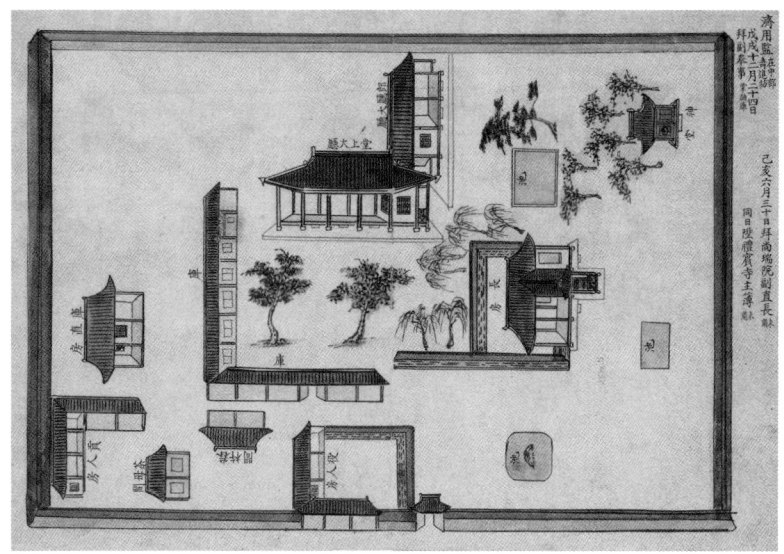

〈그림 Ⅲ-1〉 제용감 관아도(하버드대학교 옌칭도서관 소장)

치가 취해졌다.[306] 19세기 자료이기는 하지만 『숙천제아도』에 수록된 제용감 관아도를 살펴보면, 공인방과 역인방이 본감 내에 별도로 설치되어 있는 점을 확인할 수 있다.[307]

 요컨대, 『탁지정례』가 제정된 후에도 각사에서 공인에게 물품을 추가로 요구하는가 하면, 돌려주어야 할 물품을 돌려주지 않아 공인들이 피해를 보는 사례가 여전히 문제시 되고 있었다. 더욱이 중요한 문제는 각사의 원공을 삭감함으로써 공물가를 받아 먹고 사는 공인, 역인층이 생계에 위협을 받게 되었다는 점이다. 영조는 이를 해결하기 위해 다시 호조의 정포를 가지고 공물을 창설하여 역인에게 지급하는 조치를 취하였다. 즉, 『탁지정례』를 통해 선혜청의 원공물을 줄여 각사경비를 공식적으

---

306 『공폐』, 제용감공인, 도련주인, 제용감원역.
307 『숙천제아도』, 제용감.

로 줄이는 대신, 공인들의 피해를 보전해주기 위해 다시 호조의 별무가를 활용하고 있었던 것이다. 이에 『각사정례』 내에 일부 별무로 구입할 수 있는 항목을 설정해두었다.

〈표 Ⅲ-9〉는 『각사정례』 9권에 실린 각 관서의 물목을 정리한 것이다. 각 관서의 지출항목은 〈표 Ⅲ-7〉의 사직과 비슷한 패턴을 보이지만, 사복시와 장악원, 자문감을 제외한 나머지 관서는 모두 첫머리에 원공(元貢)을 포함하고 있는 점에서 차이를 보인다. 이때 원공은 해당 아문의 경비로 쓰이기도 하지만, 왕실과 타 관서에 진배되기도 하였다.

예컨대, 교서관에 원공으로 책정된 권책지(卷冊紙), 첩책지(貼冊紙), 시정기지(時政記紙), 의지(衣紙), 자작판(自作板)은 모두 교서관에서 소비하는 물품들이다. 반면, 사재감의 원공인 석수어, 청어, 흰새우젓, 소어젓, 진어, 알젓, 대구어, 민어, 중포, 회전복, 땔감, 소금, 간수는 전부 왕실과 타 관서에 진배하는 물종들이다. 물론 원공물을 다른 관서에 모두 진배하더라도, 본 아문의 행정에 필요한 물품은 다른 아문에서 조달받았다. 그렇기 때문에 〈표 Ⅲ-9〉에 원공을 보유한 아문들도 다양한 조달처를 확보하고 있었던 것이다.

한편 물종 하단에 '외공(外貢)'이라 부기한 것들은 외방에서 현물로 조달되는 물품이다. 『탁지정례』는 선혜청의 공물가로서 제작, 구입해 들이는 물종으로 채워져 있지만, 현지산물을 직접 진배하는 경우도 일부 남아 있었다. 예컨대, 내자시의 현미[糙米], 내섬시의 표고·우모·현미, 예빈시의 현미, 제용감의 보통 솜[常綿子], 사재감의 석수어·알젓·대구어·중포·회전복·간수, 선공감의 비자판, 뇌록 등이 외공에 해당한다.

『각사정례』에서 한 가지 더 눈여겨 보아야 하는 항목은 '무시차하질[無時上下秩]', '무시진배(無時進排)', '종감결질(從甘結秩)'이다. 이들은 수시로 값을 지불하여 구입해 들이거나 호조의 甘結을 받아 추가로 진배하는 물종들이기 때문에 선혜청의 정해진 원공가로는 매번 지출을 감당할 수

<표 III-9> 『각사정례』 9권의 항목

권수	각사	성격	지출항목	물목수	조달처
9	사복시	군사	내주, 연례획송, 수훼수보질, 원능행행시 정차비역자거달등의복질, 근능행행시 정차비역자 거달등 의복질, 각능행행시 동궁수가시 정차비역자 거달등 의복질, 당일면환능행시 능소첩마료급양미질, **무시차하질**, 어승마치폐매치소용	135	사복시, 제용감, 공조, 군자감, 양향청, 호조, 차계, 선혜청
	군기시	군사	**원공**, 연례, 내궁방 춘추진배매등, 편전촉이백부등소입, 수훼수보질, **무시진배**, 춘추양등 월과궁전조작시매등, 춘추양등선궁시매등, 춘추양등 전촉타조시매등, 내궁방춘추양등 전초타조시매등	82	호조, 군기시, 선공감, 의영고, 사섬시, 군자감, 풍저창
	장악원	의례	악기풍물질, 제산천	10	차계
	교서관	서적	**원공**, 인출소용, 창준소용, 수장소용, 균자장소용, 각수소용, 소로장소용, 책장소용, 반사건책의, 장책장소용, 사자관소용, 조각장소용, 소목장소용, 책자도첩시매차, 책자진상시, 도하질, **종감결진배질**	159	장흥고, 호조, 의영고, 선공감, 공조, 교서관, 제용감, 예빈시, 선공감, 내섬시, 사섬시, 사재감, 군기시, 장흥고
	내자시	공물	**원공**, 매삭, 연례, 도하질, 주고위배소입, 문과출신소착, **종감결질**	46	내자시, 군자감, 호조, 장흥고, 제용감, 내자시, 공조, 선공감, 사복시, 사섬시, 예빈시(**外貢**)
	내섬시	공물	**원공**, 도하질, 우모자취소용, 각전각궁 세주부문소입, 각전각궁 춘첩연상단오첩부첩소입매차, 세수노인세찬매원, 봉조하월치주매원, 문무과급생진창방일여사은일사주시매원, 잡과창방시매원, 범과장시 구료매과, 각전각궁 공상침초소입, **종감결질**	47	장흥고, 사재감, 제용감, 사도시, 선공감, 공조, 전설사, 내섬시, 기인(**外貢**)
	사도시	공물	**원공, 수시진배**	21	사도시
	예빈시	공물	**원공**, 연례침장소입, 삼전물선진상, 무과출신소착, 종감결질, 각치제일상소입	33	예빈시, 장원서, 내섬시, 제용감, 의영고, 사재감 (**外貢**)
	제용감	공물	**원공**, 본감행용질, 제산천등각제향소용, 종묘친제시 소용, 종묘동궁친제시 소용, 제복질, 성내거동시 예도감서리소착	50	제용감(**外貢**)
	사재감	공물	**원공**, 연례	19	사재감(**外貢**)
	선공감	공사 공물	**원공**	33	선공감(**外貢**)
	외선공감	공사	**원공**, 본감 제처진배, 제산천 각제향소용, 각처제향시 배설소용, 궐내과장급별시사여중일소용, 모화관(훈련원)소용	93	외선공감
	자문감	공사 공물	본감 제처진배내 소용, 어정위리, 외소장	63	자문감

III. 영조, 왕실의 경비를 줄여 백성을 이롭게 하다

없는 것들이다. 따라서 이 항목들은 선혜청이 아닌 호조의 별무로 조달되는 물종이라 할 수 있다. 실제로 공인들의 폐단을 개선하기 위해 영조 29년(1753) 작성된 『공폐』에는 공인들에게 직접 감결을 보내 추가 진배를 요구하는 폐단이 자주 언급되고 있다.[308]

『탁지정례』에 기재된 물종은 기본적으로 선혜청의 원공가로 지불되었다. 그러나 각사공물 중 '종감결질', '무시차하질'과 같은 항목이 포함되면서 호조에서 별무가를 지급하여 추가 조달할 수 있는 여지를 『각사정례』상에 열어두었다. 그러면 정례에 공물수가 정해져 있는 것과 그렇지 않은 것은 공물가가 어떻게 지급되었을까? 이에 대한 실마리는 『공폐』에 장흥고 공인이 아뢴 내용에서 찾을 수 있다.

> 정례 중에 이조에서 쓰는 각종 종이들 중 권수를 정한 것이 있고, 정하지 않은 것이 있는데, (필요한) 실수에 따라 들이는 것과 권수가 정해진 것은 정례에 따라 진배한다. 실수에 따라 들이는 것은 먼저 진배하고 나서 산원으로 하여금 계산하여 실수에 따라 회감하게 하되 만약 수가 남으면 호조의 어린례(魚鱗例)에 따라 뒤에 차차 계산하여 감하는 일을 정식으로 시행하라.[309]

실제 필요한 수만큼 진배하는 것과 정해진 액수만큼 진배하는 것은 정례 상에 기준이 제시되어 있다. 예컨대 이조에 진배해야 할 종이들 중 실수만큼 진배해야 하는 물종에 대해서는 하단 '종실입(從實入)'이라고 부기해 놓았다. 장흥고에서는 권수가 정해진 것은 정례대로 진배하되,

---

[308] 『공폐』, 내섬사공인. 내섬시공인이 유청을 진배할 때 선혜청에서 공가를 받지만, 감결이나 국왕의 분부가 있을 경우 공인은 호조에서 값을 추가로 지급받았다.

[309] 『공폐』, 장흥고공인, "定例中 吏曹所用各樣紙地 有定卷數者 有不定卷數 而從實入者 定卷數者 則依定例進排 從實入者 則先進排 而令算員算摘從實入會減 而若有餘數 則依戶曹魚鱗例次次計減於後等事 定式施行."

권수가 정해지지 않은 것은 원공 내에서 필요 수만큼 이조에 진배하였다. 만약 진배하는 종이수가 원공을 넘어서면 장흥고는 선혜청 원공가가 아닌, 호조의 별무가액을 지급받아 초과된 종이수를 차차 계감한 것이다. 이때 근거가 된 것이 바로 호조의 어린례(魚鱗例)이다. 영조 26년(1750) 호조판서 박문수는 선혜청 원공을 모방하여 호조의 유원공별무와 무원공별무액을 어린작등하여 별무공안을 작성하였다.[310] 『탁지정례』만으로 각사의 필요 물품을 모두 소화할 수 없는 상황에서, 호조의 무분별한 별무가 지출을 차단하기 위한 보완 조치가 마련되었던 것이다. 따라서 공물아문은 선혜청으로부터 ① 원공물가를 지급받는 한편 원공물가가 부족할 경우 호조에서 어린작등한 ② 별무가액을 지급받았다. 이처럼 별무가를 정액화한 조치는 선혜청의 원공을 가급적 늘이지 않는 선에서 늘어난 각사물품을 효과적으로 조달하기 위한 변통안으로 이해할 수 있겠다.

그러나 『탁지정례』의 제정과 함께 호조의 별무를 공식화한 조치는 호조의 공가 지출 업무를 확대시키는 한편, 선혜청으로 하여금 낮은 공물가를 부담하는 호조에 재원을 계속 이획해 주어야 하는 상황을 야기했다. 더욱이 중앙의 정책과제를 실현할 때에 호조와 선혜청이 재원을 공동 분담하는 경우가 자주 발생함으로써 두 기관 사이의 성격은 더욱 모호해져갔다. 『탁지정례』의 제정 이후 선혜청의 역할은 축소된 것이 아니라 오히려 확대되어갔다. 그리고 그것은 공물가 지출업무를 넘어서는 재정 전반에 걸친 것이었다.

한편 정례 간행 후 긴축재정이 가시화되자 여러 관서에서는 이를 타개하기 위해 공인들에게 직접 감결(甘結)을 보내 추가 진배를 요구했으며,

---

[310] 『만기요람』재용편 3, 戶曹貢物·別貿.

이를 듣지 않으면 공인들을 패출하여 잡아가두고 위협하기까지 했다. 비변사에서는 이를 개선하기 위해 공시인들의 상언을 접수해 개선안을 마련해주었지만, 공시인들에 대한 침탈은 영조 대 내내 근절되지 않았다.

이처럼 『탁지정례』의 제정에도 불구하고 영조 대 후반부터 정조 대 초반까지 경비 누수 현상은 다시 심화되고 있었다. 정조는 즉위 초 박문수가 정례를 만든 것이 수십 년도 되지 않았는데 밑 빠진 독에 물이 새듯, 폐단이 한두 가지가 아니라고 하면서 이는 호조판서가 법을 제대로 지키지 못한 탓이라고 지적했다. 영조 대 중반 거질의 정례서가 어렵게 간행되었음에도 불구하고, 처벌 조항의 미비와 조정의 기강 해이로 인해 정례서에 담긴 절용의 이념은 20여 년이 지난 시점에 퇴색될 위기에 놓여 있었던 것이다. 다음 장에서는 정조가 즉위한 후, 선왕 영조의 긴축재정 기조를 어떻게 이어가는지 살펴보기로 하겠다.

IV

18세기 후반 정조, 궁부일체를 표방하다

1. 즉위년의 개혁, 다시 왕실을 겨냥하다

정조는 즉위 2년(1778) 6월 인정문에 나가 조참을 받고, 민산(民産)과 인재(人材), 융정(戎政)과 재용(財用)에 관한 대고(大誥)를 선포하였다. 이때 정조는 융정에 대해, "임진왜란 이후 훈련도감을 설치하면서부터 분군(分軍)의 제도가 만들어지면서 모병(募兵)하여 영(營)을 설치하고, 기보(畿輔)의 군사를 갈라서 거느리게 하고서는 혹은 병사(兵使)라 하고 혹은 대장(大將)이라 부르는데 이는 모두 다 제도가 번잡하게 되고 연혁이 무상하게 된 것"이라고 평가하였다.

한편 재용에 있어서는 "한 해의 수입이 한 해의 지출을 감당하지 못하게 되었는데, 쓸데없는 관서[冗官]와 쓸데없는 병사[冗兵]들이 먹는 것이 10에 7~8을 차지하게 되었으며, 각기 관부를 두고서 전곡을 나누어서 관장하므로 호조에서는 지출과 수입의 액수를 전관하지 못하고, 혜청에서도 대소 공상을 관할할 수 없게 되었다"고 보았다.[311] 대고를 통해 정조는 군정과 재용에 있어서 불필요한 관서와 군액을 정비하고, 재원을 관리하는 호조·선혜청의 운영에 있어서도 개혁에 대한 의지를 내비쳤다. 특히 선혜청에 대한 운영은 균역청과도 연관되어 있는 사안이었다.

정조는 즉위 직후 병신정식(丙申定式)을 제정하여 궁방전을 대대적으로 조사하여 호조로 귀속시킨 후 출세 조치하는 왕실개혁을 단행하였다.[312] 이미 즉위 직전부터 정조는 왕실의 궁속(宮屬)을 대거 줄이고, 대전

---

311 『정조실록』 권5, 정조 2년 6월 4일(임진).

궁속에게 지급되는 공상물자를 없애는 등의 왕실경비를 줄여나갔다.³¹³ 재위 2년(1778)에는 빈궁에게는 새로 궁방전을 지급하지 말고 궁속에게 지급하는 선반, 의전 물자도 약소하게 하여 호조와 선혜청에서 나누어 지급하게 하였다.³¹⁴

대고가 반포된 시점은, 영조의 임오의리를 전제로 정조의 충역의리가 새로이 확립된 직후였다. 정조는 즉위 초 자신의 즉위를 반대하였던 자들을 처분하면서 이를 『명의록』으로 간행하였으며, 『명의록』에 불만을 품은 홍인한계 북당 세력을 처리한 『속명의록』을 추가로 간행하였다.³¹⁵ 이 과정에서 정조를 보필하며 의리주인으로 역할한 홍국영(1748~1781)은 즉위년 12월 선혜청 제조에 임명되는 것을 시작으로 도승지와 금위대장·숙위대장·약원제조·균역청 당상 등을 겸임하게 되었다.³¹⁶ 정조가 즉위한 후 홍국영에 가장 먼저 선혜청제조뿐 아니라 군문대장과 제조를 겸직하게 한 것은 즉위 초 정조가 구상한 재정개혁의 성격과 관련이 있다.³¹⁷ 영조 대 박문수가 호조판서와 선혜청제조, 삼남 균세사, 그리고 어영대장을 겸직하고 있었던 것과 비슷한 경향을 보이고 있었다.

박문수는 『탁지정례』가 작성될 무렵 호조와 선혜청, 균역청, 그리고 어영청에 관한 재무를 구관하고 있었다. 그리고 이러한 박문수의 역할은 영조 대 후반 홍봉한(洪鳳漢, 1713~1778)으로 이어졌다. 영조는 어영대장직에

---

312 송양섭, 2011, 「正祖의 왕실재정 개혁과 '宮府一體'論」, 『大東文化研究』 76; 이성임, 2013, 「정조 즉위년 丙申定式과『內需司及各宮房田畓摠結與奴婢摠口都案』」, 『통계로 보는 조선후기 국가경제』, 성균관대학교출판부.

313 『일성록』, 정조 즉위년 3월 15일(병술); 최주희, 2012, 「18세기 중반 定例類에 나타난 王室供上의 범위와 성격」, 『藏書閣』 27.

314 『정조실록』 권5, 정조 2년 6월 15일(계묘).

315 『정조실록』 권5, 정조 2년 2월 27일(무오).

316 최성환, 2009, 『正祖代 蕩平政局의 君臣義理 연구』, 서울대 박사학위논문, 120~133쪽.

317 『정조실록』 권2, 정조 즉위년 12월 10일(정미).

박문수를 대신하여 홍봉한을 임명하였다.³¹⁸ 애초에 영조는 조현명(趙顯命, 1691~1752)이 박문수를 어영대장직에서 물리고, 폐부지신(肺腑之臣)인 홍봉한을 임명하도록 건의한 것에 대해 곧바로 허락하지 않았다.³¹⁹ 그러나 홍봉한이 어영대장에 제수되고 난 후 『균역청사목』(추)에는 어영대장이 균역청 제조직을 겸하는 내용이 첨입되었다. 이후 박문수가 담당하였던 재정개혁의 실무는 홍봉한에게로 옮겨졌다. 홍봉한은 박문수가 삼남균세사로 충주로 내려갔을 당시 호조판서 김상성과 함께 호조참판으로 정례 작업을 이어갔으며 이후 어영대장과 균역청 제조직을 겸하게 되었다.

그러나 영조가 추진한 일련의 재정개혁은 시간이 지나면서 조금씩 문제가 불거져 나왔다. 『탁지정례』의 경우 앞에서 지적한 것처럼 각사의 경비를 모두 이정한 것이 아니었기에 정례에 상세하지 않은 내용을 수정해야 한다는 조정의 논의에서부터³²⁰ 공인들의 원망이 『공폐』를 통해 드러나게 되었다.³²¹ 이에 정조 원년에는 『탁지정례』 제정 이후 불필요한 경비지출이 다시 늘어나고 있는 점이 지적되었다.³²² 한편 균역법에 있어서도 문제가 드러났다. 정조 2년(1778) 균역법의 폐단이 거론되면서 균

---

318 『정조실록』 권69, 정조 26년 1월 5일(기유).
319 『영조실록』 권69, 영조 26년 5월 9일(병진).
320 『승정원일기』 1111책, 영조 30년 9월 23일(기해).
321 『공폐』(『商業史史料叢書』 2, 여강출판사), 군기시공인.
322 『승정원일기』 1407책, 정조 원년 9월 18일(경진), "丁酉九月十八日辰時 上御誠正閣 都承旨入侍時 行都承旨洪國榮 假注書李兢淵 記事官林錫喆徐龍輔 以次進伏訖 國榮曰 夜間聖體 若何 上曰 一樣矣 上曰 昨見度支定例 則殆不成説矣 甲戌年間 朴文秀之爲定例 不過數十年之事 而म間亂雜之弊 尾閭之患 个一而足 此專由於戸判不能守法之致也 所謂元貢中許多名目 多有不可不釐正者 戸判如欲修擧 則豈無其道乎 國榮曰 國家之經用 專係於此 而當此經費匱乏之時 矯弊之道 不可少緩 次對時 下詢大臣 講論修擧之策 好矣 上曰 此而置之 則國不可爲國 而爲戸判者 必挺身任怨 然後可爲矣 國榮曰 古人謂 度支 非才智足以辦事者 不可以負此任 此言是矣 上曰 戸曹如此 惠廳之事亦可知矣 國榮曰 然矣 此等事 專以得人爲務之外 更無他策矣."

역청에 상납되는 어염세가 13만 냥이던 것이 8, 9만 냥으로 줄어들었다는 보고가 올라왔다.[323] 그러나 영조 대 재정개혁의 가장 큰 문제는 왕실에 있었다.

영조는 즉위 초 4년 동안 전각에 깔아 놓은 자리를 바꾸지 않을 정도로 검약을 솔선한 군주였지만, 왕실가족에 대한 처우에 있어서는 사실상 관대하였다. 앞 절에서 살펴본 것처럼 『탁지정례』와 같은 중앙재정의 긴축 정책에도 불구하고 사친추숭을 위한 궁원제의 도입[324]과 각종 제향의식을 강화하는 조치 등이 영조 대 후반 들어서도 빈번히 행해지고 있었다. 더욱이 공상물자를 큰 폭으로 이정하여 호조와 선혜청에서 지출하는 공상물자는 간소화한 데 반해 이들에게 지급하는 궁방전에 있어서는 그 규모가 일정하게 유지되었다. 이에 정조는 즉위 초 『명의록』 간행을 통해 즉위과정에서의 충역시비와 의리문제를 명확히 하는 한편, 재정면에 있어서도 영조 대 후반의 재정상황을 재정비하는 조치를 단행하였다. 그 시작은 왕실이었지만 개혁의 범위는 점차 중앙관서와 군문으로까지 확대되었다.

대고(大誥)를 반포한 후 얼마 안 있어 정조는 선혜청과 호조의 원공과 별무 외에 새로 가정된 공물을 조사하게 하였다. 또한 각 군문대장이 책응소에서 재원을 임의로 가져다 쓰는 것을 엄단하고 군색 낭청으로 하여금 개좌하여 회계문서를 검사하게 하였다. 이때 정조는 오군영의 재원을 통합하여 문서 장부를 하나로 하면 1년의 수입과 지출을 상세히 알 수 있을 것이라는 의견을 피력하였는데, 좌의정 서명선(徐命善, 1728~1791)이 이는 대경장에 해당하는 일이라 하여 어렵게 여기자, 대신 회계 관리를 명확히 하도록 하였다. 이처럼 중앙관서의 회계관리를 강화한 정조의 조치는 중앙재정을 총액으로 파악하는 단계로까지 나아갔다.

---

323 『정조실록』권5, 정조 2년 5월 4일(계해).
324 정경희, 2004, 「朝鮮後期 宮園制의 성립과 변천」, 『서울학연구』23.

2. 매년 국고의 총액을 보고하라

정조는 각 아문의 회계부 내역을 매년 정월 초에 보고받음으로써 중앙의 재정보유고를 파악하고 직접 관리해나갔다. 주전으로 확보한 동전을 경비로 직접 지출하는 방법도 있지만, 앞서 설명한 것처럼 재정아문 사이에 동전과 쌀, 면포를 서로 교환해 쓰는 관행이 확대되었기 때문에 회계부를 작성할 때에도 통화유동성이 높은 동전, 쌀, 면포를 총액단위로 파악해야 했을 것이다.

영조의 경우 균역법 시행 이전까지만 해도 동전의 사용을 불신하는 입장이었지만, 1730년대부터 주전을 재개하기 시작하여 균역법 시행을 앞둔 영조 27년(1751) 호조, 선혜청, 삼군문에서 앞으로 5년 간격으로 돌아가며 주전하도록 하는 명이 내려졌다.[325] 이는 당해 6월 급대재원의 2/3를 결전으로 수취하도록 하는 조치와 관련이 있는 것으로 생각된다. 그러나 동전이 단속적으로 주조되는데도 불구하고 시중에는 동전이 늘 부족한 상태였다.[326] 정조 5년(1781)에서 8년(1784)사이 시중에 돈이 귀해지는 전황의 문제가 심각하게 야기되면서, 호조와 군문을 중심으로 대규모 주전을 시행하였다.[327]

---

325 『비변사등록』 122책, 영조 27년 2월 26일.
326 송찬식은 1698년부터 30년간 주전이 중단되면서 錢荒현상이 야기되었다고 보았으며(송찬식, 1997, 『朝鮮後期 社會經濟史의 研究』, 一潮閣), 이헌창 역시 송찬식의 논의를 이어 1710년부터 1820년까지 물가가 안정되기는 하였지만, 시중에 전문이 귀한 錢荒 국면이 내내 유지되었다고 보았다(이헌창, 1999, 「1678-1865 년간 화폐량과 화폐가치의 추이」, 『經濟史學』 27).

그러면 정조 즉위 초 왜 이러한 회계부가 작성되었을까? 정조 즉위년 회계부 작성은 18세기 중엽에 전면적으로 시행된 영조의 재정정책에서부터 그 연원을 찾을 수 있다. 영조는 재위 26년 무렵을 전후하여 『탁지정례』와 『별무공안』을 간행하여 중앙경비를 긴축시키는 한편, 균역법을 시행하면서 주무관서인 균역청을 상평·진휼청과 함께 선혜청에 통합하여 운영하였다.

한 가지 더 주목할 점은 영조는 『탁지정례』를 간행하기 직전, 오군문과 선혜청에 회계법을 시행하도록 지시하였다는 점이다.[328] 영조는 "주례에 일컫기를, 왕에게는 회계가 없고 유사에게는 회계가 있다고 하는데, 중앙에는 탁지[戶曹]와 기조[騎曹], 지방에는 각도에 모두 회계가 있음에도 오직 오군문은 중간에 창설하였기 때문에 이런 전례가 없으니, 지금부터는 호조와 병조의 예에 따라 회계안을 마련하여 들이도록" 하였다. 또한 "선혜청은 나라의 중요한 곳인데, 그 회계한 바가 몇 장의 단자(單子)를 가지고 들어와 계달하는데 불과하여 곧 휴지가 되므로 선혜청 역시 회계안[會案]을 마련하여 들이도록 하였다.

균역법이 시행되기 이전 오군문은 자체적으로 둔전과 군포수입, 그리고 무역별장을 통해 자체 세원을 늘려나갔다. 18세기로 접어들어 대외 정세가 안정화되면서 중앙의 군사비 지출은 늘지 않는 대신 정번(停番)으로 인한 군문 재원은 계속 비축되고 있었다. 이미 숙종 초반 각 군문들

---

327 김정자, 2008, 「1780년대 '貢市散貸'와 '丙午通共' 시행의 정치적 의미」, 『한신역사학총서-담운 서굉일교수 정년기념논총-지배문화와 민중의식』2, 한신대학교출판부.
328 『영조실록』권69, 영조 25년 4월 19일(병신), "命行會計法於五軍門及宣惠廳 教曰 子曰 旣富且庶非富於君也 卽富於民之謂也 且云節用 節用廣儲蓄之本也 噫 廣儲蓄非所以爲君乃所以爲民 何謂爲民 以備水旱 以備軍旅 不然有水旱而何以濟民 有軍旅而將以加賦 不能濟民 加賦其民 國豈不殆 顧今經費 可謂哀痛 周禮稱 王無會有司有會 內而度支騎曹 外而各道俱有會計 惟五軍門中間創設 故無此例 今後則一遵戶兵曹例 修入會案 惠廳國之所重 而其所會計不過葉單入啓 仍作休紙 此後亦依戶兵曹例 修案以入."

이 도성 안에 백여 칸의 부속창고를 짓고 은화를 보관하고 있다는 말이 나올 정도로 군문재원은 증가하고 있었다.³²⁹

조선후기 도성의 군인들이 상업 활동에 참여하는 것도 이러한 맥락과 관련이 있다.³³⁰ 영조는 호조와 병조 외에 조선후기 신설군문과 선혜청에 보관된 재원을 효과적으로 파악하고, 각 관서에서 자의적으로 재정 운영을 견제하고자 한 것이다. 영조 대 중반 오군문과 선혜청에 회계법을 시행하고 회안을 작성하게 한 후 정조는 여기서 한 걸음 더 나아가 재정개혁에 박차를 가하였다. 중앙아문의 재정 상태를 파악함에 있어 호조, 선혜청뿐 아니라 군문에까지 확대하고자 한 것이다. 정조는 재위 2년(1778) 대고를 통해 중앙에 불필요한 아문과 관원이 많은 것을 문제 삼았으며, 이러한 발언은 특히 군문을 겨냥한 것이었다. 재위 20년(1786) 무렵 정조는, 건국 초에는 호조만 있을 뿐이었는데 그 후 삼군문이 생긴 데다 균역청까지 설치되어 국용에 남는 것이 없다고 하고, 또 근래 나라의 경비를 축내는 것으로 군량만한 것이 없다고 지적하였다.³³¹

또 같은 해 12월 정조는 "대저 나라에는 탁지가 있어서 한 국가의 재화와 부세를 관장하는데, 우리나라의 경우는 근래 들어 따로 설치한 아

---

329 『숙종실록』권6, 숙종 3년 5월 19일(갑오).

330 須川英德, 1994, 『李朝商業定策史研究-十八·十九世紀における公權と商業』, 東京大學 出版會; 최주희, 2012, 「조선후기 왕실·정부기구의 재편과 서울의 상업구조」, 『서울학연구』 49.

331 『정조실록』권45, 정조 20년 10월 22일(갑오), "上謂備局有司堂上李時秀曰 財用者 民國之本也 大學以理財爲平天下之要道 財用然後 方可以端本而出治 大抵捧納之名色小 然俊民業可女 而我國之初 只有一戶曹而已 其後又有三軍門 又有均役廳 民安得不窘 國安得裕用乎 蓋耗國之用 莫甚於兵食 雖以訓局軍料言之 小米變爲大米 兼司僕之加料 漸次加厚 國用漸縮 而旣定之額 固難猝減 旣食之料 亦難遽損 亦豈無漸次方便汰冗節濫之道耶 且以已然之效言之 華城城役 三年告成 而不煩民力 不費經用者 雖緣內帑之從前儲蓄 而其中四十萬 卽禁衛軍十餘哨之限十年停番之效也 十哨之十年停番 能爲四十萬之剩 我國經用之多歸於養兵 從可知矣."(*밑줄은 필자)

문이 많으니 이웃나라에 알게 해서는 안 됨이 있다. 호조 한 아문에서 (재부를) 마땅히 총괄해야 하는데도 혜청, 균청을 별도로 설립하였으니 이는 대의에 어긋나는 것이다. 하물며 군문에서 별도로 향색을 두고 각기 장신으로 하여금 호판의 일을 겸하게 하고서 군향이 들어오고 나가는 것을 묻지 않는다니 어찌 (이러한) 법식을 허락할 수 있겠는가?"³³²라고 하면서 군문에서 향색을 두고 군향을 자체적으로 관리하는 것에 제동을 걸었다. 군문은 균역법 시행 이후 군포 수입이 절반 가량 줄기는 했지만, 둔전과 환곡 운영 통해 자체적인 수입을 확보하고 있었다. 국왕으로서는 중앙재정 전반을 장악하기 위해서 이러한 군문 재원까지 파악할 필요가 있었다. 이에 정조는 선대와 다른 방식으로 재정아문의 회계부를 작성케 하였다.

『정조실록』에는 이전 실록과 다르게 매년 정월 15일에 중앙 관서의 회부 내역을 기록하고 있다. 그런데 회부 내역을 살펴보면 관서별로 시재액을 기록해둔 것이 아니라 이를 합산하여 총액으로 기재해놓았다. 전곡을 관리하는 아문에서 매년 초 회계부를 작성하여 올리면, 이를 금, 은, 전, 면주, 면포, 저포, 포, 미, 전미, 황두, 피잡곡 등의 금속·현물화폐별로

---

332 『승정원일기』1771책, 정조 20년 12월 27일(무술), "蓍東日 頃因戶曹草記 軍資主簿金成九 公穀逋欠之罪 令該府照法嚴勘事 批旨內 不能摘發之其前其後判堂 豈可無罪乎 倉官有逋 竝與該堂論罪之意 定式事 言于廟堂事 命下矣 近來紀綱解弛 此等之事 至登臺章 而贓法之不嚴 玩愒成習 該堂若嚴加察飭 初豈有郞官所犯 摘發之後 又豈有至今未準捧之理乎 此後則各倉穀物 若有不謹典守 以致耗縮者 該堂郞 一體重勘事 自本司定式分付 金成九事後 不爲準徵之前後戶曹判書 捧現告一竝罷職 何如 上曰 依爲之 當該戶判 則摘發以後人宜有区別 爲先推考 因而又有一欲定式者 <u>大抵有國之有度支 爲其掌一國之財賦也 我國近來 分門而岐多 有不可使聞於鄰國 戶曹一衙門 只當專摠而已 自惠廳均廳 別立衙門 已是無義 況單(*軍)門之別有餉色 使各其將臣 兼行戶判之事 而出入不問 豈有如許法式乎</u> 且況軍門所納 無非經用中移劃者乎 軍門不罷餉色 而使錢穀甲兵 各有主管 則民弊將無可祛之日 此非猝乍間處分者 先從典守之法 若有不謹 一依京外衙門例 大將從事官 施以律 有何不可 卿於筵退後 量定條件 以啓目後錄磨鍊以啓 待啓下 藏之各該營及本司禁府刑曹 可也."(* 밑줄은 필자)

총액을 합산해 보고한 것이다.

회계부의 내용이 중앙관서의 현존 보유고를 파악하기 위한 것이라고 할 때, 물자가 각 관서에 어느 정도 비치되어 있는가도 파악해야 하지만, 재정 총액이 어느 정도인지를 가늠하는 것 역시 국왕의 입장에서는 중요한 일이었다. 대동법 시행 이전에는 현물과 요역을 필요한 만큼 파악하여 징수하였기 때문에 재정 총액을 산출하기란 쉽지 않았다. 그렇기 때문에 중앙각사에서도 자체 재원을 운영하며 왕실과 다른 관서의 수요에 '각사자판(各司自辦)'의 방식으로 대응하였던 것이다. 그러나 선혜청과 균역청에서 경비를 지급받는 방식으로 전환되면서 중앙각사의 운영에도 변화가 생겨났다.

정조 대 회계부의 특징은 이러한 변화를 반영하고 있다. 즉 중앙각사를 모두 포함한 것이 아닌, 회계부 보고를 호조·양향청·선혜청·상진청·균역청·병조·훈련도감·금위영·수어청과 같은 재정아문으로 한정시켜 놓은 것이다. 여기에 정조 22년(1798)부터는 장용영이 포함되었다. 양향청은 훈련도감의 군량을 담당하는 곳으로, 병조, 훈련도감, 금위영, 수어청은 군문재정을 관할하는 곳이다. 호조, 선혜청, 상진청은 전세와 공물, 환곡의 모조를 바탕으로 중앙각사의 경비를 담당하는 재정아문들이다.

균역청은 군문, 병영뿐 아니라 각사에도 어염세 손실에 대해 급대를 해주었을 뿐 아니라, 공물도 운영하고 있었다. 장용영은 겉으로는 군영의 성격을 띠지만, 국왕의 내탕과 선혜청 재원을 염출하여 환곡을 운영한 재정관서의 성격이 강하였다. 정조 13년(1789)부터 착수된 화성성역에서 가장 많은 재원을 빌려온 곳은 호조와 선혜청이 아닌 균역청과 장용영이었다. 그리고 이 빌려온 대금은 각 군문에서 상환하는 방식으로 충당하였디.[333]

---

[333] 이달호, 2003, 『화성건설 연구』, 상명대 박사학위논문, 5장 각주 64 인용 부분 참조.

각 아문은 자체재원을 별도의 창고에 보관하고 회계문서도 독자적으로 관리하였지만, 이들 사이에는 긴밀한 재정적 상보관계가 형성되어 있었다. 선혜청은 균역, 상평, 진휼청과 고사를 함께 쓰면서 서로 간의 재원을 융통해주고 있었다. 뿐만 아니라 중앙각사에 공물가를 지급해주는 역할을 하였으며, 영조 대 전반부터는 호조에 정기적으로 재원을 이획해주었다. 균역청에서는 병조를 비롯한 군문에 급대재원을 공급해주고 있었다.

중앙재정 전반을 관장하는 것은 호조였지만, 이처럼 공물가 지급, 군문급대, 군향과 진휼곡 마련에 필요한 재원을 선혜청(균역·상평·진휼청)에서 보전해주는 시스템을 구축하고, 매년 국용재원을 총액으로 관리해나간 것이다. 정조는 이와 더불어 공적 재원에 흡수되지 않은 왕실 재정과 군문재원에 대한 관리, 통제도 강화해나갔다.

정조는 즉위 초부터 궁방면세전을 정비하여 출세지로 변경하는 한편 이를 호조로 귀속시키는 조치를 취하였다. 병신정식의 시행으로 2~3만 결가량의 출세지를 확보할 수 있었으며, 정조는 이후로도 면세결을 계속 삭감하는 조치를 취하였다.[334] 또한 궐내에 거주하는 궁속 중 정규 인원을 초과하는 이들을 출궁(出宮)시켜 경상비 지출을 줄여나갔다.

한편 재위 2년(1778)부터 선혜청과 균역청, 그리고 군문의 재정운영의 문제점을 전반적으로 개선해나갔다. 균역청의 어염선세가 외방에서 제대로 수취되지 않는 상황을 조사하여 대책을 마련하도록 하였으며,[335] 군문의 재원을 군영대장이 임의로 가져다 쓰지 못하게 하고, 군색 낭청

---

[334] 『정조실록』 권48, 정조 22년 3월 28일(임진), "上曰 耆社免稅 亦爲千結云 亦豈不過多乎 罷宮房折受 乃是丙申初政 當時所得 殆爲二萬餘結 而以後田結之減摠 又多於此 若無當時之所得 則尤當如何 上護軍鄭民始曰 戶曹之至今維持 專賴於此矣." 병신정식의 내용에 대해서는 송양섭, 2011, 앞의 논문 참조.

[335] 『정조실록』 권5, 정조 2년 5월 4일(계해).

으로 하여금 문서 장부를 검사하게 하였다.[336] 또한 선혜청의 공물가미가 부족해지는 문제를 개선하기 위해 호조로 이획하는 공미(貢米)를 제한하고 동전을 대신 지급하게 하였다. 요컨대, 정조 대 총액단위의 회계부의 운영은 현물재원이 높은 비중을 차지하는 상황에서 중앙재정을 통합적으로 파악하기 위한 최선의 노력이었다고 할 것이다.

---

[336] 『정조실록』 권6, 정조 2년 11월 20일(병오).

3. 외방진상제도의 정비, 『공선정례』

정조 대 취해진 또 다른 중요한 조치는 『공선정례』를 간행하여 현물로 진상하는 각도의 진상을 감수 정액화한 것이다.[337] 『공선정례』는 영조 대 중반 왕실공상과 각사경비를 이정한 『탁지정례』에 이어 공납제의 근간을 이루는 외방진상에까지 경비절감을 위한 이정책을 확대 적용했다는 점에서 의미가 있다. 대동법 시행 이후 경기진상의 일부가 경공화되었으며, 이것이 『선혜청정례』에 포함되었다. 그러나 대부분의 외방진상은 공상물자와 달리 각도 감영, 병영, 수영의 장관이 도에서 생산되는 특산물을 정기적으로 바치는 예헌적 성격이 강하게 유지되었다. 다만, 현물진상의 특징이 유지되었다고 하더라도 각도 감영에서 진상물자를 마련하는 방식은 이미 기존 연구에서 밝혀진 바대로 영주인에게 대가를 지급하고 구매하는 영작공의 형태를 띠었다.

현존하는 『공선정례』의 내용을 살펴보면, 의정부육조명일물선(정조·단오·추석·동지·탄일), 경기삭선(정월령·2월령·4월령·5월령·6월령·7월령·8월령·9월령·10월령·11월령·12월령, 매삭삭선, 매삭망선), 개성부물선, 충청도삭선, 충청도명일물선(동지·납육·탄일), 전라도삭선(정월령·2월령·4월령·5월령·6월령·7월령·8월령·9월령·10월령·11월령·12월령), 전라도명일물선(정조·

---

[337] 『정조실록』 권1, 정조 즉위년 7월 19일(무자); 『정조실록』 권33, 정조 15년 7월 15일(무자). 정조 즉위년(1776) 7월에 기존의 貢膳定例를 개정하여 만든 책이다. 내용은 貢膳定例識, 貢膳定例釐正節目, 本文으로 이루어져 있다. 貢膳定例識에서는 定例개정 사유(古今産物의 차이, 名品의 혼란과 存減 등)와 의의를 밝히고 있다(서울대학교 규장각 한국학연구원 해제).

단오·동지·탄일), 제주삭선(정월령·2월령·4월령·5월령·6월령·7월령·8월령·9월령·10월령·11월령·12월령), 경상도삭선(정월령·2월령·4월령·5월령·6월령·7월령·8월령·9월령·10월령·11월령·12월령), 경상도명일물선(정조·단오·동지·납육·탄일), 통제사봉진, 좌수사봉진, 강원도삭선(정월령·2월령·4월령·5월령·6월령·7월령·8월령·9월령·10월령·11월령·12월령), 강원도명일물선(정조·동지·납육·탄일), 황해도삭선(정월령·2월령·4월령·5월령·6월령·7월령·8월령·9월령·10월령·11월령·12월령), 선혜청봉진, 함경도삭선(정월령·2월령·4월령·5월령·6월령·7월령·8월령·9월령·10월령·11월령·12월령), 함경도명일물선(납육·탄일)로 이루어져 있다. 항목수는 총 2,213항목이다. 정조 15년(1781), 각 도의 납육을 서울에서 공납하도록 규정을 바꿈에 따라, 기록을 수정해야 할 필요성이 생겨 『공선정례』를 개정하고 재반포하였는데, 현존하는 『공전정례』에는 납육이 포함되어 있어 개정 전의 정례가 아닌가 생각된다.

『공선정례』는 조선전기 진상제가 조선후기 어떻게 축소, 정례화되었는지를 파악할 수 있는 자료로서 의미가 크다. 『공선정례』에 수록된 진상물은 목차에서 보듯이 매달 바치는 삭선(월령)진상과 명일물선진상으로 구성되어 있으며, 각도에 동일하게 적용되고 있다. 한 가지 감안해야 할 점은 『공선정례』는 정조 대 궐내에 생존해 있는 대전과 왕대비전, 중궁전, 혜경궁, 세자궁만을 대상으로 하고 있기 때문에 순조 대 이후 외방 진상의 적용대상이 어떻게 바뀌었을지는 연대기 사료를 통해 검토해 볼 필요가 있다. 그럼에도 19세기에 작성된 것으로 파악되는 선혜 각청사례에는 외방진상의 경우, 『공선정례』를 준용하도록 명시해 놓았다.

삼명일(三名日)의 물선(物膳)과 삭선(朔膳) 물선은 모두 새로 편찬한 『공선정례(貢膳定例)』를 따른다. 삼명일(三名日) 방물(方物) 물선(物膳) 및 삭선(朔膳) 납육(臘肉)은 본래 정식(定式)이 있다. 경중(京中)[內]은 방물은 내궁방(內弓房)이, 물선은 사옹원이 규례를 살펴 봉상(捧上)한다. 외방은 각 읍이 모두 감영에 분정한 바에 따라서 모두 함께 봉여(封餘)하되, 『준절(準折)』에 의거하여 회감했다. 헤아려서 견감하고 혁파하는 바가 많았다. 이를 책으로 인쇄하여 반하(頒下)했는데, 명명(命名)하기를 『공선정례(貢膳定例)』라 하였다. 각 전(殿)·궁(宮)에 진상하는 각종 물선이 그 안에 실려 있다【제주(齊州)에서 진상하는 삭선 및 공과(貢果) 또한 정례에 실려 있으나, 방물 물종은 정례에 실려있지 않다】.[338]

이처럼 왕실공상에 이어 외방진상에 있어서도 상납과정에서의 방납과 점퇴, 추가징수의 폐단을 규제할 수 있는 정례서를 작성함으로써 정조는 영조가 강조한 '손상익하(損上益下)'의 재정이념대로 왕실재정을 긴축하는 노선을 재위 내내 견지하였다.

---

[338] 『호남청사례』 진상조.

4. 또 다른 국고, 내수사와 장용영

마지막으로 정조 대 재정운영상의 중요한 특징이라고 한다면, 국왕의 내탕이라 할 수 있는 왕실재정의 영역을 공적 영역화하여 경비로 지출하였던 점을 들 수 있다. 그 대표적인 관서가 내수사(內需司)와 장용영(壯勇營)이다.

17세기 내내 국왕의 비호 아래 왕실 사재정이 늘어나는 가운데, 궁가 절수지를 제한하고 내노비 복호를 폐지하는 문제가 조정의 신료들 사이에 집중적으로 제기되었으며, 그 이념적 근거가 된 것이 바로 궁부일체론(宮府一體論)이었다.[339] 조정의 신료들은 궁부일체론에 입각하여 왕실재정이 늘어나는 상황을 꾸준히 압박하였다. 그런데 이러한 경향은 18세기에 이르러 역전되었다. 국왕 스스로 왕실재정을 긴축하여 도덕적 권위를 확보해감으로써 궁부일체론을 둘러싼 공담론의 주도권이 점차 국왕에게로 넘어가게 된 것이다. 정조 10년(1786) 내수사를 혁파하자는 선정신 이문성(李文成, 1503~1575)에 대해 정조가 자신의 입장을 밝힌 다음의 기사를 살펴보자.

> "선정신 이문성이 내수사를 혁파하자고 청하였는데, 이는 물론 경상적인 논의이지만 또한 혁파하지 못할 점이 있다. 이는 대체로 한번 혁파한 뒤에는 모든 경비를 일체 호조에게 책임을 지워야 할 것인데 호조에서 감당할 수

---

[339] 『조선왕조실록』에 '궁부일체'에 관한 기사는 선조 대부터 나타나며, 영조와 정조 대 기사빈도수가 압도적으로 높다.

있겠는가? 내수사는 본디 정해진 전결이 없고 호조에서 떼어준 것이다. 비록 내수사를 혁파하더라도 호조에는 별로 도움되는 것 없이 경비만 갑자기 불어날 것이므로 각종의 것을 수응하는 폐단이 필시 대동미를 내기 전 방납인들이 퇴짜를 놓았던 우환처럼 될 것이다. <u>나의 의견에는, 내수사는 오로지 경비를 보충해서 쓰기 위한 것이지 임금의 사적인 재물이 아니라고 생각되는데, 옛말에 '천하를 위해서 재물을 지킨다.'고 한 것이 이를 두고 말한 것이다.</u> 내가 한결같이 저축해 왔더니 근래에는 조금 여유가 생겼는데, 애당초부터 사적인 재물로 보지 않았기 때문이었다."340

정조는 내수사의 비축으로 경비의 부족분을 충당하였고, 흉년이 들었을 때 내수사 재원을 진휼에 사용한 점을 들어 사장(私藏)이 아님을 강조하였다. 왕실재정을 절약하여 공적 경비로 활용함으로써 국왕 스스로 궁부일체를 실현하고 있음을 피력한 것이다. 앞선 인용문에서 인조가 내수사 재원을 왕실사장으로 인식하고, 내수사를 없앨 경우 국가재정에 부담을 주게 될 것이라고 언급한 것과는 사뭇 대조적이다. 그런데 정조는 자신의 친위부대인 장용영에 있어서도 내수사와 같이 국가경용에 필요한 자금을 확보하여 끌어쓰는 기구로 활용하고 있었다.341

정조는 도성에 장용영을 설치하여 내탕과 환곡 운영을 통해 실질적인 화성성역 자금을 조성해나갔다. 정조가 재위 15년(1791) 무렵, "나의 고심

---

340 『정조실록』권22, 정조 10년 7월 16일(정사), "又曰 先正李文成 請罷內需司 此固經常之論 而亦有行不得者 蓋一罷之後 自內之凡百經用 將一切責之度支 度支其可抵當乎 內司本無元定田結 只是自度支劃來者 雖罷內司 於度支 別無所益 而經費則頓加 種種責應 其弊必如大同未出之時 防納點退之患矣 予則 謂內司 專爲補用經費 非人主之私財 古語云 爲天下守財 是也 予果一向節蓄 近來稍有餘裕 蓋以初不視以私財故也."
341 이에 대해서는 박범의 논문을 참고할 수 있다(박범, 2018, 『正祖代 壯勇營의 軍制와 財政 運營』, 고려대 박사학위논문).

을 지금까지 숨기고 드러내지 않았기 때문에 장용영의 일에 대해서는 언제나 마치 나 한 개인의 사적인 일처럼 여겨져 왔다. 병신년(정조 즉위년) 이후 쌀 한 섬, 베 한 필을 감히 낭비하지 않고 있는 정력을 다 들여 경영한 끝에 이제서야 겨우 두서가 잡혔다."[342] 고 한 것은 그간 중앙의 재원을 총액으로 관리하면서 성역 자금을 조성한 것이 어느 정도 윤곽이 잡혔음을 의미한다. 정조 19년(1795)과 20년(1796) 사이에 회계장부에 기재된 재원이 대폭 감소한 것은 화성성역이 마무리되고 혜경궁 홍씨의 회갑연이 화성에서 치러짐으로써 재정지출이 두 해에 가장 컸기 때문으로 보인다. 이는 정조 대 말에 이르러서 회복되었다.

정조 대부터는 각 재정아문의 시재액을 화폐 단위별로 통산하여 매년 초 국왕에게 보고함으로써 동전과, 면포, 베, 쌀, 콩 등이 도성에 얼마나 비치되어 있는지를 매년 총액 단위로 파악하게 되었다. 그리고 부족한 재원을 만회하기 위해 단속적으로 주전을 시행하고, 환곡을 신설하여 모곡 수입을 확대함으로써 중앙의 시재액을 일정하게 유지하고자 하였다. 한편 필요에 따라 중앙 아문 간에 쌀과 동전, 포목을 교환하거나 경비가 부족한 아문에 재원을 옮겨주는 관행을 허용함으로써 중앙의 지출증대에 대응해나갔다.

통화발행이 열악한 조건 속에서 조선정부는 미·포와 같은 현물화폐를 외방에서 직접 수취하고, 이를 서울상인에게 지급하여 경비물자를 조달하였다. 이때 동전은 부수적인 지불수단으로 기능하였다. 18세기 중엽부터 동전 주조가 단속적으로 이루어졌지만, 동전의 원료가 되는 동(銅)을 일본에서 충분히 수입해 들이기는 어려웠으며, 동전을 주조하는 비용도 만만치 않았다. 중앙정부는 동전을 점진적으로 발행하여 재정에 보충해

---

[342] 『정조실록』 권33, 정조 15년 9월 3일(을해).

썼지만, 수취단위로서 동전을 전적으로 신뢰하지는 않았다. 동전이 단속적으로 간행되던 정조 대에도 도성에는 전황(錢荒)의 문제가 자주 거론되었다. 정부에서는 발행한 동전만큼 태환 가능한 현물을 재정아문에 보관해두어 유동성에 대비해나갔다. 회계부에 금, 은, 동전뿐만 아니라 곡식, 포목 등 현물화폐가 다양하게 기재되어 있는 것도 이러한 이유에서이다. 조선정부는 재원을 시장에 공급하여 현물과 노동력의 상당부분을 구입, 혹은 고립해 쓰면서도 재정을 운영함에 있어 시장에 전적으로 의존하지 않았다. 오히려 시장에 적극적으로 개입하여 국가주도의 재정물류체계를 유지하고자 하였다.

다음 장에서는 영조와 정조 대 추진된 일련의 왕실재정 긴축과 경비지출 투명화 조치들이 19세기에 어떠한 효과를 낳게 되는지 살펴보기로 하겠다.

V

19세기,
재정위기와 남겨진 숙제들

1. 순조의 즉위, 흔들리는 원칙들

정조 사후 중앙의 재정 상태는 그다지 좋지 못하였다. 호조에서 국장(國葬)을 치를 경비가 부족하여 삼도감의 물력을 장용영에 부담시켰을 뿐 아니라, 호조에서 1년 동안 쓸 경비마저 장용영에서 가져다 쓰도록 하였다.[343]

순조 2년(1802) 무렵에는 조정 신료들의 동의 하에 정조의 호위군대이자, 내탕의 기능을 담당하였던 장용(내)영이 혁파되었다.[344] 장용영이 혁파되자 장용영의 재원은 호조를 비롯한 중앙아문에 급대되었으며,[345] 군액은 훈련도감과 병조에 귀속되었다. 장용영의 혁파는 노론 시파를 견제하기 위한 정략적인 조치였지만, 장용영의 재원이 중앙의 재정관서와 군문에 환수되면서 호조를 비롯한 각 아문의 가용자원이 늘어나게 되었다.[346] 장용영의 혁파로 인해 중앙아문에서는 일시적인 재정적 특수 효과를 누렸지만, 실상은 오래가지 못했다. 정순왕후의 철렴 이후 순조가 친정하게 되면서 재정 및 군사제도에 관한 백서로『만기요람』이 작성되기는 하였지만, 재정부족을 타개할 이렇다 할 혁신적인 조치는 취해지지

---

[343] 『비변사등록』191책, 순조 즉위년 12월 12일.
[344] 『승정원일기』1846책, 순조 2년 1월 20일(임진).
[345] 『승정원일기』193책, 순조 2년 10월 1일, 장용영에 소재한 銀·米·木·布 구처별단을 살펴보면, 천은8천 5백 41냥 9전, 정은 3천 8백 9냥 9전, 전문 13만 7천 1백 66냥 7전 9푼, 미(米) 1만 1천 2백 80석 2두 4승 2홉 9작, 목 4백 27동 21필 14척 9촌 5푼, 포 62동 40필 32척 4촌에 이른다. 장용영 혁파의 재정적 효과에 대해서는 박범의 발표문을 참고할 수 있다(박범, 2018, 「1802년 장용영의 혁파와 영향」, 『역사와 현실』 107).
[346] 『승정원일기』1850책, 순조 2년 4월 10일(경술).

않았다. 그러나 그것은 순조가 무능해서라기보다, 왕조국가가 구상할 수 있는 대변통이 18세기에 마무리되고 총액제적 재정운영이 안정화단계에 접어든 점에서 구조적 원인을 찾을 수 있다.

주지하다시피 대동·상정법으로 일컬어지는 공물변통이 17세기 초 경기지역을 시작으로 18세기 중반 함경도까지 확대 개정되었다.[347] 18세기 초 양역변통 논의는 영조 26년(1750) 전후로 하여 균역법으로 일단락되었다.[348] 토지와 공물(요역), 군역으로 대표되는 수취체제가 임란 이후 대동·균역법과 같은 대변통을 겪으면서 현물공납은 토지세로 흡수되고 납포군은 군포부담이 2필에서 1필로 줄게 되었다. 18세기부터는 전세수취에 있어서 경차관 답험을 대신해, 당해의 풍흉을 가까운 몇 해 전과 비교하여 수세실결을 정하고 급재(給災)를 내리는, 이른바 전세 비총이 시행되었다.

문제는 이러한 변통의 효과가 순조 대 재정상황에 장기적인 세입부족을 야기하였다는 점이다. 선혜청에서 대동세를 일괄 수취하게 되면서 왕실과 각사에서 필요로 하는 물품을 지방에 과외 징수할 수 있는 여지가 차단되었다. 이제 선혜청은 한정된 세수로 중앙경비를 지탱해야 하는 부담을 안게 되었다. 선혜청이 모색할 수 있는 방법은 지방재정으로 할애한 대동유치미를 줄이고 중앙 상납분을 늘리는 것이었다.[349] 이는 지방재정의 부담으로 작용할 수밖에 없었다. 영조 대 시행된 균역법 역시 중앙

---

[347] 흔히 대동법은 한 세기에 걸쳐 6도에 시행된 것으로 알려져 있지만, 토지결수가 많지 않은 황해도와 함경도에는 詳定法이 시행되었으며, 함경도의 경우 현종 7년(1666)에 이어 영조 40년(1764)에 개정상정법이 반포되었다. 대동법의 범주 문제는 다음의 논문을 참고할 수 있다(최주희, 2017, 「17세기 광해군대 京畿宣惠法의 시행과 宣惠廳의 운영」, 『韓國史研究』176).

[348] 정연식, 2015, 『영조대의 양역정책과 균역법』, 한국학중앙연구원출판부.

[349] 安達義博, 1976, 「18·19世紀 前半の大同米·布·錢の徵收·支出と國家財政」, 『朝鮮史研究會論文集』13.

과 지방재정에 부담이 되기는 마찬가지였다. 감필급대는 중앙군문에서 수취하던 군포수입을 절반으로 줄이는 조치였다. 균역법의 시행으로 중앙군문에서 잃게 되는 수입은 100만냥에 달했지만, 균역청에서 급대해 주는 양은 47만 냥에 그쳤다.[350] 이마저도 지방재정으로 활용되던 어염선세와 은여결을 끌어온 것이었으므로, 균역법 시행 이후 지방관아에서는 환곡, 잡역세 등 부족한 재원을 충당할 자구책을 마련해야 했다.

요컨대, 18세기 이후 대동법이 8도에 확대 시행되고, 감필급대가 행해지면서 백성들의 가시적인 과세부담은 줄었지만, 중앙재정은 한정된 수입으로 중앙경비를 지탱해야 하는 '재정긴축의 장기화'가 지속되었다.[351]

호조는 영조 14년(1738)부터 이미 선혜청의 재원을 대여해 썼으며, 영조 36년(1760)부터 정조 2년(1778) 무렵까지 호조에서 빌려 쓴 액수가 55만석에 달하였다.[352] 중앙의 최대 재정아문이 이처럼 경비부족으로 인해 선혜청의 재원을 정기적으로 빌려 쓰는 상황에서 정조는 중앙의 전곡아문과 군영에 비축된 시재액을 매년 1월 15일 총액단위로 파악하는 조치를 취하였다.[353] 총액단위로 중앙의 보유고를 파악하는 방식은 정조 대부터 19세기 후반까지 지속되었다. 중앙재정의 전체 보유액을 총액으로 파악함으로써 위급한 상황에서 관서 간에 재원을 이획해 쓰는 방식을 택하였던 것이다. 특히 18세기 후반 이후 중앙의 세입 확보와 경비지출을 총괄하는 호조에 정기적인 가입(加入)이 이루어졌다. 이처럼 긴축재정에 따

---

350 송양섭, 2012, 「균역법 시행과 균역청의 재정운영」, 『영조의 국가정책과 정치이념』, 한국학중앙연구원출판부.

351 최주희, 2014, 「특집총론-조선후기 재정운영과 시장정책을 둘러싼 중앙정부의 딜레미」, 『역사와 현실』 94.

352 『정조실록』 권6, 정조 2년 11월 20일(병오).

353 박석윤·박석인, 1988, 「朝鮮後期 財政의 變化時點에 관한 考察: 1779년(정조3년)에서 1881년(고종18년)까지」, 『東方學志』 60.

른 재정부족 현상이 국가재정을 책임지고 있는 호조에서 가시화되고 있었다. 그러면 순조 대 재정상황은 실제로 어떠하였을까? 아래의 기사를 살펴보자.

예로부터 재물을 다루는 논의는, 수입을 헤아려 지출을 하고 경비를 줄여 남도록 하여 잇대어 쓸 수 있도록 해야 한다는 것에 지나지 않습니다. 지금 호조에서 지출할 돈과 곡물의 숫자를 상고해 보면, 2년의 수입이 거의 1년의 지출을 감당하지 못하여 그때마다 구획해서 겨우 메워 왔는데, 전에는 그러했으나 지금은 더욱 심합니다. 경신년(1800)부터 신사년(1821)까지 22년간 세입의 돈과 곡물을 들어 돈으로 따져 모두 계산해 보면 도합 1천 3백 83만 9천 1백 40냥으로, 병신년(1776)부터 정사년(1797)까지 22년간의 총계 1천 4백 40만 2천 3백 75냥의 숫자에 비하여 56만 3천 2백 35냥이 감소하였는데, 금은과 포목은 이 수에 포함되지 않습니다.

또 경신년에서 신사년까지 22년간 지출한 돈과 곡물을 돈으로 따져 모두 계산해 보면 도합 2천 25만 9천 5백 22냥으로, 병신년에서 정사년까지 22년간의 총계 1천 8백 97만 1천 6백 4냥의 숫자에 비하여 1백 28만 7천 9백 18냥이 증가하였습니다. 지금 22년간의 세입이 22년 전보다 감소한 것이 이와 같이 많은 것은 비록 일마다 절약한다고 해도 지출을 다스리지 못할까 두려운데 도리어 또 증가하고 있습니다. 지금 텅 비어 위박함을 늦었다고만 하니 국가 재정이 애통함은 더 이상 말할 수가 없습니다. 또 경상비용으로 쓰는 재화와 곡물은 모두 전토에서 거두는 상세(常稅)에서 나오고 있는데, 실결로 말하면 법전에 있어 거두어들여야 할 것들을 모두 그대로 두고, 경신년 이후에 새로 면세된 것만도 2천 8백 68결이나 되니, 이는 땅은 더 이상 개간되지 않았는데 비용은 더욱 커진 것입니다. 재해 입은 전결로 말하자면 경신년에서 신사년까지 재해로 면세해 준 것이 도합 1백 39만 6천 1백 9결인데, 병신년에서 정사년까지 재해로 면세한 것보다 25만 9천 5백 94결이 더 증가하였으니, 이는 해마다 치우치게 흉년이 든 것이 아닌데도 조세는 항상 줄어들었습니다. 계속 이러하다면 세를 면제하고 재해로 감하고 나면, 국가의 용도에 사용할 남는 전결이 없게 될 것입니다.[354]

위의 기사는 겸호조판서 심상규(沈象奎, 1766~1838)가 순조에게 보고한 내용이다. 심상규는 서용보(1757~1824)와 함께 앞서 소개한 『만기요람』을 제작한 인물이다. 그는 세수가 줄어드는 시기에 국상까지 치르게 되어 경용의 부족액이 432,000여 냥에 달한다고 보고하였다. 순조 21년(1821) 당시 정조의 비인 효의왕후(1754~1821)의 국상을 치르게 된 것이다. 그런데 심상규는 여기서 그치지 않고 정조연간의 수입, 지출의 누계를 함께 보고하여 순조 대 재정문제의 심각성을 환기시키고 있다.

정조 대는 즉위년부터 재위 21년까지를, 순조 대는 즉위년부터 바로 전 해인 1821년까지를 대상으로 하였다. 다음의 〈표 V-1〉은 위의 기사에서 언급한 주요 수치를 정리한 것이다. 정조 22년간과 순조 22년간을 비교해보면, 세입은 줄어든 데 반해 세출은 세입의 두 배 이상 늘어나 재

---

[354] 『비변사등록』 210책, 순조 22년 10월 16일, "所以自古理 財之論 不過曰量入爲出 惜費存贏 以爲可繼之限節 今乃鉤稽度支錢穀支用之數 二年之入 幾不當 一年之出 輒費區劃 僅以塗抹 前猶或然 今尤爲甚 試以庚申至辛巳二十二年歲入錢穀折錢摠計 則合爲一千三百八十三萬九千一百四十兩 以比丙申至丁巳二十二年摠計 一千四百四十萬二千三百七十五兩之數 所減爲五十六萬三千二百三十五兩 而金銀木布 不在此數 又以庚申至辛巳二十二年用下錢穀折錢摠計 則合爲二千二百五萬九千五百二十二兩 以比丙申至丁巳二十二年摠計 一千八百九十七萬一千六百四兩之數 所加爲一百二十八萬七千九百十八兩 今夫二十二年之間入之減於二十二年之前者 如此之多 則雖件件事 事節省 其出猶懼不濟 而反又加之 今之缺闕厄迫 尙云晩矣 而國計哀痛 無可復言矣 且經用財穀 皆出於土田常稅 而以言乎實結, 則在法典應爲收還者 竝皆仍置 而庚申以後新免稅 又爲二千八百六十八結 是則地不加闢而費則愈廣也 以言乎災結 則庚申至辛巳劃下 合爲一百三十九萬六千一百九結 而試比丙申至丁巳劃下 亦加二十五萬九千五百九十四 是則年非偏荒 而稅則常縮也 若此不已 免稅與災頉之外 將無餘結可資國用矣."

정적자가 장기간 누적되어 온 것을 확인할 수 있다. 여기에 출세실결의 감소를 부추기는 면세결이 순조 대에 2,868결이 늘고, 급재결의 누적치도 정조 대보다 259,594결가량 증가하였다.

<표 V-1> 정조~순조 대 호조의 재정상황

	정조(1776~1797)	순조(1800~1821)	차액
세입(米·錢)	14,402,375냥	13,839,140냥	563,235냥 ▽
세출(米·錢)	18,971,604냥	20,259,522냥	1,287,918냥 ▲
면세결			2,868결 ▲
급재결	1,136,515결	1,396,109결	259,594결 ▲

*금·은·포·목 제외 / 상기 수치는 作錢價임.

정조 대 역시 22년 동안 지출이 수입에 비해 4,569,229냥 초과된 것으로 누적 집계되었으나, 순조 대 전반기의 적자폭은 이보다 1,851,153냥이 많은 6,420,382냥으로 집계되었다. 〈표 V-1〉의 지출증대 요인에 대해서는 순조 재위 21년 무렵까지 지출요인을 일일이 따져볼 필요가 있다. 앞서 효의왕후 국장에 대해서 언급하였지만, 순조 대 전반 선왕인 정조부터 정순왕후(영조 비, 1745~1805), 혜경궁 홍씨(정조 사친, 1735~1816), 효의왕후(정조 비, 1753~1821)까지 흉례만 네차례가 치러지고, 출합한 은언군(사도세자의 자, 1754~1801), 화완옹주(1738~1808), 화령옹주(1753~1821) 역시 이 무렵에 사망함에 따라 장례비용 지급이 늘어난 효과를 무시할 수 없다. 영조와 정조 대 왕실 구성원들이 순조 대 전반에 명을 달리하면서 재궐한 왕실구성원에 대해서는 도감 설치와 물력 조달에 따른 비용이, 출합한 왕실 자손에 대해서는 장례비용을 호조에서 지급하였다.[355] 여기에 순조의 가례(1802)와 숙선옹주의 길례(1804), 효명세자의 가례(1819)가 이어지면서 왕실 혼례비용 역시 추가경상비로 지출되고 있었던 점도 고려할 필요가 있다. 국왕 및 왕세자, 왕세손의 가례에는 가례도감이 따로 설치되었으며, 그밖의 왕자손의 길례에도 호조에서 예식과 출합비용을 마련해 주었다. 그러나 순조 대 지출증대를 단순히 왕실의례 비용에서만 찾을 수는 없다. 국가행정비용의 증대는 제도 운영이 장기 지속되면서 나타나는 필연적인 효과이며, 특히 조선왕조는 대동법의 시행으로 국가경비 운영을 급가(給價) 체제로 전환시켰기 때문에 지출비용의 증대를 수반할 수밖에 없었다. 19세기 전반 또하나의 정례서가 간행되는 이유도 이와 관련이 깊다. 다음 절에서는 순조 26년(1826) 무렵 호조의 전례방에서 편찬한 『예식통고』를 중심으로 19세기 전반 중앙정부의 정책 기조를 살펴보기로 하겠다.

---

355 19세기 왕실의례의 전담기구 역할을 하였던 도감 운영에 대해서는 다음의 논문을 참고할 수 있다(나영훈, 2017, 『조선시대 都監의 성립과 변천』, 한국학중앙연구원 박사학위논문).

2. 궁핍해진 재정, 또다른 정례서의 출현

1) 19세기 정례서, 『예식통고』의 편찬

『예식통고』는 정례를 기본으로 하여 전례(前例)와 정식(定式)을 아우르는 지출례의 일종이다. 책 표지에 '전례방상 예식통고 병술편집(前例房上 例式通攷 丙戌編輯)'이라 쓰여 있고, 품목(稟目)의 내용에 정례를 준행한 지 70여년이 지났다'는 설명에서 순조 26년(1826)에 전례방에서 『탁지정례』를 모본으로 하여 작성한 자료로 파악된다. 그런데 『예식통고』는 『탁지정례』와 달리 국왕의 윤음(綸音)과 간행에 참여한 관원이 적혀있지 않다. 대신 품목과 제사(題辭), 간략한 범례만 제시되어 있을 뿐이다. 우선 품목을 살펴보자.

> 전·별례방에서 구교(鉤校)하는 장부와 문서에는 그 법이 세 가지가 있습니다. 첫째는 정례에 준하는 것이고, 둘째는 정식에 준하는 것이고, 셋째는 전례에 준하는 것입니다. 대개 정례 한 책은 바야흐로 영묘 경오년에 위로 진공(進供)하고 아래로 책응(責應)하는 것에 모두 실수(實數)가 있게 하고, 기한이 있게 하여 수를 더하고 빼거나, 시기를 앞당기거나 늦출 수 없게 하고 이름하여 정례(定例)라 하였습니다. 정(定)이라는 것은 한 번 정하고서 바꾸지 않는 것을 말하는데, 실로 왕실과 관부가 조화를 이루어 후세의 표준이 되었습니다. 그러므로 크고 작은 장부를 모아 모두 '정례준(定例準)'의 세 자로 마감하여 그 끝에 서명하니 그 법이 진실로 엄하고 또 치밀하였습니다. ⓐ 이와 같이 준행한지 70여년이 지난 사이 고금(古今)의 사체가 마땅히 차이

가 있게 되고 옛것과 새것 사이에 그대로 두거나 없애야 할 것이 같지 않게 되었는데, 혹 특교가 있어 규례를 창설하거나, 국왕께 아뢰어 제도를 고치거나 혹 공소(貢訴)하여 고치니 과거에 없던 것이 지금 있는 것이 있고, 옛것은 적은데 새것은 늘어난 것이 있어 종종 정례 가운데 있지 않으니 이에 정식에 준하는 법이 시작되었습니다….지금 이후로 전·별례방 각항의 지출과 관계된 것은 하나같이 정례(定例)를 기본으로 하고, 기타 정식(定式)으로서 전례(前例)의 근거가 명확하여 갑자기 모두 혁파하기 어려운 것은 과거를 상고하고 현재를 참작하여 기준을 정하여 하나로 모으고 책으로 엮었습니다. 그 범례는, 먼저 매삭(每朔)의 삭도(朔圖)를 따르되, 1년까지는 1등·2등·3등·4등으로 배삭하고, 격년·2년·3·4·5·6년 이외에는 매년 배삭하는 것으로, 차차 열서하여 마치 사가(史家)가 편년을 체현하듯이 하였습니다. 묘·사·전·궁(廟·社·殿·宮)에서 아래로 각 아문·공계(貢契)에까지 그 물종의 실수에 따라 일일이 구분하여 당해의 달 아래에 기재하되, 여전히 수시로 지급하는 것은 별도로 명목을 세워 권말(卷末)에 붙여서, 상세히 갖추었는데도 지극히 많지 않고, 정밀하게 줄였음에도 초라하지 않아서 열람하는 자들이 책을 펼치면 마치 손금을 보듯이 하게 하여 번잡하고 현란한 근심과 일일이 찾아야 하는 노고를 없앴습니다. 그리하여 비록관(非祿官)으로서 제수된 자가 각양 물종과 제처의 수리, 보수해야 할 부분을 적간하여[籌摘] 지출에 부응하고[支調] 실입(實入)을 간심(看審)할 때는 모두 이로써 준거를 삼되, 다시 정식·전례 등의 말로 가르지 못하게 하였습니다. 만약 새로 사례를 정해 추후에 창설한 것이 있으면 역시 그 연한(年限), 월한(月限)을 좇아 각 해사(該司)의 편내 하단에 첨록하여 바야흐로 전일의 산만하고 어지러워 쌓이지 못하였던 것을 없게 하였으니, 옛 규례를 펼쳐 후폐(後弊)를 막는 데 거의 일조하게 되었습니다. 심가 품합니다.[356]

품목의 내용 중 밑줄 친 ⓐ부분을 살펴보면, 영조 경오년에 정례를 제정하여 위로 공상을 바치고 책응하는 경비(經費)의 실수(實數)를 정하여 준행하였는데, 그 사이 정식이 생겨남에 따라 지출례가 복잡해지는 문제가 발생하였고, 이를 해결하기 위해 부득이한 정식을 포함하여 정례를 다시 하나의 책으로 만들었다는 것이다.『예식통고』는 이처럼 전례와 정식을 상고하여 지출례로서 계속 준용해야할 정식을 포함시켜 정례를 재구성한 자료라 하겠다. 그런데『탁지정례』의 경우 왕실공상에서부터 각사경비에 이르기까지 23권의 거질로 간행된 데 반해,『예식통고』는 1책에 불과할 만큼 내용이 소략하다. 이 때문에『예식통고』를『탁지정례』와 동일한 정례서로 보기에는 석연치 않은 점이 있다.

　『예식통고』의 자료적 특성을 살펴보기 위해서는 우선 이를 편찬한 전·별례방의 역할을 살펴볼 필요가 있다. 주지하다시피 전례방과 별례방은 호조의 3사(司)인 판적사, 회계사, 경비사 중 경비사에 속하는 기구로 중앙의 경비지출 업무를 맡았다.『만기요람』(1808)의 호조각장사례(戶曹各掌事例)를 살펴보면, 전례방은 공상(供上), 제향(祭享), 과장(科場), 예장(禮葬), 별치부(別致賻) 업무를 담당하였으며, 별례방은 봉심(奉審), 대소영선(大小

---

356 『예식통고』품목, "前別例房之鈞校簿書 其法有三 一曰定例準 二曰定式準 三曰前例準 盖定例一書昉於英廟庚午 上而進供 下而策應 皆有實數 皆有當限 無得增減 無得進退 悉經睿裁 名之曰定例 定者一定不易之謂 而實爲王府之關和 後世之標準 故大小簿會 並以定例準三字勾勘而署其尾 其法固嚴且密矣 如是遵行七十有餘年之間 古今之事宜有異 新舊之存革不同 或因特教而變制 或因建白而變制 或因貢訴而矯抹 古無而今有者有之 舊少而新增者有之 往往不在於定例之中 則於是乎定式準之法始矣…從今爲始 凡係前別例房之各項上下 一以定例爲本 其他定式之明有可據前例之猝難盡革者 溯古酌今叅互考準 彙爲一統成書 而若其凡例 則先從每朔朔圖 以至一年一等兩等三四等 間一年二年三四五六年以外 逐年排朔 次列書 若史家編年之體上 自廟社殿宮下及各衙門貢契 從其物種實數一一分□載之於當年月之下 仍以随時隨下者 別立名目附之卷末 詳悉而無至浩汗 精要而無至潦率 俾覽者開卷瞭然 如指掌紋 無有煩眩之患 披閱之勞而除非祿官之籌摘支調之磨鍊實入之看審 則竝令以此爲準 更勿以定式前例等語歧而二之 如有新定事例之追後剏設者 亦從其年限月限及各該司編內添錄于下 方無如前日之散亂難□ 則庶或爲申舊規 防後獘之一助謹 稟."

營繕), 월례거행(月例擧行), 연례도하(年例都下), 정리(整理), 호궤(犒饋), 상전(賞典), 세찬(歲饌), 주급(周急), 진연(進宴), 길례(吉禮), 보계(補階), 목물고(木物庫), 제급(題給), 잡사례(雜事例) 등을 관장하였다.357 위의 업무는 왕실구성원을 부양하기 위한 일상경비에서부터 왕실의례와 각종 행사비용을 지출하는 일에 관련되어 있다. 그렇기 때문에 왕실의 품위를 해치지 않으면서 너무 사치하거나 궁색하지 않도록 지출이 관리되어야 했다. 그러면 실제 전례방과 별례방은 어떤 방식으로 왕실과 각사의 지출을 관리하였을까?

정조 대 호조의 운영을 파악할 수 있는『박해(博解)』에는, "경비사는 곧 전례방·별례방으로 국용(國用)으로 지출하는 제반물품에는 해당업무를 담당하는 각사가 있으나, 직접 취용해 쓸 수 없으며 또 직접 진배할 수 없어서 경비사(經費司)를 관유(關由)해야 하는데, 그 까닭은 일이 중하기 때문"이라고 하였다.358 여기서 관유는 각종 회감하는 물종에 대해 호조판서의 제사(題辭)를 받아 해당 관서에 관문을 보내는 것[出關]을 말한다.359 전례방에서는 공상과 제향에 관계되는 각사의 보고가 올라오면, 정례(定例)와 삭도(朔圖)에 준하여 진배하는 물종을 회계장부에서 제하는 이른바 '회감(會減)'의 절차를 밟았다.360 삭도는 공상하는 각종을 대삭(大朔)·소삭

---

357 『만기요람』재용편 4, 호조각장사례. 『만기요람』에는 호조의 각장(各掌)을 판적사·전례방·별례방·판별방·세폐색·응판색·은색·요록색·별영색·별고색·잡물색·회계사·주전소로 구분하였다.

358 『박해』권4, 경비사, 卽前例房別例房, "國用凡百上下之物 自有該掌各司 而不敢直爲取用 亦不敢知委進排 無不關由於本掌者 所以重其事也."

359 『만기요람』재용편 3, 호조공물·공가회감식, "各樣會減物種 受判堂上下之題 山關該司 而細草考准之法."

360 전례방에서는 『탁지정례』상에 기재된 물종과 수량을 진배책임을 맡은 공상아문 혹은 공계인이 왕실과 각사에 제때에 진배하였는지를 확인하고, 전체 수량에서 차감하는 절차를 밟는데 이를 회감이라 한다. 현재로서는 '회감'절차를 파악할 수 있는 문서를 찾지 못하여 문맥 상의 뜻만을 밝혀둔다.

(小朔)을 구별하여 달마다 회감하기 위해 작성한 도식이다. 종묘·사직·능·원·묘·교단·제산천의 대소제향에 사용하는 물종에 있어서도 각사(各司)의 보고가 올라오면 정례와 제도(祭圖)를 상고하여 회감하였다.

지출에 관련된 호조의 문서출납구조에 대해서는 앞으로 면밀히 살펴보아야 하겠지만, 현존하는 『박해(博解)』와 『만기요람(萬機要覽)』 등을 통해 확인할 수 있는 점은 중앙의 경비를 지출할 때에는 반드시 호조에서 각사의 지출을 검토하여 승인하는 절차를 거쳤다는 점이다. 이에 전례방과 별례방은 『탁지정례』에 의거해 지출의 타당성을 검토하고 관문(關文)을 내보내 지출을 승인하는 문서 행정을 담당하였다.

주지하다시피 대동법의 시행으로 왕실과 중앙각사에서 필요로 하는 물품은 시중의 공시인을 통해 조달하였기 때문에, 공시인들에게 공물가를 지급하는 호조와 선혜청에서는 조달상인이 물품을 왕실과 각사에 제때 진배하였는지 파악하고, 진배한 수량만큼 회감하는 절차를 밟아야 했다. 이때 시장조달과 경비지출을 관리하는 주체는 호조였으며, 그 근거가 되는 것이 정례서였다.

공시인의 입장에서도 공물가에 준하여 왕실과 각사에 진배한 물품과 그 수량을 호조로부터 확인받아야만 추가 징수의 부담을 벗어날 수 있었기 때문에 호조의 출관(出關) 조치에 민감했다.[361] 만약 호조의 출관 없이 중앙각사에서 요구하는 진배에 응할 경우, 진배한 물종과 수량만큼 회감되지 않기 때문에 이는 고스란히 공인의 유재(遺在)로 남을 수밖에 없었다. 반면 왕실공상이나 제향 물종 중 진배의 규모가 명시되어 있지 않고, '실입(實入)'이라 하여 그때그때 필요한 수에 따라 진배하도록 하는 경우

---

361 『공폐』, 선공감원역, "一關內外諸上司 不有定齲各樣木鐵器械及樻子鎖鑰等物 直捧甘入量責徵 無一會減亦未還下 而少或遲滯 則囚治頻頻 尤極難堪 今後則嚴立科條 毋論物種巨細 自上司移文戶曹待出關取用後一一還下 俾不得橫侵該監事."

도 있었기 때문에, 공시인들은 상언(上言)을 통해 정례의 준수를 요구하는 경우가 많았다.362 문제는 시일이 경과하면서 정례에 빠져 있으나 부득이 지출해야 하는 물품이 있거나, 진배하던 물품 중 종류 및 수량을 바꿔야 할 경우 정식을 제정하여 별도로 운영하였기 때문에 이를 일목요연하게 파악하기 어려워졌다는 점이다. 순조 대 전례방에서 『예식통고』를 작성한 요인도 이와 관련이 있다. 아래 제사(題辭)를 살펴보자.

> 지금 이 예식통고를 하나의 책으로 모아서 만든 것은 그만둘 수 없는 거조에 관계된다. 또 정례서는 위로 막중한 진공에서 아래로 각처에 책응하는 허다한 여러 물종을 그 처소에 따라 각자 조목을 나열하였기 때문에 참고하고 열람하기 불편한 것이 병폐였다.
> 이 책은 정례와 정식을 합하여 월로 나누고 연으로 나누어 그 담당하는 관서에 따라 그 바치는 물품을 나열하고 종류별로 모으고 나누어 명료하게 해서 다시 산만하고 어지러운 우려가 없도록 하였다…이후 제반 지출은 크고 작은 것을 물론하고 반드시 이(『예식통고』)를 고준(考准)한 후에 비로소 해리(該吏)가 낭청에게 고하고, 당상과 낭청도 반드시 고준한 연후에 서명하며 계사도 반드시 고준한 연후에 **출관(出關)하되**, 이 본을 여섯 건 등출하여 두 건은 당상과 낭청에게 나누어 주고, 네 건은 집사(執事)와 집리(執吏), 해장계사(該掌計士), 서리(書吏)에게 주어 지출할 때 고준하는 바탕으로 삼게 하라.363

『탁지정례』가 대전에서부터 봉보부인에 이르는 왕실구성원과 125처의 중앙각사에 진배하는 각종물품을 진배대상과 시기에 따라 열거하였

---

362 『만기요람』 재용편 3, 호조공물·공가회감식, "實入 各都監諸科場內外役事等所入物力 本無定數者 使計士考其實入數成出件記後 郞廳照管署上 以受判堂上下之題 送于該掌書吏以出小關."

다고 한다면, 『예식통고』는 진배책임을 맡은 공상아문별로 물목을 제시하였다. 예컨대, 『탁지정례』에는 국왕[大殿]에게 매일 진배하는 축일공상(逐日供上)부터 진배시기별로 물목을 나열하고, 세주(細註)에 진배책임을 맡은 공상아문 혹은 공계인을 명시해 놓았다. 이 때문에 공상아문에서 각 전·궁에 바칠 공상의 진배시기와 물종, 수량을 파악하는 것이 효율적이지 못하였다.

위의 인용문에서 "(진배하는) 처소에 따라 각자 조목을 나열하였기 때문에 참고하고 열람하기 불편한 것이 병폐였다"고 한 지적이 이를 가리킨다. 그렇기 때문에 『예식통고』는 월 단위, 연 단위로 각 공상(공물)아문에서 진배하는 물종과 수량을 재구성해 놓았다. 또한 제반 지출에 있어서는 반드시 전례방과 별례방의 서리와 낭청, 당상이 『예식통고』를 고준(考準)한 후에 서압(署押)하고 출관하도록 하였다. 아래 〈그림 V-1〉은 『탁지정례』와 『예식통고』의 본문이다. 탁지정례는 '자전-축일공상-물목' 순으로 정리해 놓은 데 반해, 『예식통고』는 '매삭항식-봉상시-각 전·궁-물목' 순으로 항목을 재편하였다.

문제는, 제사의 내용처럼 『예식통고』가 『탁지정례』를 대신하여 실제 지출례로 활용되었는가 하는 점이다. 『탁지정례』는 영조가 직접 내용을 첨삭하고, 어제윤음(御製綸音)을 내려 정례의 준용에 있어 힘을 실은 반면, 『예식통고』는 앞서 언급한대로 전례방에서 편집하여 올리고 제사(題辭)를 받아 간행하였다. 제사를 작성한 이가 누구인지 분명치 않지만, 제

---

363 『예식통고』제사, "今此例式通考之彙成一書者 係是不可已之擧也 且定例之書 上以莫重進供 下而各處策應之許多般物種 隨其處所各自條列 故不便考閱覽者病焉 而是書也 合其定例定式 分作月俵年俵 隨其所掌之該司 列其所納之物種 類聚彙分 開卷瞭然 更無散漫錯雜之患…此後段凡諸上下無論巨細 必考准於此 然後該吏始告于郎廳堂郎亦必考准 然後始爲着署 計士亦必考准然後 始爲出關 而此本謄出六件 兩件則分納堂郎 四件則分納于執事執吏及該掌計士書俾作上下時考准之資…"

『탁지정례』「각전각궁례」(1749)	『예식통고』(1826)
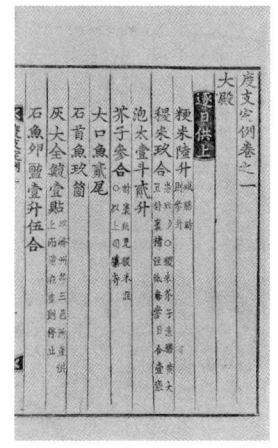	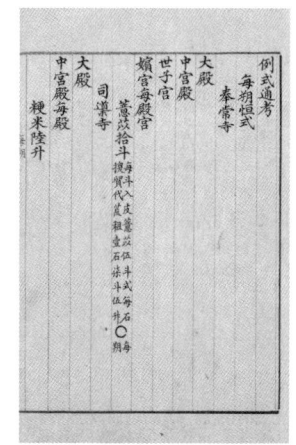

<그림 V-1> 『탁지정례』와 『예식통고』의 구성

사의 뜻을 받들어야 하는 이는 호조의 당상과 낭청, 계사와 서리였다. 따라서 『예식통고』는 호조의 관원이 보다 손쉽게 각사의 경비항목을 열람하여 지출근거를 바로 파악할 수 있도록 하기 위해 작성되었다고 볼 수 있다. 특히 『예식통고』는 순조 26년(1826) 무렵 공상을 진배 받는 왕실구성원과 궁속들의 수를 구체적으로 밝히고 있으며, 당대 각처 제향과 국기(國忌)·사기(私忌)일까지 명시하였다는 점에서 정례보다 실제에 가까운 지출현황을 파악할 수 있는 자료로 이해된다.

연대기 사료에서 『예식통고』의 간행과 활용에 대한 기사를 찾기 어려운 만큼, 『예식통고』의 자료적 가치를 설명하는 데 있어서도 한계가 있는 것이 사실이다. 그러나 순조 재위 20년 무렵 호조의 속사(屬司)에서 어떠한 의도로 『예식통고』를 간행하고자 하였고, 지출항목을 어떻게 정비했는지 검토하는 작업은 19세기 전반의 재정 상황을 이해하는데 유의미할 것으로 생각된다. 이에 다음 소절에서는 『예식통고』의 항목구성을 『탁지정례』와 비교하여 그 자료적 성격을 상술하도록 하겠다.

2) 『탁지정례』와의 비교

『탁지정례』는 왕실공상의 「각전각궁례」 6권, 왕실 가례에 관계되는 『국혼정례』 2권, 그리고 중앙각사의 연례적인 지출에 관계되는 『각사정례』 12권, 왕실구성원의 의복을 규정한 『상방정례』 3권으로 구성되었다. 반면 순조 26년(1826)에 작성된 『예식통고』(奎19237)는 1책 154장의 필사본으로 구성되었다.

범례에 따르면, "본서는 정례를 근본으로 하고 정식과 전례를 참고하였기 때문에 모년 정식을 각사의 이름과 물목 아래에 기록하였다. 처음[爲始]이라고 쓴 것은 전례이다. 정례는 주석을 붙이지 않아도 자명한 것"이라고 하였다.364 실제로 『예식통고』의 각 항목에는 '○○爲始' 혹은 '○○定式'으로 세주를 달아 놓아 기존 정례에 첨입된 항목을 표시해 놓았다. 그러면 『예식통고』와 『탁지정례』는 내용상 어떠한 차이를 보이고 있을까?

우선 『예식통고』의 전체 항목을 살펴보면, ① 매삭항식(每朔恒式), ② 사등도하(四等都下), ③ 사삭일개(四朔一改), ④ 춘추도하(春秋都下), ⑤ 일년도하(一年都下: 1~12월), ⑥ 이년도하(二年都下), ⑦ 삼년도하(三年都下), ⑧ 오년도하(五年都下), ⑨ 칠년도하(七年都下), ⑩ 십년동(十年都下), ⑪ 십오년도하(十五年都下), ⑫ 탄일(誕日: 附節日), ⑬ 정조(正朝), ⑭ 입춘(立春), ⑮ 단오(端午), ⑯ 추석(秋夕), ⑰ 동지(冬至), ⑱ 친제(親祭), ⑲ 제향(祭享) ⑳ 과장(科場), ㉑ 국사기(國私忌), ㉒ 거둥(擧動)으로 구분해 볼 수 있다. 크게 구분하면, ①~까지는 왕실공상이 주를 이루지만, 각사에 진배하는 물목도 포함되어 있다.

『탁지정례』의 경우 각 전·궁의 공상례와 각사의 지출례를 나누어 작

---

364 『예식통고』 범례, "一. 是書一以定例爲本 參以定式前例 故某年定式分註載錄于司名物名下 其爲始云者卽前例也 定例不待註而自明."

성한 데 반해, 『예식통고』는 이를 합쳐서 공상(공물)아문별로 재편해 놓았기 때문에 공상과 공물이 섞여 있다. 『예식통고』에만 보이는 또 한 가지 특징은 전례방의 업무에 해당하는 친제(親祭)와 제향, 과장, 국기·사기, 거둥이 별도의 항목으로 첨입되어 있는 점이다. 친제는 국왕이 친림하는 제향에 소용되는 물목을 따로 정리한 것이다. 이와 관련하여 아래 〈표 V-2〉을 살펴보자.

<표 V-2> 『예식통고』의 항목 구성

성격	『예식통고』	전체 항목수	정식·위시(爲始) 항목수	『탁지정례』
왕실 (공상) + 각사 (공물)	매삭항식 (축일, 매3일, 국기일일양시매시 포함)	1,139	29	각전각궁례 각사정례
	사등도하	20	1	각사정례
	사삭일개	64	22	각전각궁례
	춘추도하	274	22	각사정례
	일년도하(1월, 2월, 3월, 4월, 5월, 6월, 7월, 8월, 9월, 10월, 11월, 12월)	612	105	각전각궁례 각사정례
	이년도하	26	9	각사정례
	삼년도하	65	11	〃
	오년도하	15	4	〃
	칠년도하	2	1	〃
	십년도하	8	1	〃
	십오년도하	1	1	〃
	탄일	64	-	각전각궁례
	정조	10	-	〃
	입춘	7	-	〃
	단오	2	-	〃
	추석	5	-	〃
	동지	11	-	〃
	친제	47	10	정례에 없음
	제향	231	13	〃
	과장	252	2	〃
	국사기	73	-	〃
	거둥	42	-	〃
	계	2,970	231	

위의 물목을 살펴보면, 총 2,970 항목 중에서, 매삭항식과 일년도하, 춘추도하, 과장, 제향 등의 항목수가 많게 나타난다. 매삭항식에는 각 전·궁의 매일 혹은 삼일마다 바치는 공상과 국기일 삼시(三時) 혹은 양시에 진배하는 공상, 각사에 매달 바치는 공물도 포함되어 있다. 한편 물목하단에 '정식(定式)' 혹은 '위시(爲始)'의 세주를 단 항목은 총 231개에 달한다. 주목할 점은 정식과 위시로 첨입된 물목이 있음에도 불구하고, 『예식통고』의 항목수는 『탁지정례』보다 크게 줄었다는 점이다.

아래 〈표 V-3〉은 『탁지정례』와 『만기요람』, 그리고 『예식통고』의 대전조 축일공상을 정리한 것이다. 『만기요람』 재용편에는 순조 8년 왕실 각 전·궁에 진배된 공상물종과 공상가 총액을 정리해 놓았기 때문에 지출례인 『탁지정례』와 『예식통고』가 실제 어떻게 운용되었는지 파악하는 데 유용하다. 다만 『만기요람』의 공상은 1년간 진배하는 물종의 수량을 총계해 놓은 점을 감안할 필요가 있다. 예컨대 『탁지정례』에는 축일공상으로 멥쌀 6승을 매일 진배하도록 규정해 놓았는데, 『만기요람』에는 멥쌀을 1년 간 진배한 수량을 14석 2두 4승으로 집계해 놓았다. 다른 항목도 마찬가지로 한 해 동안의 날수를 곱하면 정례와 대략 일치하거나 그에 못 미친다.

『만기요람』과 『예식통고』 모두 『탁지정례』보다 전체 물목수는 적지만, 일단 편제된 공상의 물종과 수량은 정례와 일치하거나 수량에서 조금 차이를 보이는 정도이다. 단, 『만기요람』의 어해(魚醢)와 황각즙진유(黃角汁真油)가 『탁지정례』에 석어란해(石魚卵醢), 즙진유(汁真油)로 명칭이 조금 다르게 나타나고, 정례에 없는 두탕심갱미(豆湯心粳米), 타락심갱미(駝酪心粳米) 등이 『예식통고』에 첨입되어 있다.

요컨대, 『탁지정례』가 왕실공상과 각사경비를 지출하는 전체적인 가이드라인 역할을 하였다고 한다면, 『예식통고』는 순조 26년(1826) 무렵 전례방에서 실제 지출을 관리하는 물목을 재구성한 것이다. 영조 대 재

<표 V-3> 대전(大殿)에 바치는 축일공상

『탁지정례』(1748)		『만기요람』(1808) - 1년치 총계		『예식통고』(1826)	
멥쌀(粳米)	6승	멥쌀	14석 2두 4승	멥쌀	6승
메기장쌀(稷米)	9홉	메기장쌀	2석 1두 8승 6홉	메기장쌀	9홉
두부콩(泡太)	1두 1승	두부콩	28석 4두 8승	두부콩	1두 2승
겨자(芥子)	3홉	겨자	10두 6승 2홉	겨자	3홉
대구어(大口魚)	2마리	대구어	588마리	두탕심갱미	2홉
조기(石首魚)	9개	조기	2,646개	타락심갱미	8홉
회대전복(灰大全鰒)	1첩	알젓(魚醢)	14통 2두 1승	즙유	1승
석어란해(石魚卵醢)	1승 5홉	새우젓	14통 2두 1승	황각즙유	9작
새우젓(白蝦醢)	1승 5홉	소금	7석 1두 2승	두탕적두	2승
소금(鹽)	3승	고운소금	11두 8승	꿀	3홉
고운소금(洗淨鹽)	1승	참기름(眞油) : 즙진유·등진유	23석 10두 1승 8홉	조기	9개
즙진유(汁眞油)	1승 5홉	다맥	1석 8두 6승	알젓	1승
등진유(燈眞油)	2승 1홉	식초	53두 1승	새우젓	1승
별등진유(別燈眞油)	4승	생강	132근 12냥	대구어	2마리
다맥(茶麥)	2승	황각	232근 14냥	소금	3승
식초(醋)	1승 5홉	황각즙진유(黃角汁眞油)	1두 8승 6홉	황각	1근
생강(生薑)	6냥	우모	19근 3냥 5푼	생강	6냥
건회즙초(乾膾汁醋)	6홉	식초	9승 3홉	참외	2개
황각(黃角)	1근 2냥	겨자	1두 3승 3홉	수박	1개
즙진유(汁眞油)	9작	두탕적두	4석 10두 8승	물종 수	19항목
우모(牛毛)	6냥 9전	멥쌀	7두 8홉		
식초(醋)	2홉 1작	꿀	10두 6승 2홉		
겨자(芥子)	3홉	배	3,600개		
두탕적두(豆湯赤豆)	2승	밤	8석		
멥쌀(粳米)	2홉	대추	4석		
꿀(淸密)	3홉	호두	4석		
배(生梨)	15개	황률	1석 3두		
밤(生栗)	5승	잣(栢子)	1석 9두		

『탁지정례』(1748)		『만기요람』(1808) - 1년치 총계		『예식통고』(1826)	
대추(大棗)	5승	곶감	240첩	물종 수	19항목
호두(胡桃)	5승	참외	179개		
황율(黃栗)	5승	수박	118개		
백자(柏子)	5승	생치	3,252마리		
곶감(乾枾)	2첩	생선	2,652마리		
참외(眞苽)	2개	물종 수	33항목		
수박(西果)	1개				
향온(香醞)	3병				
홍소주(紅燒酒)	3병				
생치(生雉)	3마리				
생선(生鮮)	8마리				
물종 수	39항목				

정긴축을 위해 마련한 『탁지정례』보다 19세기 전례방에서 작성한 『예식통고』의 물목수가 더 적다는 것은, 중앙에서 공식적으로 지출하는 물목이 정례보다 적었음을 시사한다. 그러나 단지 물목수가 적다는 것만으로 지출액이 적었다고 단정지을 수 없다. 다음 소절에서는 『예식통고』에서 가장 많은 비중을 차지하는 왕실공상을 중심으로 『예식통고』의 물목이 갖는 특성을 구체적으로 살펴보도록 하겠다.

3) 공상의 구성과 실제

『예식통고』에서 가장 많은 비중을 차지하는 것은 단연 ①에 해당하는 공상(供上)이다. 이를 『탁지정례』와 비교해보면, 공상례인 각전각궁례만 총 5,760여 항목인 데 반해, 『예식통고』는 공상을 비롯한 전체 물목수가 2,970항목에 그친다. 그러면 실제 어느 항목이 줄었을까? 아래 〈표 V-4〉는 18세기 중반에 간행된 『탁지정례』와 순조 26년(1826)에 작성된

『예식통고』의 항목 중 물목수가 가장 많은 중궁전의 공상 물목을 정리한 것이다.

<표 V-4> 『탁지정례』와 『예식통고』의 공상(供上) 물목수

	『탁지정례』(1749) 중궁전	『예식통고』(1826)
중궁전 공상	축일공상, 국기일일삼시매시공상, 축삭공상, 사맹삭일개	매삭항식(축일공상 포함), 사등도하, 사삭일개
	탄일진상	탄일진상
	절일진상-정조 입춘, 인일, 원월해자일, 상원일, 2월1일, 한식, 3월3일, 4월8일, 단오, 유두, 칠석, 7월15일, 추석, 9월9일, 동지, 경신, 제야, 교년	(附 절일진상) 정조, 입춘, 단오, 추석, 동지
	별진하진상	탄일 별진하
	연례진상, 침장소입, 침저소입, 남염소입, 금화소입, 좌경소입, 소설소입, 시탄고, 사약방 별례	침장, 침저, 춘추도하, 1년도하(1~12월), 2년도하, 3년도하, 5년도하, 7년도하, 10년도하, 15년도하
	유모(1), 상궁(19), 시녀(25), 수사(14), 수모(19), 파지(5) 방자(23), 유모배비(1) 총 107명	아지(1), 상궁시녀(130), 수사(42), 수모 파지(58), 방자 (73) 총304명
	474항목	222항목

앞서 언급한 바와 같이, 『예식통고』의 저본이 되는 『탁지정례』는 대전에서부터 봉보부인에 이르는 공상을 4권 17책으로 엮어 놓았으며, 각 전·궁의 위계에 따라 공상물자를 차등 지급하도록 규정해 놓았다. 중궁전의 공상만 살펴보면, ① 축일공상(逐日供上), ② 국기일일삼시공상(國忌一日三時每時供上), ③ 축삭공상(逐朔供上), ④ 사맹삭일개(四孟朔壹改), ⑤ 탄일진상(誕日進上), ⑥ 절일진상(節日進上 : 정조 입춘, 인일, 원월해자일, 상원일, 2월 1일, 한식, 3월 3일, 4월 8일, 단오, 유두, 칠석, 7월 15일, 추석, 9월 9일, 동지, 경신, 제야, 교년), ⑦ 별진하진상(別進賀進上), ⑧ 연례진상(年例進上), ⑨ 침장소입(沉醬所入), ⑩ 침서소입(沉菹所入), ⑪ 남염소입(藍染所入), ⑫ 금회소입(禁火所入), ⑬ 소설소입(掃雪所入), ⑭ 시탄고(柴炭庫), ⑮ 사약방별례(司鑰房別例), ⑯ 유모(乳母), ⑰ 상궁(尙宮), ⑱ 시녀(侍女), ⑲ 수사(水賜), ⑳ 수모(水母), ㉑ 파지

(巴只), ㉒ 방자(房子), ㉓ 유모배비(乳母陪婢)로 구성되어 있다.

물목수가 가장 많은 중궁전의 공상과 비교해보면, 『예식통고』 내 공상의 종류가 『탁지정례』에 비해 현저히 줄어 있다. 예컨대, 『예식통고』에는 축일 공상이 매삭항식에 포함되어 있고, 절일진상도 정조, 입춘, 단오, 추석, 동지로 줄어들었다. 별진하진상의 경우 예빈시에서 중궁전 탄일에 바치는 당주홍칠중반이 유일하다. 연례도하의 경우도 김치[침저]와 장을 담글 때[침장] 쓰는 물품 외에 금화소입, 남염소입, 소설소입 등은 물목이 빠져 있다.

물목수에서도 큰 차이를 보인다. 중궁전의 경우, 『탁지정례』 상의 진배 물목수는 474항목인 반면, 『예식통고』는 222항목에 불과하다. 중궁전에서 가장 많은 물목을 진배하고 있는 사도시(司䆃寺)의 사례를 살펴보면, 『탁지정례』는 46항목인데 반해 『예식통고』는 38항목이다. 각 물목을 비교해보면, 수록된 물종에 있어서는 진배수량이 일치하지만, 『탁지정례』에 수록된 물종이 『예식통고』에는 아예 빠져있는 경우가 많다. 한 가지 주목할 점은 중궁전에 속한 궁속의 숫자가 『탁지정례』 상의 궁속 수보다 세 배 가까이 많은 점이다.

본래 중궁전[순원왕후]의 상궁·시녀는 44명에 불과하였지만, 다른 전·궁에 속하였던 상궁·시녀 86명이 이래(移來)하였고, 수사[무수리]도 애초에 14명이었으나 이래한 숫자가 28명이었다. 수모·파지·방자의 경우도 본래 47명이었다가 84명이 이래하여 중궁전에 속한 궁속수가 304명이 되었다. 304명에서 이래한 숫자를 빼면 중궁전의 궁속은 『탁지정례』에 준한 107명에서 한 명 모자란 106명이 된다. 〈표 V-4〉는 세자빈(신정왕후)의 궁속이 정례에 기준한 54명보다 84명이 많은 138명인 것도 이래한 궁속들 때문이다.

조선후기 궐내에서 각 전·궁을 모시는 궁속들은 자신의 상전이 죽으면, 다른 전·궁에 이속되는 사례가 많았다. 따라서 『예식통고』상의 궁속이 정례보다 많게 나타나는 것은 궁속을 늘렸기 때문이 아니라, 순조 26

년(1826) 당시 왕실의 어른이라 할 수 있는 대왕대비, 왕대비 그리고 선왕의 사친들이 사망하면서 그에 속한 궁속들이 이래하여 나타난 효다. 주지하다시피 순조 5년(1805)에 대왕대비인 정순왕후(貞純王后)가 사망하였으며, 순조 15년(1815)에는 정조의 사친인 혜경궁(惠慶宮)이, 순조 21년(1821)과 순조 22년(1822)에는 왕대비 효의왕후(孝懿王后)와 순조의 사친인 가순궁(嘉順宮)이 사망하였다. 따라서 이들의 상궁, 시녀 이하 궁속들이 중궁전, 빈궁으로 이속된 것으로 이해된다. 이렇게 이래한 궁속들을 전부 포함하여 공상이 지급되는 궁속수는 『예식통고』에 따르면 564명으로 파악된다.

18세기 궐내의 궁속수는 영조 대 경비를 줄이기 위해 궁속을 출궁시킨 조치가 있었기는 하나, 대략 600명 수준이었다.[365] 따라서 『예식통고』에 수록된 궁속수 역시 선왕대 궐에서 시중들던 궁인의 숫자에서 벗어나지 않았다고 볼 수 있다. 그러면 『예식통고』가 간행되기까지 순조 대 왕실공상은 어떻게 운영되었을까?

순조가 즉위한 후 궐내에는 대왕대비인 정순왕후와, 왕대비인 효의왕후 그리고 정조·순조의 사친인 혜경궁, 가순궁이 공상을 진배 받았다. 왕실의 위계가 높을수록 공상의 액수도 컸기 때문에 정순왕후는 순조 즉위 초부터 자신에게 주어지는 대왕대비의 공상례(供上例)를 부정하고 전과 같이 진배하라는 하교를 내렸으며,[366] 혜경궁과 가순궁 역시 공상을 올려 받을 수 없고 오히려 줄여 받겠다는 입장을 표하였다.[367] 순조 즉위 당시 순조의 증조모인 정순왕후(대왕대비)와 조모인 혜경궁, 법모인 효의왕후(왕대비)와 사친인 가순궁이 궐에서 생활하고 있었으며,[368] 혜경궁과 가

---

365 홍순민, 2004 「조선시대 궁녀의 위상」, 『歷史批評』 68, 253~254쪽.
366 『승정원일기』 1825책, 순조 즉위년 8월 1일(신해).
367 『승정원일기』 1825책, 순조 즉위년 8월 14일(갑자).

순궁은 선왕의 후궁이었지만 국왕의 사친이라는 이유로 정례의 제빈방으로 규정한 액수보다 많은 양의 공상을 받고 있었다. 이 무렵 공상의 원공(元貢)이 부족하여 가정(加定)해야 한다는 호조의 논의가 받아들여진 것도 이때문인 듯하다.[369] 여기에 순조 2년(1802) 국혼으로 순원왕후가 중궁전이 되면서 왕실공상은 4전(국왕, 대왕대비전, 왕대비전, 중궁전)과 2궁(혜경궁, 가순궁) 그밖에 숙선옹주(정조의 딸)와 출합한 왕자, 공주의 궁속에게 선반, 의전가를 지급해야 하는 상황이 되었다.

이에 정순왕후는 순조 3년(1803) 자신에게 속한 공상을 대폭 삭감하는 조치를 취하였다. 정조 사후 공상액이 큰 궐내 각 전·궁의 숫자가 일시적으로 늘어난데다가, 순조의 가례(1802)와 숙선옹주(1804)의 길례로 인한 국가경비의 추가지출이 예상되었기 때문이다. 순조 3년(1803) 정순왕후는 왕실공상을 대거 감축하는 조치를 취하는데, 이때 자신에 속한 궁속 60인의 부료(付料)를 줄이고[370] 다음해 45인의 궁속을 추가로 줄여 호조의 경비에 보태도록 지시하였다. 정순왕후는 순조가 즉위하는 경신년(1800)부터 공상액을 줄이고자 하는 의지를 보였으며, 순조 3년에 이어 4년에는 1,246석 규모의 공상을 감축하였다.[371] 그런데 이때 줄인 공상을 자세히 살펴보면, 애초에 자신에게 속해 있던 공상이 아니라, 다른 전으로부터 옮겨 받은 나인의 선반(宣飯)·의전가(衣纏價)였다. 정순왕후는 영조와 가례를 치르면서 대전[영조]으로부터 인원왕후의 공상과 그에 속한

---

368 순조 대 초반 혜경궁과 가순궁의 위상 변화에 대해서는 임혜련의 논문을 참고할 수 있다(임혜련, 2015, 「영조~순조대 惠慶宮의 위상 변화」, 『朝鮮時代史學報』 74).
369 『승정원일기』 1833책, 순조 1년 2월 8일(갑인).
370 『승정원일기』 1874책, 순조 3년 12월 27일(무자), "尹益烈 以戶曹言啓曰 大王大妃殿 移屬內人一百五人中 尙宮九 侍女五 水賜九 水母十四 房子二十三 合六十 供上減下事 奉承慈敎矣 一年進排宣飯衣纏等各種 別單書入 而來甲子正月初一日爲始 依此減下事 分付各該司之意 敢啓 傳曰 知道."

궁속의 선반, 의전가를 이속받았다. 정순왕후가 줄인 공상은 바로 궁속 105인의 선반·의전가를 줄인 것이었다.[372]

정순왕후는 공상을 삭감한 액수를 숙선옹주의 가례 비용에 보태주고자 하였으나, 조정신료들의 반대로 그 뜻이 관철되지는 못하였다. 그럼에도 정순왕후의 감공(減供) 조치는 분명 손상익하를 솔선한다는 정치적 명분을 얻기 위한 것이었으며, 실제로 지문(誌文)에도 실릴 만큼 순조 대 초반 중앙재정에 있어 중요한 조치로 평가되었다.[373]

<표 V-5> 순조 8년(1808) 각 전·궁의 공상액

공상내역	대전	중궁전	왕대비전	혜경궁	가순궁
축일공상	30,632.82	8,728.84	15,101.56	15,196.10	10,813.77
소선	1,044.42	1,044.42	1,218.53	1,147.88	1,112.53
축삭공상	13,587.74	5,024.54	5,264.54	5,264.54	5,120.54
월령	15,560.46	615.09	559.4	559.40	393.27
사삭일개	41.91	41.91	41.19	41,91	41.91
연례	15,786.75	1,041.66	1,041.66	2,742.76	942.76
(남염)·침장·침저	7,242.09	546.09	569.93	569.93	559.95
탄일·절일표리·물선·의대	12,606.59	4,244.37	4,982.81	5,336.61	2,597.59
삭선	5,721.86	3,152.72	4,078.88	7,938.88	2,863.28
진하	3,849.32	772.96	1,195.52	1,312.52	134.40
아지·상궁 이하 선반·의전가		35,240.88 (58.3%)	40,044.41 (54.0%)	33,904.41 (45.8%)	30,919.45 (55.7%)
각 전·궁 공상가 총계	106,073.96	60,453.59	74,098.43	74,014.94	55,499.45
총계(미환산가)	370,140.37兩 (74,028석) *작전가 석당 = 5냥				

*출전: 『만기요람』 재용편, 공상

---

371 『승정원일기』 1888책, 순조 4년 12월 29일(갑신), "李普天 以戶曹言啓曰 大王大妃 殿所納移來內人四十五供上盡數減下事 草記蒙允矣 內人四十五 宣飯衣纏等 各種減 下米一千八百四十五石十三斗九升六合五夕內, 元貢不足及無元貢別貿 不當減條米 五百九十九石四斗八刀六合九夕計除 實減貢米一千二百四十六石九斗九合八夕 分道磨 鍊 別單書入 依此擧行之意 分付宣惠廳 何如 傳曰 允."
372 『순조실록』권5, 순조 4년 11월 30일(을묘).
373 『순조실록』권7, 순조 5년 6월 29일(임신).

정순왕후가 죽고 순조의 친정체제가 안정화될 무렵, 순조는 호조판서 심상규(沈象奎, 1766~1838)와 서용보(徐龍輔, 1757~1824)에게 당대의 재정 백서라 할 수 있는 『만기요람』의 편찬을 지시하였다. 앞의 〈표 Ⅴ-5〉는 재용편의 첫 항목인 대전 이하 각 전·궁 공상액을 정리한 것이다.

순조 8년(1808) 무렵 공상의 총액은 〈표 Ⅴ-5〉에서 보듯이 370,140.37냥으로, 이를 쌀로 환산하면 74,028석 가량이 된다. 이 중 대전의 공상액이 가장 많고 다음으로 효의왕후, 혜경궁, 중궁전, 가순궁의 순으로 나타났다. 대전을 제외한 각 전·궁의 공상액에는 아지,상궁 이하 궁속들에게 지급되는 선반, 의전가가 별도로 책정되어 있는데, 중궁전의 경우 전체 공상액의 58.3%를 궁속의 선반·의전가로 지출하였다. 궁속에게 지급한 선반, 의전가가 공상에서 차지하는 비중이 큰 것은 공상이 왕실구성원의 생계뿐 아니라 궐내에서 역을 지는 궁속들을 먹여 살리는 일상비용이기도 했기 때문이다.

다만, 앞의 〈표 Ⅴ-5〉에는 출합한 화령옹주와 청연군주, 청근현주, 숙선옹주에게 배속된 궁속의 선반, 의전가와 궐내에 머물고 있는 화빈 윤씨에 대한 공상이 누락되어 있다. 출합한 옹주, 군주 소속 궁인의 선반, 의전가는 액수가 얼마되지 않는다고 하더라도 재궐해 있던 화빈 윤씨[정조의 후궁]는 『탁지정례』의 제빈방에게 바치는 공상을 진배받았다고 가정할 경우 825석의 추가 비용을 감안해야 한다. 그러면 순조 8년(1808) 당시 궐내 각 전·궁에 진배된 공상액은 『탁지정례』와 비교했을 때 어느정도 수준이었을까?

〈표 Ⅴ-6〉을 살펴보면, 순조 8년(1808) 당시 3전 2궁에 각각 진배한 공상액은 『탁지정례』보다 모두 많게 나타난다. 대전의 경우,『탁지정례』에는 6,494석의 공상가가 책정되어 있지만, 순조에게 진배되는 공상액은 21,214석으로 나타난다. 혜경궁과 가순궁 역시 『탁지정례』의 제빈방에 해당하는 825석의 공상액을 받아야 하지만, 국왕의 사친(私親)으로서

<표 V-6> 각 전·궁의 공상액 변화

진배처	탁지정례(石)	진배처	만기요람(兩/石)	
대전	6,494석	대전	106,073.96냥	21,214석
중궁전	8,844석	중궁전	60,453.59냥	12,090석
자전	11,336석	왕대비전	74,098.43냥	14,819석
제빈방	825석	혜경궁	74,014.94냥	14,802석
제빈방	825석	가순궁	55,499.45냥	11,099석
3전 2궁	28,324석	3전 2궁	370,140.37냥	74,024석

*두(斗) 이하 절삭
**『탁지정례』상의 공상액은 『선혜청정례』에 각 전·궁의 공상액을 총계한 액수임.

일반 후궁과 위계를 달리하였기 때문에 공상의 예우도 파격적이었다. 〈표 V-6〉에서 보는 바와 같이 혜경궁의 공상액은 왕대비전에 준하고, 가순궁의 공상액은 중궁전에 1천석 가량 못미치는 규모로 진배되었다. 그럼에도 전체 공상액을 총계하면 정례의 한도를 넘지 않는 선에서 지출되었다.[374] 그러면 순조 9년(1809) 이후 왕실공상의 추이는 어떠했을까?

순조 9년(1809) 효명세자가 태어나자 경술년(1790) 즉, 자신이 태어났을 때의 예에 따라 공상을 신설하도록 하였으며,[375] 이듬해 명온공주가 태어나고 순조 17과 18년, 22년에 영온옹주와 복온공주, 덕온공주가 잇따라 태어나자 공·옹주의 예에 따라 공상을 신설하도록 하였다. 순조 12년

---

[374] 18세기 중반 왕실공상의 총액은 『탁지정례』「각전각궁례」와 『선혜청정례』의 공상을 합친 액수로, 각 전·궁별 공상액은 『선혜청정례』에 총합이 제시되어 있다. 대전에서부터 봉보부인에 이르는 공상액을 총계하면 공·옹주례까지 포함하여 79,212석 가량이다(최주희, 2012 「18세기 중반 定例類에 나타난 王室供上의 범위와 성격」, 『藏書閣』 27). 그러나 이 액수는 각 선·궁이 모두 궐에 있다는 가정하에 각 진·궁의 공상액을 합산한 것이기 때문에 후궁이나 왕자녀의 수가 늘어날 경우 얼마든지 늘어날 수 있는 액수이다. 그러나 순조 대 대왕대비와 왕대비, 혜경궁, 가순궁 등에 왕실공상이 정례의 기준을 월등히 초과하여 지출되었음에도 불구하고 공상가는 정례에 최소한으로 규정된 액수에 못미치는 규모로 지출되었다.

[375] 『순조실록』 권12, 순조 9년 8월 9일(정유).

(1812)에는 원자를 세자로 책봉함에 따라 공상액을 상향 조정하였다. 여기에 순조 19년(1819) 효명세자의 가례로 세자빈이 재궐하게 되면서 순조 대 중반 세자와 세자빈, 공주 3, 옹주 1의 공상이 신설되었다. 『탁지정례』에 근거해 늘어났을 것으로 예상되는 공상액을 산출하면, 세자궁 9,249석, 세자빈궁 5,530석, 공·옹주 3,740석으로 총 액수는 18,519석 가량이다. 그런데 아이러니하게도 왕실의 어른인 혜경궁이 순조 15년(1815)에 죽고, 왕대비인 효의왕후, 순조의 사친인 가순궁이 순조 20년과 21년에 차례로 생을 마감하면서 『만기요람』 상의 액수로 무려 40,720석의 공상가에 공백이 생기게 되었다. 따라서 이후 신설된 세자와 세자빈, 공·옹주의 공상은 남은 공상을 옮겨 지급함으로써 해소할 수 있는 문제였다.

순조 26년(1826) 무렵에 작성된 『예식통고』에는 이러한 상황이 어떻게 반영되었을까? 뒤에서 볼 〈표 Ⅴ-7〉은 『예식통고』에 수록된 공상의 진배대상을 정리한 것이다. 당시 공상의 진배대상은 모두 18처로 확인된다. 순조 대 순원왕후 김씨와 효명세자, 세자빈 조씨, 명온공주와 복온공주, 숙의 박씨 그리고 양제방과 귀인방, 봉보부인방이 호조 전례방으로부터 공상을 지급받았다. 이밖에 선희궁 소속 수모(水母)·각시(閣氏) 6인을 비롯해 정조의 후궁 3인과 형제·자매 4인, 딸 1인에 속한 궁속 76명이 선반, 의전가를 제공받았다.

순원왕후부터 봉보부인까지는 실제 궐 안에서 생활하던 왕실구성원으로, 그들에게 딸린 궁속들에게까지도 선반, 의전가가 지급되었다. 한편 당시 재궐해 있었을 것으로 생각되는 덕온공주와 영온옹주의 공상은 『예식통고』에 빠져 있는데, 이는 봉작되기 전이기 때문이다. 보통 왕자녀의 공상은 봉작을 받은 후에 내명부의 위계에 따라 정해졌다. 순원왕후 소생인 덕온공주는 순조 29년(1829)에 작위를 받았으며, 이후 절차에 따라 공상을 진배받았다.[376] 숙의박씨 소생인 영온옹주 역시 봉작이 있는 순

27년(1827)에 공상을 진배 받았기 때문에³⁷⁷ 『예식통고』에는 빠져 있다.

특이한 점은 이미 사망한 후궁의 궁속에게 선반(宣飯)과 의전(衣纏)가를 지급하고 있는 것이다. 정례 상의 공상은 현재 국왕을 중심으로 혼인, 혈연으로 묶인 왕실구성원에게 진배하는 것인데, 선왕이 사망하고 그의 후궁마저 사망하여 묘사를 세운 후에도 남은 궁속에게 공상을 지급하고 있다. 선희궁은 영조의 후궁인 영빈이씨의 제사궁으로 그에 속한 수모와 각시에게 공상이 지급되었다. 영빈이씨는 사도세자의 친모이자 정조의 친할머니로 순조에게는 증조모가 되는 인물이다. 의빈방은 정조의 후궁이자 문효세자의 사친인 의빈성씨를 모신 제사궁으로 수모·각시에게 공상이 주어졌다. 수빈박씨의 사당인 경우궁은 순조 23년(1823)에 조성되었는데, 이에 속한 궁속 29명과 화빈윤씨의 사당인 경수궁 소속 궁인 36인에게도 공상이 지급되었다. 이들은 궁방의 관리와 제사 설행에 필요한 역을 졌을 것으로 이해된다. 그밖에 정조의 이복형제들인 은신군, 청연군주, 청선군주, 청근현주는 모두 출합한 후이고, 은신군과 청연군주, 청선군주는 이미 사망한 후임에도 불구하고 모두 유보모의 선반, 의전가를 지급하였다.

정조의 딸인 숙선옹주에 대해서는 출합(出閤) 당시 공상을 이전대로 지급하라는 순조의 명이 있기는 했으나 조정신료들의 반대가 거세지자 기존의 공상을 없애는 대신 유·보모 이하 궁속에게만 선반과 춘추 의전을 지급하도록 하였다.³⁷⁸ 이 역시 왕자녀가 혼례를 치르고 출합할 경우 궁속들의 선반·의전가만 지급하도록 한 『탁지정례』의 규정을 그대로 따른 것이다.

---

376 『승정원일기』 2239책, 순조 29년, 3월 6일(경자), "傳于尹聲大日 第三公主爵號 以德溫爲之 供上及田結等事 依例磨鍊擧行事 分付該曹."
377 『승정원일기』 2219책, 순조 27년 6월 11일(을유).
378 『순조실록』 권10, 순조 7년 5월 29일(경오);『승정원일기』 1928책, 순조 7년 6월 3일(계유).

<표 V-7> 『예식통고』 내 왕실공상의 범위

국왕 (진배 처수)	국왕과 의 관계	각 전·궁 및 궁방	생년	몰년	1826년 在闕 유무	공상대상 궁속 수 (*移來를 포함한 최대 인원치)
순조 (11)	비	중궁전 (순원왕후 김씨)	1789	1857	○	아지 1, 상궁·시녀 130, 수사 42, 수모·파지 58, 방자 73(304)
	자	세자궁(효명세자)	1809	1830	○	유모 1, 유모배비 1(2)
	자부	빈궁 (後 신정왕후 조씨)	1808	1890	○	유모 1, 상궁·시녀 52, 수사 13, 수모·파지 35, 방자 40(138)
	녀	명온공주	1810	1832	×	유·보모 1(1)
	녀	복온공주	1818	1832	○	유·보모 1, 수사 3, 각시 5(9)
	녀	덕온공주	1822	1844	○	-
	후궁	숙의방(숙의 박씨)	?	1854	○	수모·각시 6(6)
	자부	양제방	?	?	○	수모·각시 4(4)
	녀	영온옹주	1817	1829	○	-
	후궁	귀인방	?	?	○	수모·각시 6(6)
	봉보부인	봉보부인방	?	?	○	방자 8, 아지배비 2, 유모배비 2(12)
	소계	9처				482명
정조 (8)	후궁	의빈방(의빈 성씨)	1753	1786	×	수모·각시 6(6)
	후궁	경우궁(수빈 박씨)	1770	1822	×	아지 1, 상궁·시녀 10, 수사 4, 수모파지 8, 방자 6(29)
	후궁	경수궁(화빈 윤씨)	1765	1824	×	유모 1, 상궁·시녀 13, 수사 1, 수모·파지 12, 방자 7(36)
	제	은신군방	1755	1771	×	유모 1(1)
	매	청연군주방	1754	1821	×	유보모 1(1)
	매	청선군주방	1756	1802	×	유보모 1(1)
	매	청근현주방	1758	1835	×	유모 1(1)
	녀	숙선옹주방	1793	1836	×	유보모 1(1)
	소계	8처				76명
영조 (1)	후궁	선희궁(영빈 이씨)	1696	1764	×	수모·각시 6(6)
	소계	1처				6명
	계	18처				564명

『예식통고』에는『만기요람』에서처럼 공상가를 명확히 제시하지는 않았지만, 각 전·궁의 공상물목이『탁지정례』에 비해 현저히 줄고, 각 물종의 수량을 비교해보더라도 정례와 같거나 수량을 줄인 경우가 많다.[379] 또 이미 사망한 왕대비와 가순궁, 혜경궁을 공상의 대상에서 제외시키고, 혼례와 출산으로 왕실에 새롭게 편입된 이들을 진배대상에 포함시켜 놓았다. 따라서『만기요람』작성 당시 늘어난 공상액은 왕실구성원의 변화에 따라 일정부분 줄어들었을 것으로 보인다. 그렇다면 순조 26년(1826) 무렵 왜 이 같은 지출례를 작성하게 된 것일까? 다음 소절에서는『예식통고』편찬의 재정사적 의의를 순조 대 중앙재정의 측면에서 검토하기로 하겠다.

4)『예식통고』의 편찬배경과 의의

순조 6년(1806) 선혜청당상 박종경(朴宗慶, 1765~1817)은 "거둬들이는 조세가 점점 줄어들어 풍년의 총액도 지출하는 수에 상응하지 못하는 상태"라고 하였다. 순조 14년(1814)과 15년(1815)에 큰 흉년이 들자 호조와 선혜청에서는 부족한 재원을 충당하고 도성의 전황문제를 해소하기 위해 신전(新錢) 32만 6천 4백냥 가량을 주조하여 이듬해 1월부터 유통시키도록 하였다. 당시 주전을 통해 얻은 수입은 32,600냥으로 보고되었다.[380] 한편 중앙의 부족한 곡식을 충당하기 위해 호조와 선혜청의 동전

---

[379] 물론『예식통고』에 기재된 공상물종은 모두 호조 전례방의 출관조치를 통해 지출되는 공적 공상이기 때문에, 內需司에서 지납하거나 각 궁방에서 가셔나 쓰는 공상은 포함되어 있지 않다. 이에 대해서는 내수사 각방에서 지출한 차하책을 분석할 필요가 있으나, 본고에서는 국가재정 하에서 지출되는 왕실공상의 추이를 검토하는데 집중하였기 때문에 이 작업은 후일을 기약하기로 하겠다.

으로 관서곡 6만석과 해서곡 4만석을 구입해 들였다.381 그럼에도 불구하고 선혜청의 재정부족은 회복되지 않았다. 순조 16년(1816) 선혜청당상 남공철(南公轍, 1760~1840)은 당해 수조할 대동세의 양만 놓고 볼 때 장차 공가가 4~5개월이 부족하게 될 것이라고 진단하였다.382 선혜청에서는 공물가 지급 부족 상황에 대비해 균역청의 구관곡 중 일부를 가져다 창고에 유치해두고 구획해 쓰는 방안을 임시로 모색하였다.

이처럼 순조가 재위한지 20년이 되는 무렵까지 중앙재정의 부족분이 단속적으로 보고되는 가운데, 전곡아문으로부터의 재원 이획과 주전, 관서곡 매입 등 추가세원을 확보하려는 노력이 다각도로 전개되었다. 이에 순조 19년(1819)에는 세입부족의 근본 원인이 되는 전정의 문란상을 해소하기 위해 양전을 시행하자는 논의가 제기되었으나 이 역시 오랜 논의 끝에 신중론으로 귀결되었다.383

순조 22년(1822) 겸호조판서 심상규의 보고는 이러한 중앙재정의 오랜 문제점들이 누적되면서 나타난 적자상황을 정리한 것이었다. 겸호조판서 심상규의 건의로 이듬해인 순조 23년(1823) 호조의 세입을 늘리기 위한 특단의 조치가 취해졌다. 각궁방의 면세결을 환수하여 호조에 소속시키고 출세조치 하도록 한 것이다. 이 조치로 인하여 실제 4,767결의 궁방전이 출세조치 되었다.384 그러나 이 역시 정조 대 병신정식을 시행할 때 2~3만 결가량이 출세조치된 것을 감안하면 다소 적은 양이었던 데다가 출세수입은 모두 호조로 귀속처분이 내려졌기 때문에, 호조 경용에

---

380 『비변사등록』 204책, 순조 14년 2월 11일.
381 『비변사등록』 204책, 순조 14년 7월 21일.
382 『비변사등록』 205책, 순조 16년 윤6월 10일.
383 『비변사등록』 208책, 순조 19년 7월 25일.
384 『비변사등록』 216책, 순조 28년 10월 21일.

우선적으로 쓰일 수밖에 없었다. 왕실공상은 기본적으로 선혜청의 공물가에 근거하여 운영되었기 때문에 선혜청의 재원이 일정 규모 이상 확보되어야만 왕실공상도 안정적으로 유지될 수 있었다. 선혜청은 전국에 대동·상정법이 확대 시행되는 18세기 이후 중앙의 최대 재정아문으로 위상을 유지하였으며, 호조의 경비부족을 지속적으로 보전해주었다. 그런데 순조 재위 20년부터 선혜청의 재정에도 문제 상황이 발생하였다.

당해 8월 선혜청당상 이존수(李存秀, 1772~1829)의 보고에 따르면, 선혜청의 하리(下吏)가 장부를 훔치고 재물을 도둑질하여 포흠을 자행했는데, 이때 적발된 쌀과 돈, 무명을 절가하면 50여만 냥이 된다고 하였다.[385] 선혜청의 하속들은 급료가 없기 때문에 공인들에게 공가를 지급할 때 잉미(剩米)를 받아 생활하였는데, 대부분 이를 가지고 도성에 이자를 놓았다가 이를 받지 못하고, 원곡의 장부에서 포흠하여 빼먹은 것이 이와 같은 규모에 달한 것이다. 이 금액은 앞서 〈표 V-5〉에 순조 재위 20년 동안 줄어든 세입에 맞먹는 액수였다. 보다 심각한 문제는 『예식통고』가 간행되기 한 해 전에 발생하였다. 순조 25년(1825) 7월, 132칸에 이르는 선혜청의 청사에 화재가 발생하여 비축미와 포목의 상당량이 소실된 것이다.[386] 도성의 시전인과 공계인들에게 공물가를 지급하는 선혜청의 재원이 화재로 소실되었다는 것은 경비지출에 있어 큰 타격이 아닐 수 없었다.

호조와 선혜청에서 차하하는 공미(貢米)는 도성민들의 생계와 직결되어, 서울의 미가(米價) 상승을 좌우하였기 때문에,[387] 선혜청의 화재사건은 정부에 재정적 손실을 입힐 뿐만 아니라 도성에 거주하는 다수의 공

---

[385] 『비변사등록』 209책, 순조 20년 8월 20일.
[386] 『비변사등록』 213책, 순조 25년 7월 4일.
[387] 『비변사등록』 213책, 순조 25년 11월 21일.

계인들에게도 부담을 안기는 상황을 초래했다. 이들이 공가를 받지 못해 만약 조달시장에서 이탈하기라도 하면 물품조달 자체에 문제가 발생할 수밖에 없었다. 이에 정부에서는 중앙의 경비지출을 줄여야 하는 긴급한 상황에 직면하였으며, 왕실재정과 관련된 항목부터 지출을 정비하는 조치를 취한 것으로 이해된다.

순조 26년(1826) 『예식통고』의 편찬은 이처럼 재위 20년대부터 재정 적자의 누적분이 가시화되는 상황과 선혜청의 포흠, 그리고 화재 사건으로 인한 공가지급 곤란 속에서 왕실재정을 우선적으로 절감하기 위해 취해진 현실적인 조치가 아니었을까 생각해 본다. 따라서 순조 대 왕실재정의 정비는 왕실재정의 방만한 운영에서 비롯되었다기보다는 왕실을 부양할 절대적인 세입이 줄어드는 상황에서 경상경비를 삭감하고 지출구조를 개선하려는 정부의 노력이 가시화된 결과로 이해할 수 있을 것이다.

결국 『예식통고』는 영조 대 간행된 『탁지정례』와 성격을 같이하는 지출례로 볼 수 있다. 다만, 『예식통고』는 중앙의 경비지출을 관장하는 호조의 전례방에서 왕실공상과 각사공물의 진배 상황을 관리하기 위한 내부 열람용으로 편찬되었다. 그렇기 때문에 『탁지정례』와 작성방식에 있어서 다소 차이를 보인다.

『예식통고』에 실린 물종과 수량을 『탁지정례』와 비교해 보면 전체적인 물목수가 현저히 줄어 있는데, 이는 『예식통고』를 작성할 무렵 경비지출 양상을 반영한 것이라 볼 수 있다. 실제로 『탁지정례』와 달리 『예식통고』에는 순조 26년(1826) 당시 공상을 진배받는 왕실구성원의 실명과 궁속의 숫자를 구체적으로 명시해 놓아 이들에게 들어가는 경비를 구체적으로 관리하고자 한 의도가 엿보인다. 순조의 재위 기간 내내, 중앙재정의 근간이 되는 출세실결(出稅實結)이 줄어드는 상황에서 주요 재정아문인 호조와 선혜청의 세입은 자연스럽게 감소할 수밖에 없었다. 반면 중앙의 경비지출은 일방적으로 줄이기 어려웠기 때문에, 호조에서는 정례에 준하여 경비를 지출하는 한편, 필요할 경우 정식(定式)을 만들어 지출례를 보완하였다. 이에 순조 8년(1808) 3전 2궁에 진배하는 공상가는 정례에 명시된 전체 공상액을 넘지 않는 수준으로 지출되었으며, 순조 9년 이후로도 혜경궁, 효의왕후, 가순궁의 사망으로 공상가 총액은 크게 늘어나지 않았던 것으로 이해된다. 그럼에도 각 전·궁별로 보면 정례보다 공상가가 확연히 늘어나 있고, 왕실구성원의 사망으로 이속된 궁속의 선반·의전가를 계속 지급하는 문제가 남아 있었다. 여기에 순조 20년 이후 선혜청 하리의 포흠과 청사 화재 사건으로 공상가 지급에 문제가 나타났다. 이에 지출을 관장하는 호조에서 기존의 지출항목을 한 번 더 삭감하고, 항목을 재편하여 『예식통고』를 간행하기에 이른 것이다.

최근 19세기 재정부족의 원인을 왕실의 지출증대에서 찾는 경향이 있으나, 19세기 재정부족 현상은 세입과 세출에 영향을 미치는 보다 복합적인 요인의 결과물로 이해할 필요가 있다. 또한 19세기 재정부족의 근본 원인을 해명하기 위해서는 18세기 후반에 구축된 왕조의 재정시스템이 19세기에 어떠한 방식으로 작동하였는가 하는 질문에 답할 필요가 있다. 본고를 정리하면서, 필자는 18세기 후반에 구축된 집권적 재정운영 시스템이 19세기 재정운영에 경직성을 야기하면서, 긴축재정 노선이 19세기까지 이어진 것으로 파악하였다. 여기서 지출구조의 경직성이란, 단순히 왕실의례의 증대를 의미하는 것이 아니라 대동법 시행 이후 국역체제의 상당부분이 급가체제로 전환된 것을 뜻한다.

조선후기 재정구조 상의 중요한 특징인, 이 '지출구조의 경직성'은 순조 대를 지나 고종 대에도 크게 개선되지 못하였다. 철종 대 삼남을 중심으로 확대된 대규모 농민항쟁은 소위 삼정의 문란으로 대변되는 부세제도의 모순이 민간에서 표출된 현상이었지만, 중앙정부는 부세제도의 기본 골격은 유지한 채, 부세수취 과정에서 나타나는 문제점을 개선하는 방식으로 사태를 수습해나갔다.[388]

고종 즉위 초에 행해진 일련의 개혁 조치들 역시 농민항쟁의 뼈아픈 경험을 바탕으로 재정구조의 질적 변화를 추구해간 것이 아니라, 실추된 조선왕조의 정통성을 회복하는 방향으로 전개되었다. 다음 절에서는 고종 대 초반 재정정책 상의 특징을 설명하도록 하겠다.

---

388 송양섭, 2012, 「임술민란기 부세문제 인식과 三政改革의 방향」, 『韓國史學報』 49.

3. 고종의 거울, 영조와 정조

주지하다시피 고종 대 초반 재정개혁 노선은 18세기 후반 영조와 정조가 구축해 놓은 '손상익하(損上益下)'의 재정 기조를 계승하는 차원에서 행해졌다. 철종이 죽고 흥선대원군의 둘째 아들이 어린 나이에 왕위를 잇게 되면서 고종의 잠저이자 사친이 거주하고 있는 흥선대원군가에 대대적인 재정지원이 행해졌으나 흥선대원군은 이를 거절하였다.

당시 대왕대비였던 신정왕후는 호조에 명하여 대원군궁에 면세결 1,000결 값에 해당하는 은자 2,000냥을 실어 보내주는 한편, 궁장(宮庄)이 완비될 때까지 5년에 한해 호조의 태 100석, 선혜청미 100석을 지급해 주도록 하였는데, 대원군이 이를 고사하자 매월 미10석, 전 100냥만 보내주도록 하였다.[389] 대왕대비는 종친부에 대해서도 재원을 추가로 보전해주었는데, 고종 즉위년(1863) 12월 23일, 종친부에 본래 급대해주던 것 외에 매년 전 4,000냥, 포목 각 10동을 더 지급해주도록 하였다.[390] 이는 집권 초 종친부의 위상을 강화하고자 했던 대원군의 정치적 의도가 신정왕후를 통해 반영된 것이었다.

그러나 고종 즉위 초반의 재정상황은 종친을 넉넉히 지원해줄 만큼 사정이 좋지 못하였다. 대왕대비는 철종의 국장을 순조롭게 치르도록 내하전 50,000냥을 삼도감에 내려주었으며,[391] 국장의 진행과정에서 직접

---

[389] 『고종실록』권1, 고종 즉위년 12월 15일(정해); 권1, 12월 18일(경인).
[390] 『고종실록』권1, 고종 즉위년 12월 23일(을미).
[391] 『고종실록』권1, 고종 즉위년 12월 15일(정해).

삼도감과 경기감영에 신칙하여 국장의 제반 경비를 줄이도록 하였다.[392] 한편 왕실의 주요 재원에 해당하는 면세결을 조사하고 이 중 일부를 출세(出稅)하도록 조치하였다. 고종 원년(1864) 대왕대비의 명에 따라 황해도 각 궁결의 잉여와 도봉(都捧) 및 도장 등의 명색을 혁파하고 결가(結價: 토지세)는 종전대로 각읍에서 거두도록 하였으며,[393] 연령군방에 절수해 준 면세결 중 332결 31부 8속에 대해서도 출세조치하였다.[394]

그럼에도 당시 선혜청에서는 여러 도의 출세실결에서 미납된 세액이 1년 경비에 맞먹을 정도라고 호소하였다. 고종은 대동세를 미납한 각읍에 관문(關文)을 보내 언제까지 납부가 가능한지를 조사하여 보고하도록 하였다.[395] 고종 대 초반 중앙의 세입이 이처럼 턱없이 부족한 상황에서 대왕대비는 국장을 치르고 흥선대원군을 비롯한 왕실종친에 재정적으로 지원하고자 했기에, 궁방전을 출세실결화하는 조치는 세입을 만회하기 위한 차선책으로 활용되고 있었다. 주지하다시피 왕실재정은 정조대 병신정식을 계기로 면세결이 줄어들고 도장 파견이 금지됨에 따라 크게 위축되었다. 문제는 정조 사후 병신정식이 제대로 지켜지지 못함에 따라 다시 궁가의 자의적인 면세결 확보와 도장 파견 관행이 재현되고 있었다는 점이다. 아래의 기사를 보자.

"각 궁방의 세납을 위해 도장을 나눠 보내는 것은 소민에게 뼈에 사무치는 폐단이 되어 왔습니다. 지난 병신년(1776) 초원(初元 : 정조가 등극한 해)에 특별히 이러한 상황을 진념하셔서 별도로 윤음을 내리시어 호조에서 받아 각해

---

[392] 『고종실록』 권1, 고종 즉위년 12월 27일(기해).
[393] 『고종실록』 권1, 고종 1년 1월 6일(무신).
[394] 『승정원일기』 2672책, 고종 1년 1월 14일(을유).
[395] 『고종실록』 권1, 고종 1년 10월 20일(정해).

궁방에 주도록 절목을 만들어 정식하였는데 매우 엄하게 다스렸으므로 지금까지도 근실히 준행하고 각 궁방에서도 각기 조심하여 오직 해조에서 받아 주기만을 기다려 받아 갔습니다. 그런데 근년 이래로 갑자기 별도의 폐단이 생겨나 선민(船民) 등이 궁속(宮屬)들에게 곤욕을 당하여 더욱더 지탱하기 어렵다고 합니다. 그리하여 호조에서 감결을 보내서 그 곡절을 조사하여 보고하게 하였었는데 지금 해조에서 보고한 것을 보니, '궁속이 법을 두려워하지 않고 관청을 무서워하지 않은 것은 원래부터 그들의 장기(長技)였으나 시기보다 앞서 강에 나가 뱃사람을 침탈하고 그 곡물이 도착하여 정박할 때에 이르러서는 외부에서 사사로이 합의하면 일이 순조롭고 무사하게 되고, 만약 마당에 들여놓고 되질해 바치면 1백 가지로 지적하며 퇴짜를 놓고 반드시 야로를 부린 뒤에야 그만둡니다. 이에 매 석마다 값을 보태주고, 매 결마다 주채(酒債) 등의 과외의 명색이 층층이 생겨나고 첩첩이 나오므로 강민에게 부과되는 고질적인 폐해가 이보다 심한 것이 없습니다. 이 밖에도 면세결(免稅結) 역시 본조에서 받아 주기로 하였으나 아무 고을을 막론하고 각기 해궁에서 저리(邸吏)를 붙잡아다 놓고 장을 치고 가두어 수에 맞게 직접 거두고, 그런 뒤에 단지 진성(陳省 : 증명서)만 주어 자문[尺文 : 영수증]을 발급하게 하므로 돈은 조문에 들어오지도 않습니다.' 하였습니다. (중략) 지금에 와서 바로잡아 구제할 방도는 별도로 다른 데에 있는 것이 아닙니다. 원래 병신년에 하교하신 정식이 있으니 해조에서는 단지 정식대로 받아 주고 궁방에서는 단지 칙령(飭令)대로 받아 가면 됩니다. (중략) 원절목 중에 만약 추가로 넣어야 할 만한 조건이 있으면 다시 더 헤아려 본사(本司)에 보고하고 더 첨록하여 시행하라고 호조에 분부해야 하겠습니다. [396]

---

[396] 『비변사등록』 214책, 순조 26년 6월 10일.

밑줄친 내용에서처럼 정조 즉위년(1776) 병신정식에서 엄단한 궁가의 도장 파견 문제가 순조 26년(1826) 궁속들에게서 재현됨에 따라 조정에서는 이를 단속하기 위한 논의를 재개하는 한편, 경수궁 등 궁방의 공상과 면세결을 추가로 줄이는 조치를 취하였다. 고종 대 역시 면세결을 조사하여 출세(出稅)하는 조치와 도장 등의 명색을 혁파하는 조치가 정조, 순조 대에 이어 동일하게 내려졌다. 이와 더불어 고종 대 초반 왕실재정에 있어 또 한 가지 주목할 만한 조치는 바로 『육전조례(六典條例)』의 간행이다.

『육전조례』는 고종 2년(1865) 『대전회통』의 간행에 이어 고종 4년(1867) 각 관서에서 시행하는 사례와 법규를 육전으로 분류하여 편찬한 하위 법령집이다. 『육전조례』는 명칭에서도 알 수 있듯이 이·호·예·병·형·공의 6전으로 이루어져 있으며, 6조의 속사에 관한 구체적인 행정 조례를 포함하고 있다. 이 중 호전은 재정에 관한 법규로서 호조의 속사뿐 아니라 구관아문의 관제와 세입·세출 운용, 소관공물의 출납을 조정하여 세입·지출의 한도를 세밀하게 규정해 놓았다.

예컨대, 호조의 속사인 판적사, 회계사, 전례방, 별례방, 판별방, 세폐색, 응판색, 은색, 요록색, 잡물색, 주전소, 별영의 담당업무를 명시하고 구관아문인 산학청과 구사섬시, 구사축서, 선혜청, 균역청, 상평청, 진휼청, 별하고, 공잉색, 양향청, 한성부, 군자감, 광흥창, 사도시, 사재감, 제용감, 평시서, 내자시, 내섬시, 전설사, 의영고, 장흥고, 풍저창, 사포서, 양현고, 5부의 맡은 역할과 운영을 위한 조례[총례]를 명시해 놓았다. 한 가지 흥미로운 점은 이들 구관아문 중 공물아문에서 진배하는 공상은 정례(定例)에 준하여 회감하도록 하는 조항이 『육전조례』 상에 수록되어 있는 점이다.[397] 공상의 진배를 감독하는 전례방의 조례를 살펴보더라도, "각 전·궁의 탄·절일 및 국가 경사로 칭하는 때에 진상하는 각종은 당해 각 관서의 보고를 기다려 정례에 의거해 회감하여야 한다."는 조항과

"대군·왕자군·공주·옹주·군주·현주가 궐내에 있을 때에는 정례에 의하여 공상하고, 출합하면 유모·보모의 반미(飯米)와 의료(衣料), 무수리각시의 의료만을 지급한다."는 조항이 보인다. 이때 정례는 영조 대 중반에 간행된 『탁지정례』를 가리킨다. 영조 대 작성된 지출례가 고종 대 만들어진 『육전조례』를 간행할 당시까지도 그대로 준용되고 있었던 것이다.

『대전회통』이 정조 대 이후 행정 운영상의 변화된 관제를 증보한 것이라고 한다면, 『육전조례』는 전에 없던 중앙관청의 세부 조례를 성문화하여 정부차원에서 이를 관리, 감독하고자 한 의지의 산물이라고 할 수 있다. 이처럼 고종 대 초반의 개혁은 궁방면세결을 조사하고, 국장에 쓰이는 경비를 줄이는 재정조치로 출발하였으며, 고종 2년(1865)부터는 새로 재편된 합설 의정부 체제 하에서 보다 중앙집권적인 정치구조를 공고히 하기 위한 전장제도의 정비로 이어졌다. 여기에 국왕 호위와 궁궐 숙위를 강화하기 위한 목적에서 고종 11년(1874)에는 정조 대 장용영에 준하는 무위소(武衛所)를 설치하기도 하였다. 결국 고종 대 초반 흥선대원군이 주도한 개혁정책은 영조와 정조가 추진했던 개혁노선과 크게 다르지 않았다.

다만 임술농민항쟁이 일단락된 후 고종이 즉위함에 따라 흥선대원군은 실추된 왕실의 권위를 회복하는 데 있어서도 신경쓰지 않을 수 없었다. 흥선대원군은 왕실의 척족인 종친부의 위상을 강화하는 한편,[398] 경복궁을 중건하는 대규모 역사를 단행하였다.[399] 이러한 정책은 이미 알려진 바와 같이 중앙의 경비를 증대시키는 효과를 불러 일으켰다. 흥선대원군은 경복궁 중건 당시 부족한 경비를 전례대로 중앙군문과 재정관서

---

[397] 『육전조례』 호전, 호조전례방(공상).
[398] 김병우, 2003, 「大院君의 政治的 地位와 國政運營」, 『大邱史學』 70.
[399] 홍순민, 2007, 「고종대 경복궁의 중건의 정치적 의미」, 『서울학연구』 29.

에 분정하고 갹출하는 방식으로 충당하였으며, 이마저도 부족할 경우 분정의 범위를 지방 감영으로까지 확대하였다.

한편으로 세입을 확충하기 위해 고을 단위의 읍양전을 시행하도록 권장하였으나, 세입을 극적으로 늘리는 데에는 한계가 있었다. 이에 고액화폐인 원납전을 발행하고 청나라 동전을 들여옴으로써 부족한 세입을 만회하고자 하였으나, 이는 결과적으로 시중물가를 상승시키는 역효과를 낳았고 급기야 재정건전성을 해치게 되었다. 이처럼 흥선대원군이 주도한 고종 초반의 개혁 방향은 왕실의 권위를 회복하고, 전장제도를 정비해 영·정조 대의 시스템으로 복귀하는 것이었으나, 순조 대 이래 만성적인 세입 부족이 개선되지 않은 상태에서 고액화폐의 발행과 청전의 유입 등 검증되지 않은 재정조치로 인해 왕조의 재정구조에 커다란 부담을 야기하였다.

그간 19세기 재정위기의 요인을 세도정치기 국왕과 정치세력의 무능과 부패, 왕실의 사치 성향으로 설명하는 경향이 있어왔다. 결과적으로 조선후기 이래 중앙재정이 악화의 길을 걷게 된 것은 부정할 수 없지만, 몇몇 세도가문의 부정부패로 이를 단순화하여 설명하기보다 조선왕조가 추구했던 시기별 정책방향이 왜 19세기 들어 '실패'하게 되었는지 구조적으로 진단할 필요가 있다. 마지막 장에서는 19세기 재정정책이 18세기로부터 물려받은 유산에서 사실상 벗어나지 못한 점에 주목하여 19세기 문제를 개관하고 이 글을 마치도록 하겠다.

나가며

18세기의 유산, 19세기의 그림자

영·정조 대 정비된 조선왕조의 재정구조는 17세기 이래 확대 시행된 대동법과 18세기의 비총제, 그리고 균역법에 기반을 두고 있다. 이들은 모두 법정세율을 낮추어 백성의 세 부담을 줄여주는 조치에 다름아니었다. 조선 정부는 이같은 '민본주의적 세제개혁'을 통해 18세기 후반 집권적 재정운영의 틀을 비교적 안정되게 구축할 수 있었다. 이와 더불어 조선 정부는 통치 상의 도덕적 권위를 확보하기 위해, 왕실 사재정이 늘어나지 않도록 궁가의 절수지를 제한하고, 공상과 진상물자를 삭감하는 단속적인 조치를 지속해나갔다. 영·정조 대의 재정정책은 결국 한정된 세입으로 왕실과 나라살림을 최대한 긴축, 절약해 운영하고자 한 왕조국가의 노하우를 응집해 놓은 결과물이라고 할 것이다.

문제는 18세기 왕조가 구축한 제도적 유산이 19세기에 그림자로 작용하였다는 점이다. 19세기의 개혁은 18세기에 시도된 개혁을 뛰어넘는, 획기적인 그 무엇으로 발현되지 못한 채, 기존의 제도를 고도화해가는 방향으로 전개되었다. 특히 재정면에서 볼 때 그것은 긴축 재정을 장기화하는 방식으로 작동하였음에도, 재정 건전성을 유지하는 데에는 한계를 안고 있었다. 이는 조선후기 최대 재정관서인 선혜청의 운영을 통해서도 엿볼 수 있는 지점이다. 호조와 선혜청, 그리고 병조와 각 군문은 애초에 거두어들이는 세입의 성격이 다르고 이를 지출하는 경로에서도 차이를 보였지만, 조선후기 중앙의 세입 부족을 만회하기 위해 관서 간 재정 이획이 활성화되면서 조용조의 구분에 따른 세입-세출구조 역시 변화를 맞게 되었다. 호조는 토지세를, 선혜청은 대동세(공물과 역)를 관장하는 재정아문이었지만 선혜 각청이 증설됨에 따라 대동세의 일부를 호조에 정기적으로 이획해주는 관행이 생겨났다. 호조의 경우에도 은 토지세와 동전주조, 관서곡 이전을 통해 세입구조를 다각화하는 한편 선혜청과 마찬가지로 공물가 지출업무를 확대해나갔다. 균역청의 경우 군역과 전혀 상관없는 결전과 은여결, 어염선세 등을 수취하여 각 군문에 재원을 급대해주는 역할을 하였다. 현물과 노동력이 토지세로 대거 흡수되어 금납화되면서 중앙의 재정아문들은 이처럼 세입의 성격과 상관 없는 다양한 지출업무를 공동 분담하게 되었다. 이에 18세기 중엽부터 호조-선혜청(균역·상평·진휼청) 중심의 재정구조가 형성되었다. 문제는 이러한 재정운영 구조가 19세기로 접어들면서 경직성을 띠게 되었다는 점이다.

비총제로 거두어들이는 세입은 그해의 풍흉에 따라 거두어들일 세액이 결정되었기 때문에 중앙의 경비지출이 증가하더라도 정해진 세액 이상을 추가로 거두어들이는 것은 사실상 불가하였다. 반면 호조와 선혜청의 지출은 앞장에서 지적한 바대로 왕실보용, 역가 지급, 타 관서 이획 등 다양한 영역으로 확대되었다. 영조 대 중반 거질의 『탁지정례』를 간행하고 순조 대까지 이를 단속적으로 정비해나갔지만, 별례를 통해 추가 지출 경로를 열어둠으로써 중앙의 지출은 늘어날 여지를 남겨두고 있었다. 여기에 대동법 시행 이후 중앙정부가 현물 조달과 노동력 징발에 대한 '대가[공물가 및 역가]'를 시장에 지불하기 시작하면서 이것이 조선후기 내내 경비지출을 늘리는 구조적 요인으로 작용하였다.

재정기구의 일원화는 그 사회의 공적재원이 얼마나 투명하게 관리, 운영되었는지를 가늠하는 척도가 될 수 있다. 그러나 조세를 수취하고 배분하는 데 필요한 사회간접자본이 오늘날과 같이 안정적으로 구축되어 있지 않고,[400] 왕실가족과 같은 특권층을 공적 재원으로 부양해야 하는 명제들이 왕조국가의 재정지출에 견고하게 작동하고 있던 상황에서 재정기구의 일원화는 제한적인 방식으로 실현될 수밖에 없었다.[401] 더욱이 세입을 충분히 확보하지 못한 상황에서 이처럼 재정운영 상의 효율화만을 꾀하여 관서 간의 재원 이획을 관행화시킨 점은 19세기 들어 재정 건전성을 해치는 요인으로 작용하였다.

영조 대 중반 손상익하(損上益下)의 재정이념 하에 『탁지정례』와 같은 지출례가 간행되었지만, 선혜청은 권설도감의 운영과 같은 비정기적 재정지출에 부응해야 했으며, 호조를 비롯한 중앙아문과 왕실에 재원을 정기적으로 이획해주는 책임을 맡았다. 이로써 중앙재정은 정조 대부터 지출증가가 누적됨에 따라 19세기 전반 위기를 맞이하게 되었다.

실제로 1820년대부터 중앙의 지출적자의 누적분이 늘어나고 있었으며, 면세전과 급재결도 정조 대보다 증가하여 세입면에서 타격을 입고

---

[400] 현물재정을 유지하기 위한 조선시대 내내 漕運制가 운영되기는 하였지만(최완기, 1989, 『朝鮮後期 船運業史硏究』, 一潮閣), 선운과 육운에 따른 거래비용이 만만치 않았고, 조운선을 수리, 개조하는 등의 유지비용도 재정 부담으로 작용하였다. 여기에 조운선의 잦은 난파로 양질의 세곡을 확보하는 데 어려움이 따랐다.

[401] 이는 대한제국기 宮內府와 內藏院으로 대표되는 황실재정기구가 다시 강화되는 맥락에서도 감지할 수 있는 부문이다. 이러한 황실재성이 국유화된 것은 1907년 동삼부가 설치되면서부터였다(김재호, 1997, 앞의 논문). 따라서 식민지기에 접어들어 완성된 재정 일원화의 조치는 또 다른 맥락에서 평가되어야 한다고 생각한다. '재정구조의 일원화'가 근대적 재정시스템으로 나아가는 하나의 잣대가 될 수는 있지만, 이것이 국가재분배의 맥락에서 얼마나 사회 각 층의 수요를 충족시켰는지에 대해서는 재고해볼 필요가 있다.

있었다.⁴⁰² 지방에서는 은여결과 어염선세가 균역청으로 흡수된 후로 이를 만회하기 위해 잡역세를 신설해갔으며, 환곡 운영에 있어서도 진분조(盡分條)를 늘려 모곡(耗穀) 수입을 확대해 나갔다.

    세입부족의 문제가 이처럼 중앙에서 지방으로 전이되면서 1862년 농민항쟁의 발발이라는 위기상황을 초래하였다. 그럼에도 불구하고 농민항쟁 당시 삼정의 문란을 개혁하고 새로운 정국운영의 모델로 제시된 것 역시 18세기 후반의 개혁조치들이었으며, 이는 고종 즉위 초 전장제도의 정비로 이어졌다.⁴⁰³ 앞 장에서 살펴보았듯이 고종 2년(1865) 『대전회통』이 간행되고, 다시 2년 후 중앙의 경비출납에 관한 규례집인 『육전조례』가 간행되었다. 『육전조례』 호전조에는 왕실 각 전·궁에 공상물자를 진배할 때 『탁지정례』에 의거하도록 명시해 놓았으며,⁴⁰⁴ 재정아문 간의 이획 역시 공식적인 재정절차로서 명문화해 놓았다.⁴⁰⁵

    요컨대, 18세기 중엽에 형성된 재정관서의 합설과 재원 이획은 소규모의 세입으로 중앙정부의 살림을 지탱하기 위한 최선의 방안이었으며, 이러한 재정운영 방침은 『육전조례』가 간행되는 시점까지 크게 변화하지 않았다. 갑오개혁이 단행되기 이전, 두 세기에 걸쳐 조선 정부가 점진적으로 구축해 놓은 제도적 유산은 19세기 재정 상의 위기를 타개하는 데 분명 한계가 있었지만, 왕실이 솔선하여 재정절감의 모범을 보이고, 정부 차원에서 백성의 세 부담을 줄여주는 변통안을 지속적으로 모색하였던 역사적 경험은 동시대 다른 왕조국가에서 찾아보기 힘든 사례로서, 여러 위기 상황에서도 조선왕조를 장기지속시킬 수 있었던 숨은 원동력

---

402 『순조실록』 권25, 순조 22년 10월 15일(병진).
403 송양섭, 2012, 「임술민란기 부세문제인식과 三政改革의 방향」, 『韓國史學報』 49.
404 『육전조례』 권3, 호전 전례방 공상.
405 『육전조례』 권4, 호전 선혜청 이획.

으로 작용하였음은 부정할 수 없을 것이다.

참고문헌

원전 자료

1) 연대기
『朝鮮王朝實錄』,『備邊司謄錄』,『承政院日記』,『日省錄』

2) 법전
『經國大典』,『續大典』,『大典通編』,『大典會通』,『受敎輯錄』,『六典條例』

3) 사목·정례·사례류
『湖西大同事目』,『均役廳事目』(原),『均役廳事目』(追),『度支定例』,『宣惠廳定例』,『國婚定例』,『上方定例』,『國朝喪禮補編』,『貢膳定例』,『例式通攷』,『湖南廳事例』,『江原廳事例』,『宣惠廳貢案』,『戶曹別貿貢案』,『貢弊』

4) 지리지·의궤·도서류
『輿地圖書』,『度支志』,『度支田賦考』,『賦役實摠』,『萬機要覽』,『京外要覽』,『漢京識略』,『增補文獻備考』,『穆陵改修儀軌』,『華城城役儀軌』,『東國輿地之圖』,『宿踐諸衙圖』

5) 분삽·일기류
『西厓集』(柳成龍),『秋浦集』(黃愼),『宋子大全』(宋時烈),『白沙集』(李恒福),『浦渚集』(趙翼),『磻溪隨錄』(柳馨遠),『頤齋亂藁』(黃胤錫)

저서

강만길, 1973, 『朝鮮後期 商業資本의 發達』, 고려대학교출판부.
강제훈, 2002, 『朝鮮初期 田稅制度 硏究 : 踏驗法에서 貢法 稅制로의 전환』, 고려대학교 민족문화연구원.
고동환, 1998, 『朝鮮後期 서울商業發達史硏究』, 지식산업사.
권내현, 2004, 『조선후기 평안도 재정연구』, 지식산업사.
金德珍, 1999, 『朝鮮後期 地方財政과 雜役稅』, 國學資料院.
金東哲, 1993, 『조선후기 貢人硏究』, 韓國硏究院.
김문식, 2005, 『조선 왕실 기록문화의 꽃 의궤』, 돌베개.
_____, 2010, 『왕세자의 입학식 : 조선의 국왕은 어떻게 만들어지는가』, 돌베개.
김상준, 2011, 『맹자의 땀, 성왕의 피』, 아카넷.
김성우, 2001, 『조선중기 국가와 사족』, 역사비평사.
김옥근, 1984, 『朝鮮王朝財政史硏究』, 一潮閣.
_____, 1988, 『朝鮮王朝財政史硏究』 Ⅲ, 일조각.
도이힐러, 마르티나, 이훈상 옮김, 2013, 『한국의 유교화과정-신유학은 한국사회를 어떻게 바꾸었나』, 너머북스.
문용식, 2001, 『朝鮮後期 賑政과 還穀運營』, 경인문화사.
박도식, 2011, 『조선전기공납제연구』, 혜안.
박소은, 2008, 『조선후기 호조 재정정책사』, 혜안.
박평식, 1999, 『朝鮮前期 商業史硏究』, 지식산업사.
白承哲, 2000, 『朝鮮後期 商業史硏究-商業論·商業政策-』, 혜안.
손병규, 2008, 『조선왕조 재정시스템의 재발견-17~19세기 지방재정사연구』, 역사비평사.
손병규·송양섭 편, 2013, 『통계로 보는 조선후기 국가경제 : 18-19세기 재정자료의 기초적 분석』, 성균관대학교 출판부.
宋洙煥, 2000, 『朝鮮前期 王室財政硏究』, 혜안.
송양섭, 2006, 『朝鮮後期 屯田硏究』, 경인문화사.
송찬식, 1997, 『朝鮮後期 社會經濟史의 硏究』, 一潮閣.
신병주, 2013, 『왕실의 혼례식 풍경』, 돌베개.
신이치로, 와타나베, 문정희·임대희 옮김, 2002, 『天空의 玉座-중국 고대제국의 조정과 의례』, 신서원.

심재우 외, 2011, 『조선의 왕으로 살아가기』, 돌베개.

심재우 외, 2012, 『조선의 세자로 살아가기』, 돌베개.

심재우 외, 2012, 『조선의 왕비로 살아가기』, 돌베개.

아리기, 조반니, 2008, 백승욱 옮김, 『장기 20세기-화폐, 권력 그리고 우리시대의 기원』, 그린비.

앤더슨, 페리, 김현일 옮김, 1993, 『절대주의 국가의 역사 Lineages of absolutist state』, 현실문화.

오항녕, 2012, 『광해군-그 위험한 거울』, 너머북스.

우명동, 2007, 『재정학』, 해남.

_____, 2005, 『국가론-재정이론 차별성의 근원』, 도서출판 해남.

유봉학, 1998, 『조선후기 학계와 지식인』, 신구문화사.

유원동, 1977, 『韓國近代經濟史研究』, 一志社.

윤용출, 1998, 『조선후기의 요역제와 고용노동』, 서울대학교출판부.

이영춘, 1998, 『朝鮮後期王位繼承研究』, 집문당.

이영훈, 2004, 『수량경제사로 다시 본 조선후기』, 서울대학교출판부.

이장우, 1998, 『朝鮮前期 田稅制度와 國家財政』, 一潮閣.

이재철, 2001, 『朝鮮後期 備邊司研究』, 집문당.

이정철, 2010, 『대동법 : 조선 최고의 개혁-백성은 먹을 것을 하늘로 삼는다』, 역사비평사.

이철성, 2003, 『17·18세기 전정운영론과 전세제도 연구』, 선인.

이태진, 1985, 『朝鮮後期 政治와 軍營制 變遷』, 韓國研究院.

임민혁, 2012, 『조선의 禮治와 왕권』, 민속원.

崔完基, 1989, 『朝鮮後期 船運業史研究-稅穀運送을 중심으로』, 一潮閣.

틸리, 찰스, 이향순 옮김, 1994, 『국민국가의 형성과 계보 Coercion, Capital, and European States A.D.990-1990』, 학문과 사상사.

Postan, M. M., 이연규 옮김, 1989, 『중세의 경제와 사회-중세 영국의 경제사』, 청년사.

폴라니, 칼, 홍기빈 역, 2009, 『거대한 전환-우리 시대의 정치·경제적 기원 The Great Transformation The Political and Economic Origins of Our Time』, 도서출판 길.

한국고문서학회 편, 2006, 『동아시아 근세사회의 비교 : 신분·촌락·토지소유관계』, 혜안.

宮嶋博史, 1994, 『アジアから考える6-長期社會變動』, 東京大學出版會.

宮澤知之, 1998, 『宋代中國の國家と經濟』, 創文社.

須川英德, 1994, 『李朝商業定策史研究-十八·十九世紀における公權と商業』, 東京大學出版會.

田川孝三, 1964, 『李朝貢納制の研究』, 東洋文庫.

足立啓二, 2012, 『明淸中國の經濟構造』, 汲古書院.

Von Glahn, Richard, 1996, *Fountain of Fortune: Money and Monetary Policy in China, 1000~1700*, University of California Press.

논문

강만길, 1978, 「貢物請負制와 貢人」, 『韓國史』 13.

_____, 1984, 「官業에서의 賃金勞動制發達(1)-差備軍과 造墓軍의 雇立化를 중심으로-」.

_____, 1984, 「官業에서의 賃金勞動制發達-皂隸와 羅將의 雇立化를 중심으로」, 『朝鮮時代商工業史研究』, 한길사.

고동환, 1994, 「조선후기 藏氷役의 변화와 藏氷業의 발달」, 『역사와 현실』 14.

고석규, 1985, 「16·17세기 공납제 개혁의 방향」, 『韓國史論』 12.

_____, 1998, 「19세기 前半 서울 시전상업 동향」, 『서울상업사연구』, 서울학연구소.

구덕회, 1988, 「宣祖代 후반(1594~1608) 政治體制의 재편과 政局의 動向」, 『韓國史論』 20.

구지회, 2011, 「오오쿠(大奧) 로조(老女)의 정치적 역할과 성격 : 江戶後期를 중심으로」, 숙명여대 석사학위논문.

권규식, 1980, 「웨버의 家産官僚制 硏究」, 『農村과 科學』 3.

권내현, 2002, 「17세기 전반 平安道의 軍糧 운영」, 『朝鮮時代史學報』 20.

金東洙, 1993, 「『世宗實錄』 地理志 物産項의 검토」, 『歷史學硏究』 12.

金潤坤, 1971, 「大同法의 施行을 둘러싼 贊反 兩論과 그 背景」, 『大東文化硏究』 8.

金載昊, 1997, 『甲吾改革 이후 近代的 財政制度의 形成過程에 관한 硏究』, 서울대 박사학위논문.

金泰永, 1983,「科田法體制下의 收租權的 土地支配關係의 變遷」,『慶熙史學』11.
김덕진, 1996,「16~17세기의 私大同에 대한 一考察」,『全南史學』10.
김동진, 2009,「조선초기 土産物 변동과 貢案改正의 추이」,『朝鮮時代史學報』50.
김명숙, 1997,「9세기 반외척세력의 정치동향 : 순조조(純祖朝)효명세자의 대리청정 (代理聽政) 예를 중심으로」,『朝鮮時代史學報』3.
김문식, 2011,「1823년 명온공주(明溫公主)의 가례 절차」,『朝鮮時代史學報』56.
김병우, 2003,「大院君의 宗親府 强化와 '大院位分付'」,『震檀學報』96.
김성준, 1964,「宗親府考」,『史學研究』18.
김옥근, 1975,「大同法 研究-公剩色·主要規例·貢人-」,『經濟史學』1.
_____, 1984,「朝鮮王朝의 財務機關」,『論文集』5.
_____, 1992,「6章- 附論: 朝鮮朝 財務機關의 變遷」『朝鮮王朝財政史研究 Ⅳ-近代編』, 一潮閣.
김일환, 2007,「조선후기 왕실팔고조도의 성립과정」,『藏書閣』17.
김재호, 2005,「전통적 경제체제의 전환: 재분배경제에서 시장경제로」,『새로운 한국 경제발전사: 조선후기에서 20세기 고도성장까지』, 나남출판.
_____, 2010,「조선후기 중앙재정의 운영:『六典條例』의 분석을 중심으로」,『조선후기 재정과 시장-경제체제론의 접근』, 서울대학교출판부.
_____, 2010,「조선후기 중앙재정과 銅錢 -『부역실총(賦役實摠)』을 중심으로」,『조선후기 재정과 시장 - 경제체제론의 접근』, 서울대학교출판부.
_____, 2011,「조선왕조 장기지속의 경제적 기원」,『經濟學研究』59집 4호.
김정자, 2008,「1780년대 '貢市散貸'와 '丙吾通共' 시행의 정치적 의미」,『한신역사학 총서-담운 서굉일교수 정년기념논총-지배문화와 민중의식』2, 한신대학교출판부.
_____, 2009,『正祖代 通共政策의 施行에 관한 研究』, 국민대 박사학위논문.
_____, 2013,「朝鮮後期 正祖代의 政局과 市廛政策」,『韓國學論叢』39.
김지영, 2010,「조선후기 왕실의 출산문화에 관한 몇 가지 실마리들 : 장서각 소장 출산관련 '궁중발기[宮中件記]'를 중심으로」,『藏書閣』23.
金鎭鳳, 1975,「朝鮮前期의 貢物防納에 대하여」,『史學研究』26.
긴 호, 2008,「조선의 식치(食治) 전통과 왕실(王室)의 식치(食治) 음식」,『朝鮮時代史學報』45.
김홍길, 2007,「세역제도」,『명청시대 사회경제사』, 이산.

김효경, 2010, 「조선 왕실의 歲時風俗과 액막이」, 『歷史民俗學』 33.
김희호·이정수, 1998, 「물가의 주기적 변동과 화폐의 초과수요-1689~1821년 한국의 경우」, 『金融學會誌』 3권 2호.
남금자, 2014, 『19세기 충주지역 외척 세도가의 토지소유와 지주경영』, 충북대 박사학위논문.
문광균, 2012, 「17세기 경상도지역 공물수취체제와 영남대동법의 실시」, 『韓國史學報』 46.
_____, 2013, 「영남대동법 시행 초기 지방재정의 개편과 그 성격」, 『韓國史研究』 161.
문용식, 1997, 「朝鮮後期 常賑穀의 設置」, 『史叢』 46.
박 진, 2004, 「조선초기 敦寧府의 성립」, 『韓國史學報』 18.
_____, 2007, 「족친위(族親衛)의 설치와 성격 - 족친위(族親衛)를 통해 본 왕실(王室) 구성원 소속 특수군(特殊軍)」, 『史叢』 65.
_____, 2014, 『朝鮮前期王室婚姻研究- 璿源錄에 보이는 國王後孫의 通婚범위와 嫡庶차별-』, 고려대 박사학위논문.
박 훈, 2005, 「德川時代 幕府와 藩 재정의 특색-專賣制 실시를 중심으로-」, 『漢城史學』 20.
박기주, 2008, 「貢人에 대한 경제제도적 이해」, 『經濟學研究』 56-4.
_____, 2010, 「선혜청의 수입·지출 구조와 재정운영」, 『조선후기 재정과 시장-경제체제로의 접근』, 서울대학교출판부.
박도식, 1995, 「朝鮮前期 貢物防納의 변천」, 『慶熙史學』 19.
박미선, 2015, 『朝鮮時代 國婚儀禮研究』, 고려대 박사학위논문.
박석윤·박석인, 1988, 「朝鮮 後期 財政의 變化 時點에 관한 考察-1779년(정조 3년)에서 1881년(고종 18년)까지-」, 『東方學志』 60.
朴種守, 1993, 「16·17세기 田稅의 定額化 과정」, 『韓國史論』 30.
박준성, 1984, 「17·18세기 宮房田의 확대와 所有形態의 변화」, 『韓國史論』 11.
박현순, 1997, 「16~17세기 貢納制 운영의 변화」, 『韓國史論』 38.
서영희, 1990, 「1894~1904년의 政治體制 變動과 宮內府」, 『韓國史論』 23.
소순규, 2010, 「조선전기 지리지 물산항목의 편제방식과 공물수취의 특성」, 고려대 석사학위논문.
손병규, 2007, 「조선시대 국가경제의 운영원리-국가재분배의 관점에서」, 『朝鮮時代史學報』 42.

_____, 2011, 「조선후기 比摠制的 재정체계의 형성과 그 정치성」, 『역사와 현실』 81.
송양섭, 2010, 「균역법 시행기 雜役價의 詳定과 지방재정 운영의 변화-충청도지역을 중심으로」, 『韓國史學報』 38.
_____, 2011, 「정조(正祖)의 왕실재정 개혁과 "궁부일체(宮府一體)"론(論)」, 『大東文化研究』 76.
_____, 2011, 「正祖의 왕실재정개혁과 '宮府一體'論」, 『大東文化研究』 76.
_____, 2012, 「균역법의 시행과 균역청의 재정운영-급대재원의 확보와 운영을 중심으로」, 『영조대 국가정책과 정치이념』, 한국학중앙연구원출판부.
_____, 2012, 「임술민란기 부세문제인식과 三政改革의 방향」, 『韓國史學報』 49.
_____, 2013 「반계 유형원의 왕실재정개혁 구상」, 『역사와 담론』 65.
_____, 2014, 「18세기 '공(公)' 담론의 구조와 그 정치·경제적 함의」, 『역사와 현실』 93.
宋正炫, 1962, 「李朝의 貢物防納制」, 『史學研究』 1.
송지원, 2009, 「국왕 영조의 국장절차와 『國朝喪禮補編』」, 『朝鮮時代史學報』 51.
송찬섭, 1999, 「正祖代 壯勇營穀의 設置와 運營」, 『韓國文化』 24.
_____, 2000, 「숙종대 재정 추이와 경자양전」, 『역사와 현실』 36.
宋贊植, 1974, 「三南方物紙貢考(上)-貢人과 生産者와의 關係를 中心으로-」, 『震檀學報』 37.
신명호, 1993, 『宣祖末·光海君初의 政局과 外戚』, 한국학중앙연구원 석사학위논문.
_____, 1999, 『朝鮮初期 王室編制에 관한 研究』, 한국학중앙연구원 박사학위논문.
안애영, 2009, 「1882(壬吾)年 王世子 嘉禮 연구: 『가례도감의궤』와 「궁중불긔」 중심으로」, 『藏書閣』 22.
연갑수, 2009, 「19세기 종실(宗室)의 단절 위기와 종친부(宗親府) 개편」, 『朝鮮時代史學報』 51.
염정섭, 2008, 「숙종대 후반 量田論의 추이와 庚子量田의 시행」, 『조선후기 경자양전 연구』, 혜안.
오두환, 1994, 「갑오재정개혁의 구조와 성격」, 『갑오개혁의 사회경제사적 의의』, 경제사학회.
오미일, 1986, 「18, 19세기 貢物政策의 변화와 貢人層의 변동」, 『韓國史論』 14.
_____, 1987, 「18·19세기 새로운 貢人權·廛契 창설운동과 亂廛活動」, 『奎章閣』 10.
오인택, 1995, 「朝鮮後期 癸卯·甲戌量田의 推移와 性格」, 『역사와 세계』 19.

오일주, 1992, 「조선후기 재정구조의 변동과 환곡의 부세화」, 『역사와 실학』 3.
오정섭, 1992, 「高麗末·朝鮮初 各司位田을 통해서 본 중앙재정」, 『韓國史論』 27.
元慶烈, 1982, 「朝鮮時代 初期 慶尙道 地域의 土産物 分布에 대한 地理的 考察」, 『論文集』 22.
원창애, 2007, 「조선후기 선원보첩류의 편찬체제와 그 성격」, 『藏書閣』 17.
_____, 2009, 「조선후기 敦寧譜牒 연구」, 『朝鮮時代史學報』 48.
_____, 2014, 「조선 종친부의 체제 및 기능과 그 변천」, 『史學研究』 114.
劉敎聖, 1964, 「李朝貢人資本의 硏究」, 『亞細亞硏究』 7권 4호.
유승주, 1969, 「朝鮮後期 軍需工業의 發展」, 『史學志』 3.
_____, 1976, 「朝鮮後期 貢人에 관한 一硏究(上)-三南月課火藥契人의 受價製納實態를 中心으로-(上)」, 『歷史學報』 71.
_____, 1978, 「朝鮮後期 貢人에 관한 一硏究(上)-三南月課火藥契人의 受價製納實態를 中心으로-(中)」, 『歷史學報』 78.
_____, 1978, 「朝鮮後期 貢人에 관한 一硏究(上)-三南月課火藥契人의 受價製納實態를 中心으로-(下)」, 『歷史學報』 79.
육수화, 2008, 「조선시대 왕실의 유아교육」, 『泰東古典研究』 32.
윤 정, 2012, 「肅宗 45년, 국왕의 耆老所 입소 경위와 그 정치적 함의: 세자(景宗) 代理聽政의 명분적 보강」, 『歷史文化研究』 43.
이근호, 1993, 「孝宗代 執權西人의 賦稅制度變通論-政局의 推移와 관련하여」, 『北岳史論』 3.
_____, 2014, 「조선후기 '공(公)' 담론 연구의 현황과 전망」, 『역사와 현실』 93.
이기봉, 2003, 「朝鮮時代 全國地理志의 生産物 項目에 대한 檢討」, 『文化歷史地理』 15-3.
이달호, 2003, 『화성건설 연구』, 상명대 박사학위논문.
이미선, 2005, 「肅宗과 仁顯王后의 嘉禮 考察 : 藏書閣 所藏 『嘉禮都監儀軌』를 중심으로」, 『藏書閣』 14.
_____, 2012, 『朝鮮時代 後宮研究』, 한국학중앙연구원 박사학위논문.
_____, 2015, 「1749년(영조 25) 和綏翁主와 부마 鄭致達의 가례」, 『韓國史學報』 58.
이민주, 2012, 「『尙方定例』의 편찬 과정과 특징 : 왕실복식의 用節을 중심으로」, 『藏書閣』 27.
李敏鎬, 1995, 「張居正(1525~1582)의 財政政策의 性格-財政의 中央集權化와 江南

地主層의 牽制」,『東洋史學硏究』50.
이방섭, 2010,「정조의 장용영 운영과 정치적 구상」,『朝鮮時代史學報』53.
이범직, 1997,「朝鮮後期 王室의 硏究」,『統一人文學』29.
이선희, 2011,「조선후기 한성부 내 京畿監營 입지연구」,『서울학연구』45.
이성임, 1995,「16세기 朝鮮 兩班官僚의 仕宦과 그에 따른 收入」,『歷史學報』145.
＿＿＿, 2003,『16세기 兩班官僚의 經濟生活 연구』, 인하대 박사학위논문.
＿＿＿, 2013,「정조 즉위년 丙申定式과『內需司及各宮房田畓摠結與奴婢摠口都案』」, 『통계로 보는 조선후기 국가경제』, 성균관대학교출판부.
이영훈, 1996,「한국사에 있어서 근대로의 이행과 특질」,『經濟史學』21.
이영훈·박이택, 2007,「18세기 조선왕조의 경제체제: 광역적 통합체계의 특질을 중심으로」,『근대 동아시아 경제의 역사적 구조: 동아시아 자본주의 형성사』, 일조각.
이왕무, 2014,「李王職의 유래와 장서각 소장 이왕직 자료의 沿革」,『藏書閣』31.
이　욱, 1994,「18세기 말 서울商業界의 변화와 政府의 對策」,『歷史學報』142.
＿＿＿, 2000,「조선후기 상업사에서의 자본주의맹아론」,『조선후기사 연구의 동향과 과제』, 창작과비평사.
이윤상, 1996,『1894~1910년 재정제도와 운영의 변화』, 서울대 박사학위논문.
이정철, 2004,「조선시대 貢物分定 방식의 변화와 大同의 語義」,『韓國史學報』34.
＿＿＿, 2009,「栗谷 李珥의 貢物·進上 개혁안의 영향과 한계」,『韓國史硏究』144.
＿＿＿, 2009,「조선시대 貢物分定 방식의 변화와 大同의 語義」,『韓國史學報』34.
이헌창, 1996,「朝鮮時代 國家의 再分配機能과 國內商業政策」,『省谷論叢』第27輯 1卷.
＿＿＿, 1999,「1678-1865년간 화폐량과 화폐가치의 추이」,『經濟史學』27.
＿＿＿, 2004,「제한된 합리적 선택으로서 조선시대 유교-조선시대 유교를 위한 변명」,『韓國實學硏究』7.
＿＿＿, 2010,「조선왕조 經濟統合體制와 그 변화에 관한 연구」,『조선후기 재정과 시장-경제체제로의 접근』, 서울대학교출판부.
이헌창·조영준, 2010,「조선후기 貢價의 체계와 추이」,『조선후기 재정과 시장-경제체제론의 접근』, 서울대학교출판부.
이현진, 2009,「19세기 조선 왕실의 왕위 계승과 종묘 세실론」,『韓國思想史學』32.
＿＿＿, 2011,「영조대 왕실 상장례의 정비와『國朝喪禮補編』」,『韓國思想史學』37.
＿＿＿, 2011,「정조 초 영조의 국장절차와 의미」,『泰東古典硏究』27.

이혜지, 2014, 「17세기 淸風金氏 家門의 정치적 역할과 위상 : 현종비 명성왕후 집안을 중심으로」, 국민대 석사학위논문.

임민혁, 2012, 「조선시대 국왕 嘉禮의 절차와 규범」, 『東洋古典硏究』 47.

_____, 2013, 「사상 : 조선후기 공주와 옹주, 군주의 가례(嘉禮)비교 연구」, 『溫知論叢』 33.

임혜련, 2008, 「19세기 神貞王后 趙氏의 생애와 垂簾聽政」, 『韓國人物史硏究』 10.

_____, 2008, 『19세기 垂簾聽政 硏究』, 숙명여대 박사학위논문.

_____, 2014, 「19세기 國婚과 安東 金門 家勢」, 『韓國史學報』 57.

張志連, 1997, 「光海君代 宮闕營建 -仁慶宮과 慶德宮(慶熙宮)의 창건을 중심으로 -」, 『韓國學報』 86집.

전해종, 1970, 「中國과 韓國의 王朝交替에 대하여-그 交替의 要因에 관한 比較小論-」, 『白山學報』 8.

정경희, 2004, 「朝鮮後期 宮園制의 성립과 변천」, 『서울학연구』 23.

鄭杜熙, 1976, 「朝鮮初期 地理志의 編纂」(Ⅰ), 『歷史學報』 69.

_____, 1976, 「朝鮮初期 地理志의 編纂」(Ⅱ), 『歷史學報』 70.

鄭萬祚, 1999, 「17세기 중반 漢黨의 政治活動과 國政運營論」, 『韓國文化』 23.

정연식, 1993, 「18세기 結布論의 대두와 結米節目의 제정」, 『國史館論叢』 47.

鄭容淑, 1987, 『高麗王室 族內婚硏究』, 숙명여대 박사학위논문.

정형지, 1983, 「朝鮮後期의 貢人權」, 『梨大史苑』 20.

조미은, 2010, 「朝鮮時代 王世子 代理聽政期 文書 硏究」, 『古文書硏究』 36.

조영준, 2008, 『19세기 王室財政의 運營實態와 變化樣相』, 서울대 박사학위논문.

최동원, 2010, 「조선중기(선조~현종) 三公·六卿職의 인사운영」, 『한국역사상 관료제 시스템에 관한 연구』, 국민대학교 출판부.

최성환, 2009, 『正祖代 蕩平政局의 君臣義理 연구』, 서울대 박사학위논문.

최이돈, 2013, 「조선초기 왕실 친족의 신분적 성격」, 『震檀學報』 117.

최주희, 2011, 「18세기 중반『탁지정례(度支定例)』류(類) 간행의 재정적 특성과 정치적 의도」, 『역사와 현실』 71.

_____, 2012, 「15~16세기 別進上의 상납과 운영」, 『韓國史學報』 46.

_____, 2012, 「18세기 중반 定例類에 나타난 王室供上의 범위와 성격」, 『藏書閣』 27.

_____, 2012, 「조선후기 왕실·정부기구의 재편과 서울의 공간구조」, 『서울학연구소』 49.

_____, 2014, 「영조대 중반 균역법 시행논의와 『宣惠廳定例』의 간행」, 『韓國史研究』 164.

_____, 2014, 『조선후기 宣惠廳의 운영과 中央財政構造의 변화-재정기구의 합설과 지출정비과정을 중심으로』, 고려대 박사학위논문.

최형보, 2014, 「肅宗代 王世子 代理聽政 研究」, 『韓國史論』 60.

탁신희, 2009, 「『國朝續伍禮儀』의 編纂과 왕권의 位相」, 서울시립대 석사학위논문.

한명기, 1988, 「光海君代의 大北勢力과 政局의 動向」, 『韓國史論』 20.

_____, 1992, 「17세기 초 銀의 유통과 그 영향」, 『奎章閣』 15.

한상권, 1998, 「英祖·正祖의 새로운 상업관과 서울상업정책」, 『서울상업사연구』, 서울학연구소.

한영국, 1960, 「湖西에 實施된 大同法(上)」, 『歷史學報』 13.

_____, 1961, 「湖西에 實施된 大同法(下)」, 『歷史學報』 14.

_____, 1961, 「湖南에 實施된 大同法(上)」, 『歷史學報』 15.

_____, 1963, 「湖南에 實施된 大同法(二)」, 『歷史學報』 20.

_____, 1963, 「湖南에 實施된 大同法(三)」, 『歷史學報』 21.

_____, 1964, 「湖南에 實施된 大同法(四)」, 『歷史學報』 24.

_____, 1978, 「대동법의 실시」, 『韓國史』 13, 국사편찬위원회.

韓㳓劤, 1965, 「李朝後期 貢人의 身分-大同法實施 以後 貢納請負業者의 基本 性格-」, 『學術院論文集』 5(인문사회과학편).

한지희, 2008, 「숙종 초 '紅袖의 變'과 明聖王后 金氏의 정치적 역할」, 『韓國史學報』 31.

홍순민, 1990, 「조선후기 王室의 구성과 璿源錄 : 1681년(숙종 7)《璿源系譜紀略》의 편찬을 중심으로」, 『韓國文化』 11.

_____, 2004, 「조선시대 궁녀의 위상」, 『歷史批評』 68.

_____, 2007, 「고종대 경복궁 중건의 정치적 의미」, 『서울학연구』 29.

황하현, 1979, 「壬辰倭亂과 國家財政의 破綻」, 『經濟研究』 1.

能遠報, 2005, 「漕運港と北京zの食量供給-清朝の北京郊外を中心に-」, 『水辺と都市』別冊 都市史研究, 山川出版社.

德成外志子, 1999, 「朝鮮王朝後期の國家財政と貢物·進上」, 『朝鮮學報』 173.

德成外志子, 2001, 『朝鮮後期 貢納請負制와 中人層貢人』, 고려대 박사학위논문.

安達義博, 1976,「18·19世紀 前半の大同米·布·錢の徵收·支出と國家財政」,『朝鮮史研究會論文集』13.

六反田豊, 1989,「嶺南大同事目」と慶尙道大同法」,『朝鮮學報』131.

安達義博, 1976,「18·19世紀 前半の大同米·布·錢の徵收·支出と國家財政」,『朝鮮史研究會論文集』13.

六反田豊, 1989,「嶺南大同事目」と慶尙道大同法」,『朝鮮學報』131.

足立啓二, 1990,「專制國家と財政·貨幣」,『中國專制國家と社會統合』, 文理閣.

岩井茂樹, 1994,「徭役と財政のあいだ; 中國稅·徭役制の歷史的理解にむけて」,『經濟經營論叢』第29卷 3號.

Bonney, Richard, ed., *The Rise of the Fiscal State in Europe, c.1200~1815*(Oxford, Oxford Univ. Press, 1999).

Huang, Ray, *Taxation Governmental Finance in Sixteenth-Century Myung China* (Cambridge Univ. press. 1974).

Palais, James B. *Politics and Policy in Traditional Korea*(Cambridge : Harvard University Press, 1965).

Kang, Sangsoon and Choi, Joohee, "Business Ethics and Government Intervention in the Market in Joseon", *Korea Observer*, Vol.45, No.3(2014).

Pomeranz, Kenneth, *The Great Divergence China, Europe, and the making of the Modern World Economy*(Princeton: Princeton University, 2000).

Totman, C., *Politics in the Tokugawa Bakufu 1600~1843*(Cambridge, USA, 1967).

Wong, R. Bin, "China's agrarian empire : a different kind of empire, a different kind of lesson" *Lessons of Empire imperial histories and American power*, edited by Craig Calhoun, Frederick Cooper and Kevin W. Moore (New York: New Press, 2005).